문재인 정부의 자치경찰

이해와 적용

문재인 정부의
자치경찰
이해와 적용

국정과제협의회 정책기획시리즈 **01**

김순은
정순관
양영철
황문규
이상훈

대통령소속
자치분권위원회

차 례

부록 237

표 차례

그림 차례

자치경찰은 물론 국정의 운영체제를 구축하는데 시금석이 될 것이다

대통령소속 자치분권위원회

위원장 **김순은**

우리나라 경찰의 역사에 자치경찰은 김대중 정부에서부터 논의되었다. 지난 20년 동안 다양한 논의는 있었으나 결실로는 이어지지 못했다. 2020년 12월 9일 "국가경찰과 자치경찰의 조직 및 운영에 관한 법률"이 제정됨으로써 2021년 1월부터 시범실시를 거쳐 2021년 7월 1일부터 전국적으로 실시될 예정이다. 문재인 정부의 대통령소속 자치분권위원회(이하 자치분권위원회)가 2018년 3월 자치경찰제특별위원회를 구성하여 자치경찰제를 설계하기 시작한 이후 3년여 만에 거둔 역사적인 결실이다.

자치분권위원회가 처음 제안한 자치경찰제 모형은 2원화 모형이었다. 국가경찰의 경찰사무와 정원을 분리하여 자치경찰사무와 자치경찰조직을 신설하는 것이었다. 자치경찰 2원화 모형에 있어서는 경찰사무를 국가사무와 자치사무로 분리하는 작업과 경찰의 인력 중 43,000명을 분리하여 별도의 조직을 구성하는 것이 어려운 과제였다. 치안현장에 있어서는 국가경찰과 자치경찰의 지구대와 파출소가 각각 설치되어 주민들이 겪을 혼란 등이 문제점이었다. 별도의 자치경찰조직을 신설해야하기 때문에 조직의 구성과 시설확보에 막대한 재정이 소요된다는 점도 커다란 과제였다.

2020년 1월 닥친 코로나19 사태는 자치경찰 모형의 변경을 불가피하게 하였다. 자치경찰의 발전가능성을 담보하면서 재정수요를 최소화할 수 있는 모형으로 입법화에 이르렀다. 이에 대하여 다양한 의견이 제시되고 있다. 독자적인 자치경찰 조직의 존재유무가 주요 논란의 대상이다. 다양한 의견과 논의에도 불구하고 출범하는 자치경찰제는 자치분권의 관점에서뿐만 아니라 경찰권의 민주적 통제라는 관점에서 의의가 매우 크다.

현재의 모형이 과도기적 모형임을 감안하여 2018년 3월 9일 자치분권위원회 산하에 자치경찰제특별위원회가 설치된 이후 현재까지의 논의과정과 결과를 분석하는 것이 향후 발전을 모색함에 있어서 좋은 지침이 될 것이다.

자치경찰 1원화 모형 하에서 자치경찰과 국가경찰의 관계는 새로운 지방자치법의 제정으로 변화된 국가–지방의 관계를 고려할 때 향후 자치경찰은 물론 국정의 운영체제를 구축하는데 시금석이 될 것이다.

자치경찰은 종전과는 다른 역할을 수행하게 될 것이다. 국가정책 위주의 치안이 아니라 주민 밀착형 치안 서비스를 제공하게 될 것이다. 자치경찰의 새로운 역할이 전개되는 것이다.

이를 위하여 시·도경찰청의 자치경찰사무는 시·도지사 소속 하의 시·도자치경찰위원회가 지휘·감독한다. 자치경찰의 새로운 주체이다.

처음으로 실시되는 자치경찰의 출범을 앞두고 이에 관한 교육 및 참고자료로써 본 저서의 출간이 자치경찰 관계자는 물론 국민들에게 자치경찰에 관한 이해를 높이는 데 다소나마 기여하길 바란다.

본 저서에 투고해 주신 정순관 순천대학교 교수님(전 자치분권위원회 위원장), 양영철 제주대학교 명예교수님, 황문규 중부대학교 교수님, 이상훈 대전대학교 교수님들께 우선 감사의 말씀을 올린다. 집필시간이 촉박했음에도 불구하고 저서의 중요성을 감안하여 흔쾌히 수락해 주신 너그러움에 그저 감사할 따름이다. 그 외 오늘까지 자치경찰의 출범을 위해 노력해 주신 모든 분께도 감사의 말씀을 올린다. 끝으로 자치분권위원회 최장혁 기획단장, 고광완 자치분권국장, 자치경찰제도과에 파견되어 본 저서의 실무를 챙겨주신 최종윤 총경, 박준영 경정, 지태성 경감, 장두현 사무관, 신지원 주무관과 관계자 여러분의 노고에 감사드리며 발간사에 갈음한다.

2021년 4월
대통령소속 자치분권위원회
위원장 김 순 은

자치경찰제 도입은 지방자치법 전면 개정과 함께 진정한 주민자치 실현을 위한 자치분권 2.0 시대의 핵심 과제중 하나입니다

행정안전부
장관 **전해철**

자치경찰제가 본격 시행되는 원년입니다.

자치경찰제 전면시행을 앞두고 제도의 도입과 주요내용 등을 체계적으로 정리한 「문재인정부의 자치경찰」을 발간하게 된 것을 뜻깊게 생각합니다.

자치경찰제는 민선 지방자치가 실시된 이후 20년 이상 논의되어 온 사안입니다. 문재인정부가 들어선 2017년 부터는 권력기관 개혁의 일환으로 행정안전부를 비롯하여 자치분권위원회, 경찰청 등 관계기관이 함께 바람직한 도입방안을 모색해 왔습니다.

그동안 국회 행정안전위원회 차원의 공청회와 여·야간 많은 논의가 있었습니다. 지난한 과정을 거쳐 경찰법 전부개정안이 마련되었고, 기존 경찰법은 광역단위 자치경찰제 도입을 주요 내용으로 하는 「국가경찰과 자치경찰의 조직과 운영에 관한 법률」로 새롭게 시행될 수 있게 되었습니다.

광역단위 자치경찰제 도입은 지방자치법 전면 개정과 함께 진정한 주민자치 실현을 위한 자치분권 2.0 시대의 핵심 과제중 하나입니다. 자치경찰제의 시행은 국가경찰 중심의 하향식 치안서비스가 주민의 의견에 초점을 둔 상향식 치안서비스 체계로 변화되는 것을 의미합니다. 경찰에 대한 민주적 통제는 물론 지방행정과 치안행정 간 연계를 통한 주민밀착형 서비스 제공을 기대할 수 있게 된 것입니다.

이제 첫발을 내딛는 자치경찰제의 성공적 운영을 위해서는 합의제 행정기관인 자치경찰위원회의 정치적 중립성과 전문성이 특히 중요합니다. 시·도와 시·도 경찰청간 협력을 통해 지역주민의 요구를 정확하게 파악하고 그에 맞춘 치안서비스를 제공하는 것도 소홀히 해서는 안 될 부분입니다.

행정안전부는 이제 막 시작되는 자치경찰제가 현장에서 제대로 뿌리내릴 수 있도록 그 진행상황을 면밀하게 살피겠습니다. 아울러, 개선이 필요한 부분은 관계기관과 적극적으로 논의하여 올바른 변화를 이끌어 가겠습니다. 기관간 협조체계 구축, 사무기구 조직·인사 자율성 확대, 지방행정과 치안행정의 연계 등 제도적 발전방안도 지속적으로 검토해 나가겠습니다.

다시 한번 의미있는 책 발간을 축하드립니다. 발간 과정에 참여하신 분들의 노고에 감사 드리고, 이 책을 통해 문재인 정부의 자치경찰에 관한 철학이 널리 공유될 수 있기를 기대합니다.

감사합니다.

2021년 4월
행정안전부 장관 전 해 철

자치경찰제 시행의 원년,
이 책이 소중한 나침반이 되어줄 것입니다

경찰청장
김창룡

문재인 정부의 자치경찰제 도입 과정과 앞으로의 발전방향을 담은 「문재인 정부의 자치경찰 이해와 적용」 책자의 발간을 진심으로 축하 드립니다.

돌이켜보면 자치경찰제 도입 논의의 역사는 한국경찰의 역사와 궤를 같이한다고 볼 수 있습니다.

1948년 미 군정기, 4.19 혁명기 등 역사의 격변기마다 경찰의 정치적 중립을 촉구하며 자치경찰 도입이 논의된 이래 오늘에 이르기까지 경찰개혁이 논의될 때마다 가장 큰 화두가 되어 왔습니다.

현 정부에 이르러서도 공약을 거쳐 국정과제로 채택되고 핵심과제로 논의되어 온 만큼, 자치경찰제는 경찰의 숙명과도 같은 역사적 과제로 평가되고 있습니다.

더욱이 최근 자치경찰제 도입이 자치분권의 시대적 흐름과 경찰권 분산이라는 권력기관 개혁의 사회 분위기 속에 새로운 전기를 맞이하게 되었고, 코로나19라는 국가 초유의 위기상황 속에서도 수 많은 고민과 지혜를 모아 우리의 현실에 가장 적합한 균형잡힌 일원화 모형의 자치경찰제가 도입되었습니다.

그간 자치분권위원회를 비롯한 관계기관의 노고가 이 책을 통해 조금이나마 확인되고 전달될 수 있을 것이라 생각합니다.

자치경찰제의 시행으로 안전에 대한 주민의 요구를 보다 신속히 경찰행정에 반영하고, 주민이 직접 치안활동과 안전예산의 편성에도 참여하게 되는 등 치안의 패러다임이 획기적으로 변화하는 '새로운 경찰'의 시대로 나아가게 될 것입니다.

또한 경찰은 주민생활 속으로 더 깊게 다가가 여성·어르신·어린이·장애인 등 사회적 약자 보호에도 중추적인 역할을 하게 될 것입니다.

자치경찰제 시범운영과 전국 확대 시행을 앞두고 있는 지금, 경찰청은 자치경찰제가 우리사회에 새로운 제도와 문화로 튼튼히 뿌리내릴 수 있도록 면밀히 준비해 나가겠습니다.

아무쪼록 자치경찰제의 역사와 미래에 대한 다양한 의견과 고민이 담긴 이 책자가 우리경찰이 '주민의 경찰'로 자리매김 하는데 충실한 나침반이 될 것을 기대합니다.

2021년 4월
경찰청장 김 창 룡

| 제1부 |

자치경찰제의 추진과정과
의의 및 향후 과제

| 김순은 • 대통령소속 자치분권위원회 위원장 |

Ⅰ. 서 론

우리나라 경찰의 역사에 자치경찰은 김대중 정부에서부터 논의되었다. 지난 20년 동안 다양한 논의는 있었으나 결실로는 이어지지 못했다. 2020년 12월 9일 "국가경찰과 자치경찰의 조직 및 운영에 관한 법률(이하 국가 및 자치경찰법)"이 제정됨으로써 2021년 1월부터 시범실시를 거쳐 2021년 7월 1일부터 전국적으로 실시될 예정이다. 문재인 정부의 대통령소속 자치분권위원회(이하 자치분권위원회)가 2018년 3월 자치경찰제특별위원회를 구성하여 자치경찰제를 설계하기 시작한 이후 3년여 만에 거둔 역사적인 결실이다.

자치분권위원회가 처음 제안한 자치경찰제 모형은 2원화 모형이었다. 국가경찰의 경찰사무와 정원을 분리하여 자치경찰사무와 자치경찰조직을 신설하는 것이었다. 자치경찰 2원화 모형에 있어서는 경찰사무를 국가사무와 자치사무로 분리하는 작업과 경찰의 인력 중 43,000명을 분리하여 별도의 조직을 구성하는 것이 어려운 과제였다. 치안현장에 있어서는 국가경찰과 자치경찰의 지구대와 파출소가 각각 설치되어 주민들이 겪을 혼란 등이 문제점이었다. 별도의 자치경찰조직을 신설해야하기 때문에 조직의 구성과 시설확보에 막대한 재정이 소요된다는 점도 커다란 과제였다.

2020년 1월 닥친 코로나19 사태는 자치경찰 모형의 변경을 불가피하게 하였다. 자치경찰의 발전가능성을 담보하면서 재정수요를 최소화할 수 있는 모형으로 입법화에 이르렀다. 이에 대하여 다양한 의견이 제시되고 있다. 독자적인 자치경찰 조직의 존재유무가 주요 논란의 대상이다. 다양한 의견과 논의에도 불구하고 출범하는 자치경찰제는 자치분권의 관점에서뿐만 아니라 경찰권의 민주적 통제라는 관점에서 의의가 매우 크다. 현재의 모형이 과도기적 모형임을 감안하여 2018년 3월 9일 자치분권위원회 산하에 자치경찰제특별위원회가 설치된 이후 현재까지의 논의과정과 결과를 분석하는 것이 향후 발전을 모색함에 있어서 좋은 지침이 될 것이다. 본 글에서는 자치경찰의 추진과정, 지방자치법과 국가 및 자치경찰법과의 관계, 주요 목표와 의의 및 향후과제를 논의하였다.

Ⅱ. 자치경찰제의 추진과정

1. 자치경찰제의 추진배경 및 경과

1) 추진배경

2017년 5월 문재인 정부가 출범하면서 자치경찰제는 2가지 관점에서 추진되었다. 첫 번째의 관점은 권력기관의 개혁이었다. 국가정보원 및 검찰과 더불어 경찰도 개혁의 대상이었다. 정보업무와 수사권이 경찰에 이관될 경우 비대해진 경찰력을 분산해야 하는 것이 개혁의 내용이다. 국정과제 13번인 "국민의, 국민을 위한 권력기관 개혁" 속에 경찰권의 분산이 포함되어 있었다.

자치경찰은 김대중 정부 이후 자치분권의 관점에서도 논의되어 왔다. 1991년 지방의회의 출범과 1995년 단체장 선거의 실시로 지방자치는 외형적인 틀만 갖추었다. 지방의회는 2021년 출범한 지 만 30년이 되었다. 지방자치의 재개는 관권선거를 방지하는 정책도구로 인식되어 민주화 과정의 주요한 요구사항이었다. 실제로 지방자치의 실시로 여·야간의 정권교체를 가능하게 하였다. 우리나라는 오랫동안 관존민비의 전통 위에 수립된 관치행정으로 주민들은 관청에 접근하기가 매우 어려웠다. 이러한 관치행정의 부작용이 치유되고 지방행정 서비스가 주민의 눈높이에 맞추어진 것도 지방자치의 영향이었다(김순은, 2021a).

그럼에도 불구하고 주민들이 느끼는 지방자치의 체감도는 매우 낮다는 것이 일반적인 평가이다. 지방자치에 대한 주민체감도가 낮은 이유 중의 하나는 지방정부의 중요한 기능인 교육과 경찰이 우리나라에서는 일반자치의 영역 외에 있었기 때문이었다. 교육자치와 일반자치에 관한 인식이 교육계와 행정학계 사이에 커다란 인식차이를 보임과 동시에 경찰은 지난 75년간 국가의 전속사무에 속했다.

1999년 1월 "중앙행정권한의 지방이양 촉진 등에 관한 법률"이 제정된 이후 각 정부는 자치경찰을 위한 자치분권계획을 수립하였다. 김대중 정부에서는 광역단위의 자치경찰을 논의하면서 일본의 모형을 참고하였다. 노무현 정부는 기초단위의 자치경찰을 위한 법률안을 정부가 발의하였으나 임기만료로 자동적으로 폐기되었다. 이명박 정부와 박근혜 정부는 기초단위의 자치경찰을 추진하였으나 법률안을 작성하는 단계까지 추진되지는 못했다. 문재인 정부는 광역단위의 자치경찰을 추진하여 2020년 12월 9일 "국가경찰과 자치경찰의 조직 및 운영에 관한 법률(이하 국가 및 자치경찰법)"을 제정하였다. 국정과제 74

번인 획기적인 중앙권한의 지방이양이 경찰분야에서 이루어진 것이다
(김순은, 2021a).

2) 추진경과

자치경찰은 2017년 5월 문재인 정부 출범 시 국정과제로 선정되었다. 권력기관의 민주적 개혁이라는 전략 하에 국정과제 13번 "국민의, 국민을 위한 권력기관 개혁"과 국정과제 14번인 "민생치안 역량 강화 및 사회적 약자 보호"가 직·간접적으로 자치경찰의 과제였다. 자치경찰에 관련된 국정과제는 앞에서 논의한 바와 같이 국정과제 74번인 "획기적인 자치분권 추진과 주민참여의 실질화"와도 깊은 연관성을 갖는다. 자치경찰이 권력기관 개혁 및 자치분권의 특성을 동시에 지니는 이유이다. 자치분권위원회가 자치경찰의 설계에 핵심적인 역할을 하게 된 배경이다.

자치분권위원회는 2018년 3월 9일부터 자치경찰제를 위한 핵심주체로서의 역할을 수행하였다. 자치분권위원회는 산하에 자치경찰제특별위원회를 구성하여 자치경찰의 모형에 관한 논의를 시작하였다. 자치경찰제특별위원회는 2018년 3월 9일부터 2019년 2월까지 경찰청, 대검찰청, 법무부, 지방 4대 협의체, 전문가 등과의 협의를 거쳐 2018년 11월 자치분권위원회의 도입방안을 발표하였다. 도입방안을 마련하기까지 18회의 특별위원회 회의, 대토론회, 워크숍 등 집중논의가 이어졌다. 제주, 서울, 강원, 전남 등 치안현장을 방문하여 현장의 의견도 수렴하였다(자치분권위원회, 2019).

자치분권위원회 산하 자치경찰제특별위원회가 마련한 도입방안을 토대로 당·정·청 협의를 거쳐 2019년 2월 자치경찰제 법제화 방안을

확정하였다. 이때의 모형은 자치경찰 2원화 모형이었다. 이에 대해서 아래 절에서 상설하였다.

당·정·청의 협의를 토대로 작성된 자치경찰법안은 정부발의를 거칠 경우 6개월 이상의 기간이 소요됨을 감안하여 의원발의로 추진하기로 내부방침이 정해졌다. 민주당 홍익표의원의 대표발의로 "국가경찰과 자치경찰의 조직 및 운영에 관한 법률(안)"이 2019년 3월 11일 국회에 제출되었다. 국회에 발의된 자치경찰법안은 국회에서 활발한 논의도 거치지 못한 채 2020년 5월 제20대 국회가 만료되면서 2원화 모형에 기초한 자치경찰법안은 자동폐기되었다.

2. 자치경찰제 2원화 모형[1]

1) 자치경찰제 도입원칙

자치경찰 모형을 연구·설계함에 있어서 자치분권위원회 자치경찰제특별위원회는 기본적인 정책방향과 반드시 고려하여야 할 사항을 명시적으로 공개하였다. 자치분권위원회가 제시한 3개의 정책방향과 3개의 기본적인 고려사항을 정리하면 아래와 같다.

(1) 자치경찰제 정책방향

자치경찰제특별위원회는 자치경찰의 적절한 모형을 설계함에 있어서 3가지 정책방향을 제시하였다. 첫 번째의 정책방향이 경찰권의 민주적 설계였다. 높은 치안력과 비례하여 현재 강력한 권력기관으로 자

---

1 자치분권위원회가 공개한 "자치경찰체 도입방안"을 중심으로 재작성됨

리매김하고 있는 경찰을 민주적으로 통제·설계하는 것이 무엇보다도 중요한 정책 방향이었다. 법 집행자이기도 한 경찰은 13만을 넘는 거대한 조직이다. 우리나라의 경찰역사를 돌이켜보면 반드시 국민친화적이지 만은 않다. 일제 강점기에는 우리 국민을 핍박하고 감시하는 역할을 수행하였다. 독재시절에는 경찰이 정권의 유지를 위해 국민을 외면하고 정권에 헌신한 적도 있었다. 자치경찰은 13만 명이 넘는 거대한 경찰조직과 경찰력을 민주적으로 통제할 수 있는 정책이다. 자치경찰제의 도입으로 거대한 경찰력과 경찰조직을 국가와 지방의 조직으로 분리·분산하고 상호 간 견제와 균형의 원리를 적용함으로써 민주적인 경찰권을 구현할 수 있다는 점을 정책방향으로 설정한 것이었다.

두 번째의 정책방향은 자치경찰의 정치적 중립성 확보이다. 국가경찰도 내무국에서 1974년 설치했던 치안본부의 시대를 거쳐 1991년 경찰청 시대를 맞으면서 정치적 중립성을 점진적으로 발전시켜 왔다. 1991년 경찰청 시대는 경찰청이 당시 내무부로부터 분리·독립하고 국가경찰위원회의 자문을 받는 조직으로 발전하였다(김순은, 2021b). 경찰의 정치적 중립성을 강화하는 방향으로 개혁이 이루어졌다.

자치경찰을 설계함에 있어서 정치적 중립도 같은 맥락에서 강조되었다. 1995년 단체장의 선거 이후 지역 내에서 시·도지사가 갖는 정치적, 제도적 권한을 고려하여 시·도지사로부터 독립성을 유지하면서 자치경찰이 운영될 수 있는 방안이 특히 강조되었다. 합의제 행정기관으로서 시·도자치경찰위원회[2]를 설치하고 시·도자치경찰위원회가

2 홍익표의원이 대표발의한 자치경찰 2원화 모형에서는 자치경찰 관리주체의 명칭

시·도지사로부터 독립적으로 자치경찰을 지휘·감독하는 방안을 구상하게 되었다.

자치경찰이 없었던 시대에는 치안의 영역 내에 주민자치의 원리가 적용될 소지가 없었다. 국가경찰은 주민의 선호와 요구에 대응하기보다는 중앙정부의 치안정책에 따라 전국적·통일적으로 운영되는 조직이었다. 이러한 정책방향의 수정이 세 번째 사항이다. 자치경찰의 운영방향이 주민밀착 치안력의 제고로 전환되는 것을 의미하였다. 중앙정부의 치안정책과 더불어 현장 주민들의 선호와 요구에 신속하게 대응하는 치안방향이 자치경찰의 정책방향이 되었다.

(2) 자치경찰제 고려사항

① 치안력 약화방지

자치경찰을 설계함에 있어서 고려되었던 사항은 4가지이다. 첫째, 치안력 약화방지이다. 우리나라의 치안력은 세계가 인정해 주는 매우 높은 수준이다. 자치경찰을 탄생시키는 과정에서 정책관련자들의 갈등이나 구성원의 동요로 적어도 현재의 치안력이 훼손되지 않아야 하며, 자치경찰제가 치안력의 약화로 이어지는 빌미가 되어서는 안 된다.

② 치안불균형 방지

현재 우리나라의 광역지방정부는 17개 시·도체제이다. 인구측면에

이 시·도경찰위원회였으나 현재 자치경찰 1원화 모형에서는 시·도자치경찰위원회로 변경되어 본 글에서는 논의의 편의를 위해 시·도자치경찰위원회로 통일하여 사용함.

서 1,300만명의 경기도, 150만의 강원도, 65만의 제주특별자치도, 35만의 세종특별자치시 등 시·도 간 차이가 크다. 재정자립도도 특별·광역시, 도 간에 커다란 차이가 있다. 2020년도를 기준으로 서울시가 76.1%, 경기도 58.6%, 인천시 54%, 세종시 59.3%, 강원도 25.8%, 전북 24.9%, 제주도 32.9%이다(통계청, 2021). 다양한 측면에서 시·도 간의 편차가 크다.

상기에서 보듯이 시·도 간의 차이에도 불구하고 자치경찰의 치안력은 편차를 보이지 않아야 한다는 데에 공감대가 형성되었다. 시·도간 치안의 불균형이 발생하지 않도록 면밀한 검토가 요구되었다.

③ 재정투입 최소화

치안영역의 서비스는 노동집약적이라고 할 수 있다. 주로 경찰관의 복무를 통하여 이루어지는 행정기능이기 때문에 인건비 등의 비중이 매우 크다. 추산하여 경찰관 1인당 1억 원의 경비가 소요된다. 자치경찰을 설계함에 있어서 재정투입을 최소화하고 적어도 지방재정의 부담이 크지 않도록 하는 것도 중요한 고려사항이었다. 제21대 국회이후 코로나19 사태로 자치경찰 모형이 변경되는 주요한 요인이 되었다.

④ 치안혼란 최소화

우리나라는 지난 75년간 획일적으로 국가경찰만을 운영한 국가이다. 중앙에서 지방까지 단일체제로 운영되고 있기 때문에 신속하게 대응하는 효율적 조직이라는 장점을 지닌다. 중앙에서 정책이나 지침이 결정되면 전국이 일사불란하게 대응한다. 향후에는 시·도별 자치경찰이 탄생하기 때문에 종전과 같은 단일체제는 기대하기 어렵다. 중앙의 지침과 지역의 수요가 상이할 수 있기 때문이다. 경찰기능을 국가-지방사무로 분리함에 있어서도 중앙과 지방의 견해차가 존재한다. 이러한 차이로 인한 일선에서의 시행착오나 혼란을 최소화하는 방안도 중요한 고려사항으로 검토되었다. 상기의 정책방향과 고려사항에 기초하여 자치분권위원회가 최초 제안한 자치경찰 2원화 모형의 주요 내용은 다음과 같다.

2) 자치경찰 2원화 모형

(1) 모형의 주요특징

최초 자치분권위원회가 제시한 2원화 모형은 크게 4가지의 주요한 특징을 지니고 있다. 주요한 특징은 자치경찰제를 추진하였던 관련부처 간 협의의 결과였다.

첫째, 지역밀착 부서인 지구대·파출소는 사무배분에 따라 자치경찰로 이관할 계획이었다. 주민밀착형 치안서비스의 제공이 자치경찰이 궁극적으로 추구하는 목표이다. 이를 위해서는 지역경찰의 현장 조직인 지구대와 파출소의 이관이 무엇보다도 필수적인 사안이라는 점은 관계자 간 합의사항이었다. 논의의 초기에는 이에 대하여 소극적인 견해도 있었으나 최종적으로는 대체로 동의하였다.

둘째, 자치경찰의 정치적 중립을 위한 정책적 도구로서 합의제 행정기관인 시·도자치경찰위원회를 도입하는 것이었다. 단임제 기관으로는 시·도지사의 부당한 관여를 방지하기 어렵다고 판단하고 지방자치법에서 규정하고 있는 합의제 행정기관을 도입하여 자치경찰사무를 독립적으로 수행하도록 계획되었다. "지방자치단체는 소관 사무의 일부를 독립하여 수행할 필요가 있으면 법령이나 그 지방자치단체의 조례로 정하는 바에 따라 합의제행정기관을 설치할 수 있다. 합의제행정기관의 설치·운영에 필요한 사항은 대통령령이나 그 지방자치단체의 조례로 정한다(지방자치법 제129조)."

세 번째 특징은 자치경찰에게 초동조치권을 부여한다는 점이었다. 긴급조치가 필요한 사건·사고 현장에서의 현장보존 및 범인 검거 등 초동조치권을 자치경찰에게 부여하여 치안공백을 최소화할 계획이었다. 경찰사무를 2원화하여 대응하는 과정에서 자칫 발생할 수도 있을 만약의 경우를 상정하였다. 자치경찰이 출동하였는데 국가경찰사무인 경우, 국가경찰이 출동하였는데 자치경찰사무인 경우 등에 대응하여 인수·인계가 적절히 이루어질 때까지 초동조치를 이어가야 한다는 것이다. 국가경찰이 출동하였는데 자치경찰의 사무인 경우는 대체로 경미한 사건·사고일 가능성이 높은 데 반하여 자치경찰이 출동하였는데 국가경찰사무인 경우에는 중대·긴급한 사건·사고일 가능성이 크기 때문에 자치경찰이 초동조치를 수행하여야 한다.

네 번째의 특징은 단계적으로 도입하는 방안이었다는 점이다. 경찰의 역사 75년 만에 처음으로 도입되는 제도임을 감안하여 3단계에 걸쳐 단계적으로 자치경찰의 규모와 인력을 확대하고자 하였다. 현장에서의 시행착오를 최소화하는 전략이었다.

(2) 자치경찰 조직 및 경찰인력

① 자치경찰의 조직

자치경찰의 조직은 아래 [그림 1-1]에서 보는 바와 같이 국가경찰을 분리하여 별도의 자치경찰조직을 신설하는 것이었다. 국가경찰은 경찰청(본청)을 중심으로 특별지방행정기관인 지방경찰청과 경찰서 등 전국에 2,300개 조직으로 구성되어 있다.

국가경찰조직을 분리하여 시·도에 '자치경찰본부,' 시·군·구에 '자치경찰대'를 신설하여 자치경찰조직을 구성하는 안이었다. 국가경찰은 현행 지방경찰청-경찰서 체계를 유지하면서 주민밀착 치안활동을 위해 지구대와 파출소는 사무배분에 따라 자치경찰로 이관할 것을 계획하였다. 지구대와 파출소를 이관하면서 국가경찰의 중대·긴급한 사건·사고에 대응하기 위해 필요한 '지역순찰대' 인력과 거점시설은 존치하기로 하였다. 국민은 물론 경찰의 혼선을 최소화하기 위하여 일선 현장조직은 전환과정에서 합동근무 형태를 유지하기로 하였다.

112 상황실은 현재와 같이 국가경찰 소속으로 운영·유지하면서 정보와 기능은 국가경찰과 자치경찰이 공유 또는 협조하는 체제를 유지하도록 계획하였다. 자치경찰도 112 상황실에 파견되어 실시간으로 공조체제를 유지하는 것이었다.

자치경찰 2원화 모형의 조직상 또 하나의 특징은 시·도지사 소속으로 시·도자치경찰위원회를 설치하고 시·도자치경찰위원회가 자치경찰을 관리하도록 하였다는 점이다. 시·도자치경찰위원회는 정치적 중립의 목적으로 도입된 합의제 행정기관으로 규칙제정권을 보유하는 등 실질적으로 자치경찰을 관리하는 주체로 설계되었다.

[그림 1-1] 자치경찰제 도입 이후 경찰조직 변화

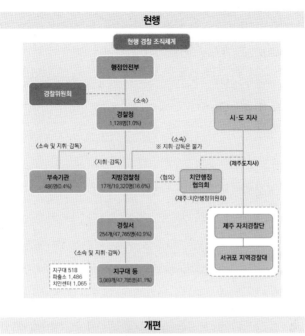

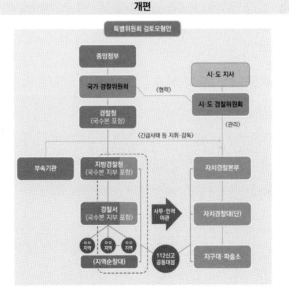

출처: 자치분권위원회(2019)

② 자치경찰의 경찰인력 규모

자치경찰의 인력규모를 결정함에 있어서 관련 부처는 경찰인력의 증가는 피해야 한다는 데에 암묵적으로 합의했다. 당시 대략 12만 5천명의 경찰인력 가운데 단계별로 43,000명을 자치경찰인력으로 이관한다는 계획을 수립하였다. 지방정부3는 신규로 경찰인력을 채용하지 않고 국가경찰로부터 이관받은 경찰인력으로만 자치경찰제를 운영하는 것이었다.

주로 지역경찰·교통 등을 담당하는 경찰이 주요 대상이었으며 경찰인력은 3단계에 걸쳐 이관할 예정이었다. 1단계는 자치경찰사무의 50%와 시범 지역에만 7~8,000명을 이관하고 제2단계에서는 자치경찰사무의 7~80%를 전국적으로 이관하는 계획이었다. 이때에는 30~35,000명의 경찰력이 이관된다. 3단계는 전국적으로 자치경찰사무의 100%를 이관하는 것으로 2단계까지의 인력을 포함하여 43,000명이 이관하는 계획이었다. 아래에서 상세히 재론하였다.

(3) 자치경찰 인사와 신분

① 인사운영

자치경찰본부장은 시·도자치경찰위원회의 2배수 추천을 받아 시·도지사가 임명한다. 자치경찰대장은 시·도자치경찰위원회가 시장·군수·구청장의 의견을 들어 적임자를 추천하여 시·도지사가 임명하는

---

3 본 글에서는 지방의 정치주체라는 의미로 지방정부라는 용어를 사용하였음. 지방자치단체라는 용어는 제도적 표현이기 때문에 부득이 법령의 내용을 인용할 때에만 사용하였음

안이었다. 1~2단계의 시행초기에는 자치경찰본부장을 시·도지사가 추천하고 국가경찰위원회의 동의를 거쳐 대통령이 임명하는 것도 제2 안으로 검토되었다. 전문성 제고 등의 목적을 위하여 국가경찰과 자치 경찰 간에는 인사교류가 가능하도록 하였다.

② 신분전환

자치경찰의 신분은 원칙적으로 지방특정직으로 전환한다는 것이 었다. 초기에 발생하게 될 지방재정부담과 신분의 변동으로 인한 경찰 의 혼란을 최소화하기 위하여 초기에는 국가직을 유지하고 단계적으 로 전환한다는 계획이었다. 국가직을 지방직으로 전환할 때에도 지원 자를 우선적으로 고려하고 지원자가 부족할 경우에는 전·의경 폐지에 따른 경찰인력의 충원 시 자치경찰을 우선적으로 채용하기로 하였다.

시·도지사가 임명하는 자치경찰본부장과 자치경찰대장은 시범운 영 단계에서부터 지방특정직으로 임명할 예정이었다. 자치경찰제의 안정적 정착을 위해 이관인력 및 신규채용 인력은 국가경찰에서 교육 과 훈련을 담당하도록 하였고 향후 신분전환에 맞추어 자치경찰본부 단위로 교육과 훈련을 실시할 예정이었다.

(4) 자치경찰사무

① 기본원칙

생활안전, 여성청소년, 지역교통, 지역경비 등 주민밀착형 민생 치 안활동 및 이와 밀접한 수사가 자치경찰사무에 속한다. 반면 국가경찰 사무는 국가의 존립과 안위에 필요한 정보, 보안, 외사 등 사무 및 수 사, 그리고 민생치안사무 중 전국적 규모나 통일적인 처리를 필요로 하는 사무이다. 수사는 원칙적으로 국가경찰사무이나 성폭력, 학교폭력, 가정폭력, 교통사고, 음주운전, 공무수행방해 등 수사는 자치경찰도 담당하도록 하였다. 아울러 긴급하게 조치해야 할 현장성이 있는 사건의 현장보존과 범인검거 등 초동조치는 자치경찰과 국가경찰의 의무적 공동사무로 규정할 예정이었다.

국가경찰과 자치경찰의 사무배분 원칙으로는 '지방자치분권 및 지방행정체제개편에 관한 특별법(이하 지방분권법)'에 규정하고 있는 내용과 검·경수사권 조정의 기본취지를 판단기준으로 설정하였다. 지방분권법에 따른 중복배제, 보충성, 포괄성의 원칙과 제주 자치경찰제의 틀을 넘어서는 기준에서 자치경찰사무를 배정하였다. 단 전시, 내란 등 국가의 긴급사태 시에는 경찰청장이 시·도자치경찰을 직접 지휘·감독할 수 있도록 설계되었다. 전국적으로 균질성, 형평성을 유지하면서 지역특성 및 여건에 맞는 치안 서비스의 제공을 위하여 구체적 사무의 범위는 업무협약으로 결정하는 방안을 포함하였다. 이를 표로 정리하면 아래 〈표 1-1〉과 같다.

〈표 1-1〉 자치경찰 및 국가경찰 사무배분

구분	자치경찰	국가경찰
주요 사무	• 생활안전, 여성·청소년, 교통, 지역경비 등 주민밀착형 사무 및 지역경찰(지구대·파출소) • 민생치안 밀접 수사(교통사고, 가정폭력 등)	• 정보·보안·외사·경비 및 112상황실 • 수사(광역범죄·국익범죄·일반형사 등) • 민생치안사무 중 전국적 규모나 통일적인 처리를 필요로 하는 사무(협약으로 규정) 및 지역순찰대

출처: 자치분권위원회(2019)

② 초동조치 등 공동의무사항

명확한 사무배분이 곤란한 실종, 성·가정·학교폭력 등 생활주변의 사건 처리의 혼선을 방지하기 위한 대책으로서 자치경찰에게도 모든 생활주변 사건에 대해 현장 출동 및 조치권한·의무를 부여하고 상호 간 응원을 명시하는 방안을 검토하였다. 예를 들면 단순실종이 대부분이나 범죄로 인한 실종(중량서 여중생 실종사건)도 종종 발생한다. 카메라 이용 촬영과 촬영 후 SNS 등 유포는 범죄의 경중·광역성 등에 매우 차이가 있다.

지역치안활동 계획 등도 자치경찰과 국가경찰이 공동으로 수립하고 수시로 협의할 필요가 있음을 확인하였다. 자치경찰과 국가경찰의 공동의무 사항은 아래 〈표 1-2〉와 같다.

〈표 1-2〉 자치경찰 및 국가경찰 공동의무 사항

공동 의무사항	• 지역치안활동 관련 계획 공동 수립 및 수시 협의
	• 긴급조치가 필요한 사건·사고현장에서의 초동조치
	  ※ 순찰 중 우연히 범죄현장을 목격한 경우, 사건 현장 부근에서
	     관계자나 목격자로부터 직접 신고를 접수한 경우 등
	• 112상황실 합동근무 및 상호간 경찰 응원
	• 정보·보안·외사·경비 및 112상황실
	• 수사(광역범죄·국익범죄·일반형사 등)
	• 민생치안사무 중 전국적 규모나 통일적인 처리를 필요로 하는 사무
	  (협약으로 규정) 및 지역순찰대

출처: 자치분권위원회(2019)

지치경찰 2원화 모형을 따를 경우 단계별 사건처리 절차는 〈표 1-3〉과 같다. 사건의 중간 이후에는 자치경찰사무는 자치경찰이, 국가경찰사무는 국가경찰이 각각 처리하게 될 것이다. 다만 사건 초기에는 현장성이 있는 사무와 없는 사무 간에 절차상 차이가 있을 수 있다. 현장성이 없는 경우에는 사건의 중간 이후와 같이 자치경찰사무는 자치경찰이 국가경찰사무는 국가경찰이 각각 처리하게 된다. 현장성이 있는 경우에는 국가경찰은 중대·긴급신고, 자치경찰은 일상·비긴급 신고 처리를 원칙으로 하되, 사건현장에 경찰관이 있는 경우 우선 초동조치 후 소관경찰에 인계하는 절차를 따르면 될 것이다.

〈표 1-3〉 단계별 사건처리 절차

구 분		자치경찰사무	국가경찰사무
사건 초기	현장성 無	• 자치경찰이 소관 사무 처리	• 국가경찰이 소관 사무 처리
	현장성 有	• 국가경찰은 중대·긴급신고, 자치경찰은 일상·비긴급신고 처리를 원칙으로 하되, 사건현장 경찰관이 있는 경우 우선 초동조치 후 소관경찰에 인계	
	중간이후	• 자치경찰이 소관 사무 처리	• 국가경찰이 소관 사무 처리

출처: 자치분권위원회(2019)

(5) 국가와 자치경찰의 관계

국가경찰로부터 자치경찰이 분리되어 자치경찰조직이 신설되더라도 국가경찰과 자치경찰은 상호협조 체제 하에서 운영되도록 설계되었다. 긴급한 사건·사고의 경우 상호 간 응원 요청이 가능하다. 상호 간 자료와 기술의 제공, 유·무선 통신망 및 시설물의 공동이용 등 상호 간 적극적으로 협조하여야 한다.

112 종합 상황실도 국가와 자치경찰이 합동·근무하여 긴밀한 협조체제를 구축하도록 설계되었다. 출동요구를 받은 경우 소관사무와 관계없이 즉시 출동하여 조치하여야 한다.

지방행정과 치안행정의 협의 등을 위해 '치안행정협의회(시·도지사 소속)'를 설치하여 운영한다. 자치경찰대장도 '시장·군수·구청장과 상시 협의회'를 운영할 수 있다. 여기에서는 지방자치행정과 자치치안행정의 연계 및 공동사무의 처리 등 필요한 사항을 협의하고 조정하게 된다.

시·도지사는 '자치경찰 관련 법률안 의견'을 중앙행정기관에 제출하는 것이 가능하다. 시·도지사는 시·도자치경찰위원회의 의견 및 시·도의회의 동의를 받아 자치분권위원회를 경유하여 자치경찰 관련 법률안을 중앙행정기관에 제출하면 타당성 검토 후 반영한다.

자치경찰에 대한 국가경찰의 일반적 관계는 지방자치법 제9장의 내용을 원칙적으로 적용하며 치안의 특수성을 감안하여 자치경찰사무의 조언·지도·권고, 시정명령 및 직무이행명령, 자치경찰사무에 대한 감사 요구 등이 제한적으로 허용되었다. 행정안전부와 경찰청은 시·도의회 및 시·도자치경찰위원회의 의결이 법령위반 또는 공익을 현저히 해칠 시에는 시·도지사에게 재의를 요구할 수 있게 하였다.

(6) 재정지원 및 시설·장비운영

인력과 장비 등에 소요되는 경비에 대해 원칙적으로 '국가가 재정적 지원'을 하기로 결정하였다. 자치경찰제 시행에 필요한 예산은 '국가부담'이 원칙이다. 기본적으로 사무이양과 함께 현행 국가경찰 인력도 자치경찰로 이관하므로 인건비 관련 추가비용 부담은 없을 것으로 예상된다. 시범운영 예산도 국비로 지원하며 단계적·점진적으로 지자체가 부담하되, 재정자립도 등을 감안하여 향후에는 '자치경찰교부세 신설' 등을 통한 안정적인 재정지원 체계를 검토하였다.

자치경찰은 신규채용 없이 국가경찰로부터 이관되므로 이관 이후 국가경찰에 발생한 여분의 시설·장비는 자치경찰과 공동으로 사용하는 것을 원칙으로 하였다. 치안센터 전부, 일부 지구대·파출소, 경찰서·지방청 등 경찰시설을 자치경찰과 공유하여 재정 부담을 최소화한다. 경찰장구·차량 등 경찰장비도 인력이관 규모에 따라 이관하되, 불가피한 추가소요 발생 시 국가에서 장비비용 지원을 검토하기로 하였다.

(7) 단계별 도입방안

처음으로 실시되는 자치경찰이기 때문에 현장에서의 혼란을 최소화하고 국민의 불편과 치안의 공백을 예방하기 위하여 단계별로 확대하는 방침이 정해졌다. 자치경찰 '사무' 및 '실시지역' 등을 3단계로 구분하여 시행하는 방안이었다.

2019년 서울·제주·세종 등 5개 지역에 자치경찰사무의 50%를 실시하고 2021년 전국에 걸쳐 자치경찰사무의 70~80%를 실시한다. 이후 평가를 거쳐 자치경찰사무의 전체 100%로 확대하는 계획이었다. 최종단계에서 정착수준에 맞춰 사무·인력 등을 추가로 확대·추진한

〈표 1-4〉 자치경찰제 단계별 도입 방안

구 분	1단계 (일부지역+일부사무)	2단계 (전국+일부사무)	3단계 (전국+전체사무)	최종단계
대상 지역	5개 지역 (서울·세종·제주 외 2개 시·도)	전국	전국	전국
사무	자치경찰사무 약50% (일부 수사권 포함)	자치경찰사무 약70~80% (일부 수사권 포함)	자치경찰사무 100%	평가 후 추가 확대
인력	7,000~8,000명	30,000~35,000명	43,000명	
시점	2019년	2021년	2022년	정착수준에 맞춰 평가 후 판단

출처: 자치분권위원회(2019)

다. 따라서 1단계에서는 7~8,000, 2단계에서는 30~35,000, 3단계에서는 43,000명이 이관할 계획이었다. 문재인 정부 내에 3단계를 완료한다는 계획이었다. 이를 정리하면 〈표 1-4〉와 같다.

(8) 정치적 중립 확보방안

① 시·도자치경찰위원회의 설치방안

앞에서 간략하게 언급하였듯이 자치경찰의 정치적 중립성을 보장하기 위하여 도입된 제도가 합의제 행정기관인 '시·도자치경찰위원회'였다. 시·도지사 소속으로 설치되지만 시·도지사로부터 독립적으로 자치경찰을 관리하는 주체였다. 시·도자치경찰위원회의 행정사무는 자치경찰본부가 담당한다. 현재 서울, 광주, 세종, 제주 등에서 감사위원회를 합의제 행정기관으로 설치하여 운영하고 있는 것이 좋은 예이다.

시·도자치경찰위원회의 법적지위에 관한 논의 시 2개 안이 검토되었다. 자치경찰본부장을 시·도지사가 임명할 때에는 합의제 행정기관으로 하고, 제2안은 자치경찰본부장을 대통령이 임명하는 경우에는 합의제 행정기관(2-1안) 또는 심의·의결기관(2-2안)으로 하는 방안들이 논의되었다.

시·도자치경찰위원회는 총 5명의 위원으로 구성되며 상임위원은 1명이다. 위원들은 시·도지사가 임명한다. 위원의 추천은 다양한 경로를 통하여 이루어진다. 시·도지사는 1명을 지명하고, 시·도의회는 2명, 법원은 1명, 국가경찰위원회는 1명을 추천하도록 되었다. 시·도의회의 2명은 여·야에서 1명씩 추천되기를 기대하였다. 이와 별도 시·도지사가 2명, 시·도의회 2명, 국가경찰위원회가 1명을 추천하는 방

안이 제2안으로 검토되기도 하였다. 자치경찰제도를 도입함에 있어서
시·도자치경찰위원회를 설치하게 된 배경은 아래 참고자료에 잘 나타
나 있다. 이러한 배경은 자치경찰제도가 1원화 모형으로 변경되었음
에도 불구하고 변화되지 않았다.

② 시·도자치경찰위원회의 주요 기능

자치경찰사무와 관련하여 시·도자치경찰위원회는 주요정책을 심
의·의결하고 주요한 인사를 추천하며 감찰 및 징계 요구 등의 권한을
갖는다. 국가경찰사무와 관련하여 시·도의 국가경찰, 국가경찰위원회
와 협력하거나 의견을 개진한다. 구체적인 사항은 〈표 1-5〉와 같다.

〈표 1-5〉 시·도자치경찰위원회 주요 기능

구분		주요 내용	비고
사건 초기	기본임무	• 자치경찰 활동 목표의 수립 및 평가, 자치경찰 인사, 예산, 장비, 통신 등에 관한 주요정책 심의·의결 및 집행 관리	
	인사추천	• 자치경찰본부장(2배수) 및 자치경찰대장 임명 추천	
	감찰징계 요구	• 시·도 자치경찰사무, 국민·자치경찰공무원 민원, 자치경찰공무원 주요 비위사건 등	
	개선권고	• 자치경찰에 의한 인권침해, 경찰권 남용 소지 제도·법령·관행 등	
중간 이후	시도경찰	• 자치경찰 직무수행과 관련된 업무협약 체결·변경, 국가·지자체 공동사무 수행 및 분쟁조정 관련 의견 제시	의견 제시
	국가 경찰위	• 시·도 경찰청과 1차 협력·조정 곤란 시 2차 심의·조정 요구 • 시·도 지역 내에서 국가경찰관의 인권침해, 법령위반 등 비위사건에 대한 관련 실태조사 및 감찰 등 개선요청	

출처: 자치분권위원회(2019)

① **(직무특성)** 민생치안 수사권 등 대규모 사무와 인력이 자치단체로 이관됨에 따라 자치경찰의 정치적 중립성 및 공정성 확보가 중요

  * 자치경찰이 특정분야 수사권 행사, 각종 단속과 침익적 행정행위 주체로 작용함에 따라 주민참여 등을 통한 민주적 통제 필요

② **(견제협력)** 지역 내 주민의 생명·안전 보호 및 치안력 불균형 방지를 위해 시·도 국가경찰과의 대등한 협력·견제체계 필요성 증대

  * 112상황실 공동운영 및 초동조치 공동대응, 사무배분 조정 및 인권침해 시정 등

③ **(법적지위)** 심의·의결위원회는 경찰의 '민주적 통제' 및 '견제와 균형' 역할 수행이 곤란, 독립적 '합의제 행정관청'(行政委員會) 설치 필요

  – 심의·의결기관은 제한적 의결권만 부여되어 법적 구속력 있는 의사결정 및 집행권이 없어 시·도지사에 종속된 치안행정 심화 우려

  – 실질적 역할 수행을 위해 명확한 권한·법적지위를 부여할 필요

⇨ 시·도자치경찰위원회를 합의제 행정기관으로 설치할 경우 △지방행정과 자치경찰 간 연계성 저하, △시·도지사의 자치행정에 대한 자율성과 책임성이 약화될 우려가 있어 심의·의결기관으로 설치해야 한다는 의견도 있으나,

  – 자치경찰이 전체 경찰의 약 36% 규모이고 침익적 경찰권 행사를 한다는 점, 시·도지사가 자치경찰의 조직·인력, 예산편성, 위원회 위원 및 자치경찰본부장(대장) 임명 등의 권한 행사가 가능하므로 자치경찰의 정치적 중립성을 확실히 보장하기 위해 시·도경찰위원회를 직무상 독립적인 합의제 행정기관으로 설치 필요

〈 심의·의결위원회 및 행정위원회 비교 〉

구분		심의·의결위원회	행정위원회
법적 지위	성격	행정관청이 아님	• 독립적 행정관청
	의사 표시	• 대외적 의사표시 不可	• 대외적 의사표시 可
	구속력	• 심의안건에 대한 의결권	• 구속력 있는 처분권 부여
	상임 위원	• 설치제한(지방자치법 시행령)	• 설치가능
직무수행		• 독자적 집행권 無	• 시·도지사로부터 독립적 직무수행
설치요건		• 전문적 의견수렴, 신중한 처리 절차 등 * 지방자치법 제116조의2	• 중립적·공정한 집행, 주민의사 반영 및 이해관계 조정 등 * 지방자치법 제116조

출처: 자치분권위원회(2019)

3. 자치경찰제 1원화 모형

1) 자치경찰 1원화 모형의 도입배경: 2원화 자치경찰 모형의 개정 필요성

자치분권위원회가 2019년 2월 자치경찰 2원화 모형을 제안한 이후 자치경찰법안(홍익표의원대표발의안)이 발의되면서 자치경찰 2원화 모형에 대한 문제점 내지는 결함들이 논의되기 시작하였다. 이슈의 쟁점은 크게 자치분권위원회가 제안한 모형과 발의된 자치경찰법의 괴리, 경찰기능의 단위사무별 분리 및 이양, 국가경찰의 지나친 관여 및 단계적 실시의 문제점, 코로나19로 인한 사회적 환경의 변화로 대분하여 논의할 수 있다.

(1) 자치분권위원회 자치경찰 2원화 모형과 발의된 자치경찰법안의 괴리

① 시·도자치경찰위원회의 미약한 권한

문재인 정부의 자치경찰은 광역단위의 자치경찰로서 시·도자치경찰위원회의 존재가 핵심적 사항이다. 경찰의 정치적 중립성을 보장하기 위하여 도입된 합의제 행정기관으로서 소기의 목적을 달성할 수 있는 권한을 보유하여야 함은 재론의 여지가 없다. 그러나 자치경찰법안에서는 '지휘와 감독'이라는 직접적 명령을 의미하는 용어에 갈음하여 '관리'라는 용어를 사용함으로써 시·도자치경찰위원회의 권능에 대하여 의구심을 갖게 되었다. 시·도자치경찰위원회가 '지휘와 감독'의 주체가 아니고 '관리'의 주체로 규정됨으로써 자치경찰의 효율적 운영이 어려울 수 있다는 비판이 제기되었다.

② 지구대와 파출소의 처리

앞에서 논의하였듯이 자치경찰 2원화 모형의 중요한 특징은 지구대와 파출소는 기능이양에 따라 자치경찰로 이양한다는 것이었다. 그러나 자치경찰법안(홍익표의원대표발의안)에 따르면 지구대와 파출소는 국가와 자치경찰이 7:3의 비율로 보유하게 되어 이용하는 국민들의 불편을 야기할 것이라는 문제점이 제기되었다. 70%의 지구대와 파출소가 국가에 존치함으로써 주민밀착형 치안서비스의 제공이라는 자치경찰의 본래의 취지와도 상충될 수 있었다.

③ 초동조치권의 미흡

경찰기능의 단위사무별 횡단적 사무분리에 따른 문제점을 해소하고자 초동조치권이라는 공동의무를 부과하였다. 치안의 공백을 최소화하기 위한 조치였다. 그럼에도 112 신고출동 및 응원과 관련하여 자치경찰이 직무범위 이외의 사항에 대해 자치경찰이 출동 또는 응원해야 하는지에 대한 규정이 미비하였다. 자치경찰을 찾아온 자수자 또는 긴급체포 대상자를 체포할 수 있는지에 대해서도 불명확하여 초동조치권이 보완되어야 한다는 지적이 제기되었다.

(2) 경찰기능의 단위사무별 분리 및 이양

경찰의 기능은 정보, 보안, 외사, 수사, 생활안전, 교통, 경비 등 기능별로 대분할 수 있다. 경찰기능을 대분류의 관점에서 정보, 보안, 외사, 수사는 국가경찰이 생활안전, 교통 및 경비 등은 자치경찰이 분담하는 대안이면 분류도 용이하고 분명하다. 그러나 기능을 횡단적으로 단위사무별로 세분화하면 현장에서의 혼선과 치안의 공백이 우려되고, 이를 예방하기 위해서는 공동사무의 범위가 커질 수밖에 없는 단점이 있다.

자치분권위원회에서 경찰기능의 사무배분을 논의할 때에는 경찰기능의 단위사무를 260여 개로 나누고 이 중에서 100여 개를 자치경찰사무로 이양한다는 계획이었다. 이러한 자치경찰사무의 구분은 자칫 치안공백의 가능성이 있기 때문에 국가경찰과 자치경찰이 공동으로 수행하는 사무의 증가 가능성이 크고 공동사무의 증가는 궁극적으로 자치경찰의 존재의의를 약화시킬 수 있다는 약점이 지적되었다.

국가경찰인력 중에서 43,000명이 자치경찰로 이관된다는 계획 하에서는 자치경찰사무도 최소 35% 이상은 되어야 한다. 공동사무의 증가와 자치경찰의 기능축소는 자치경찰을 제주특별자치도 자치경찰단과 같이 국가경찰의 보조기관으로 축소할 가능성이 크다는 우려가 제기되었다. 수사기능의 국가화도 이러한 가능성을 높였다.

국가경찰과 자치경찰의 분리로 치안의 공백을 방지하는 방안 중의 하나가 초동조치권이었음은 앞에서 논의하였다. 초동조치권의 한계를 감안할 때 보다 확실한 방안은 초동조치권의 범위에 초동수사권이 포함되어야 한다. 그런데 자치경찰에게 초동수사권을 부여하는 것에 대해서는 합의에 이르지 못했다. 2014년 해양경찰청을 폐지하면서 초동수사권을 해양안전본부에 남겼던 좋은 사례가 있음을 고려할 때 초동수사권의 부재는 커다란 아쉬움이었다.

(3) 국가경찰의 지나친 관여

국가와 지방정부의 관계는 2020년 12월 9일 이전의 지방자치법에 따르면 지도와 감독의 관계였다. 국가는 우월적 지위를 토대로 지방정부를 지휘하고 감독할 수 있기 때문에 양자는 상하·수직의 관계였다. 그런데 국가경찰과 자치경찰의 관계는 이보다도 더한 상하·수직의 관계였다. 지도, 지원, 권고, 시정명령, 직무이행명령, 감사요구, 시·도의회 의결에 대한 재의 요구 등 광범위한 관여권이 인정되어 자치경찰의 자율성이 크게 훼손되었다.

(4) 입법지연으로 인한 단계적 실시의 문제점

자치경찰의 제도화가 지연됨에 따라 문재인 정부가 수립한 국정목표의 달성에 어려움이 예상되었다. 자치경찰제 도입방안에 따르면 3단계에 걸쳐 전국에 확대된다. 그런데 입법이 지연됨에 따라 2020년 12월 제정된 국가 및 자치경찰법과 같이 자치경찰 2원화 법률이 입법화되었다고 가정하면 서두른다고 하더라도 2단계의 실시도 이루어지지 못했을 가능성이 크다. 2020년 12월 자치경찰 2원화 모형이 제도화되었다고 가정하면 2021년 6월까지 서울, 세종, 제주를 포함한 2개 시·도의 시범실시를 선정하고 2021년 하반기 시범실시에 들어갔을 것이다. 2022년 5월까지는 2단계의 실시도 어려웠을 것이며, 권력기관의 개혁이 미루어지는 결과로 이어졌을 것이다.

(5) 코로나19로 인한 사회적 환경의 변화

갑작스러운 자치경찰 모형의 수정에 영향을 미친 가장 중요한 요인은 코로나19였다. 2020년 1월에 닥친 코로나19 사태는 사회의 커다란 변화를 초래하였다. 사회적 거리두기와 비대면 사회의 확대로 인한 경제부문의 위축, 특히 소상공인을 중심으로 한 자영업자의 어려움은 재난기본소득의 필요성을 더욱 높였다. 국가재정의 압박으로 이어졌다.

자치경찰 2원화 모형은 재정적인 측면에서 보면 비록 소요재정은 국가가 부담하도록 되어 있었으나 고비용이 소요되는 모형이었다. 고비용의 요인으로는 존재하였던 지방경찰청과 경찰서의 수만큼 자치경찰관서가 증가하기 때문이다. 전국 18개 지방행정청, 255개 경찰서에 대응하여 18개의 자치경찰본부, 255개의 자치경찰대를 창설하여야 했다. 이에 따라 20여 명 이상의 치안감-경무감, 300여 명의 총경직이 증설되고 자치경찰본부와 자치경찰대를 위한 공간도 마련하여야 했다. 이에 따른 추가 비용은 수천억 원을 초과할 것으로 추산되었다. 코로나19라는 엄중한 상황 하에서 수천억 원이 소요되는 자치경찰의 모형은 수정이 불가피했다. 수정된 자치경찰 1원화 모형의 특징을 논의하면 아래와 같다. 자치경찰 1원화 모형에 관한 보다 상세한 설명은 제3장에서 논의된다.

2) 자치경찰 1원화 모형의 특징

(1) 예산극소화 모형

자치경찰 1원화 모형의 첫 번째의 특징은 예산극소화 모형이라는 점이다. 앞에서 간략히 언급하였듯이 코로나19의 엄중한 상황은 국가재정의 부담으로 작용하였다. 여기에 자치경찰의 창설을 위해 수천억 원에 달하는 국가재정을 투입하는 것이 시대적 상황에 부합하지 않다는 결론에 이르렀다.

자치경찰은 실시하되 소요재정을 극소화하는 방안이 자치경찰 1원화 모형이다. 자치경찰 1원화 모형은 1960-90대까지 지방자치가 없었던 시대의 우리나라 지방행정이 준거가 되었다. 국가공무원과 지방공무원으로 구성되어 국가의 위임사무와 자치사무를 수행했던 과거의 지방행정조직이 새롭게 탄생될 시·도경찰청의 준거가 된 것이다. 단일의 조직이 성격이 다른 복수의 기능을 수행했던 과거의 행정선례로부터 자치경찰 1원화 모형이 도출되었다고 할 수 있다. 현재도 시·도지사는 지방정부의 장과 중앙부처의 하부행정기관의 지위를 동시에 지니고 있다. 자치사무에 관한 한 시·도지사는 지방정부의 장이지만 기관위임사무에 관한 한 중앙부처의 하부행정기관의 지위를 갖는다. 후자와 관련하여 중앙부처의 장이나 대통령의 지휘와 감독을 받는다. 결론적으로 이번 시행되는 자치경찰 1원화모형은 생소한 모형이 아니라 이미 우리의 행정 선례가 있었던 것이기 때문에 어렵지 않게 정착될 것으로 예상된다.

(2) 국가-지방 협력모형: 협력적 거버넌스 모형

새롭게 이양된 자치경찰사무를 수행하기 위하여 채택된 자치경찰 1원화 모형은 국가-지방의 협력모형이다. 국가 및 자치경찰법 제2조에서 규정하고 있는 바와 같이 종전에는 치안은 국가의 전속책임이었으나 새로운 국가 및 자치경찰법에 따라 공동의 책임으로 변경되었다.

국가는 특별지방행정기관의 지위를 양보하고 지방은 전속 조직의 권한을 일부 양보하여 국가와 시·도가 공동으로 운영하는 모형을 채택하였다. 국가는 특별지방행정기관의 표상이었던 '지방'이라는 용어를 지방경찰청의 명칭에서 삭제하는 데 동의하였고 시·도는 시·도경찰청을 신설함에 있어서 상당한 권한을 경찰청에 위임 또는 양보하였다.

국가 및 자치경찰법에 따른 자치경찰 1원화 모형의 자치경찰조직은 과거의 행정조직과 달리 시·도의 소속이지만 반국가-반지방조직이라고 할 수 있다. [그림 1-2]에서 보는 바와 같이 시·도 소속의 시·도경찰청은 국가사무와 수사사무는 경찰청으로부터 지휘와 감독을 받는다. 동시에 시·도경찰청은 자치경찰사무에 관하여 시·도자치경찰위원회의 지휘와 감독을 받는 반국가-반지방의 조직이 되었다.

[그림 1-2] 자치경찰의 조직모형

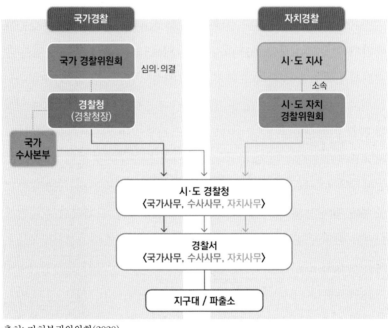

출처: 자치분권위원회(2020)

반국가-반지방의 조직이 성공적으로 자치경찰사무를 수행하기 위해서는 국가와 시·도는 상호 협력의무를 수행하여야 한다. "국가와 지방자치단체는 주민에 대한 균형적인 공공서비스 제공과 지역 간 균형발전을 위하여 협력하여야 한다(지방자치법 제183조)." 이런 점에서 자치경찰사무는 향후 설치된 중앙-지방협력회의의 주요한 의제가 될 수 있다.

(3) 과도기적 모형

자치경찰 1원화 모형이 지닌 또 하나의 특징은 과도기적 모형이라는 점이다. 코로나19라는 상황이 발생하지 않았더라도 현재는 자치분권 2원화 모형을 시행하고 있었을 것이다. 갑작스럽게 모형을 변경함에 있어서 우선적인 고려사항은 현실가능한 최적 대안을 모색하는 것이었다.

자치경찰 1원화 모형은 예상치 못한 코로나19라는 사회적 환경과 권력기관의 개혁 및 자치분권의 완성이라는 문재인 정부가 수립한 국정과제의 목표를 동시에 고려한 현실가능한 최선의 정책대안이었다.

현재의 모형이 자치경찰의 최종 모습이 아니고 향후 상황이 개선됨에 따라 앞에서 논의했던 2원화 모형으로 발전되거나 또는 반국가-반지방조직이 아닌 지방전속의 조직으로 1원화될 가능성도 배제할 수 없다. 본 저서에서 자치경찰 2원화 모형에 대하여 상세하게 논의한 것도 향후 발전모형의 대안이 될 수 있기 때문이다. 사회과학의 분야에서 무결점의 완전한 이론이나 모형은 존재하지 않는다. 시대적 상황에 적합한 모형이 최선의 선택이다. 자치경찰 1원화 모형도 이런 관점에서 평가되어야 할 것이다.

향후의 발전방향은 국가 및 자치경찰법에 따라 탄생될 자치경찰이 주민밀착형 치안서비스를 제공하는 기관으로 자리매김하느냐의 여부에 달려있다고 할 수 있다. 치안행정과 지방행정이 성공적으로 연계되어 주민밀착형 치안서비스가 안착된다면 자치경찰 중심의 치안체제를 구축할 수 있으며, 그렇지 못할 경우 국가경찰 중심의 치안체제로 귀착될 가능성도 있다. 자치경찰이 어느 모형으로 발전되든 처음 시행하는 현 단계에서는 자치경찰제의 안착을 위해 모두가 지혜를 모아야 할 것이다. 이에 대해서는 제5절에서 상세히 논의하였다.

(4) 시·도자치경찰위원회의 지휘·감독권

자치경찰 2원화 모형에서 시·도자치경찰위원회의 권한은 자치경찰을 '관리'하는 것이었다. '관리'라는 용어에 대한 해석이 불분명하지만 '지휘와 감독'을 포함하지 않는 것으로 보인다. 왜냐하면 자치분권 모형을 논의하는 과정에서 '지휘와 감독'이라는 용어에 반대하고 '관리'라는 용어를 도입하였기 때문이었다.

자치분권 1원화 모형에서는 명시적으로 시·도자치경찰위원회는 자치경찰을 '지휘·감독'할 수 있다고 명시하였다. 자치경찰 2원화 모형에서보다 1원화 모형에서 시·도자치경찰위원회의 권한이 명확하게 강화되었다. 그 외 시·도자치경찰위원회는 실질적으로 독립적인 지위에서 자치경찰의 핵심주체이다. 이에 대해서는 다음 장에서 상세히 논의하였다.

(5) 전면 실시 가능 모형

자치분권 2원화 모형의 시행을 위한 입법이 지연됨에 따라 문재인 정부 내에서 자치경찰의 전면실시가 어려울 수 있다는 우려가 있었음을 앞에서 논의하였다. 자치분권 1원화 모형은 현재의 조직을 그대로 활용하기 때문에 단기간에 전면실시가 가능하게 되었다. 2020년 12월 9일 국회의 의결을 거치고 2020년 12월 22일 공포되어 2021년 1월 1일부터 발효되었다. 발효된 시점으로부터 준비된 시·도에서부터 시범실시를 거쳐 2021년 7월 1일부터는 전국의 시·도에서 자치경찰제를 시행할 예정이다. 1988년 지방자치법 전부개정과 1991년 지방

의회 선거로 지방자치가 재개되었듯이 2020년 12월 9일 자치경찰 1
원화 모형을 제도화한 한 국가 및 자치경찰법의 제정으로 2021년 7월
1일부터 자치경찰제의 전면적인 실시를 앞두고 있다.

III. 지방자치법과 국가 및 자치경찰법의 관계

1. 지방자치법의 주요내용

　지방자치법은 우리나라의 지방자치에 관한 기본법이다. 1988년 전
부 개정되어 1991년 지방의회의 재구성과 1995년 단체장 선거의 제
도적 기초였던 (구)지방자치법은 단체자치 중심의 규정이었다. 주로
지방정부를 중심으로 관련된 사항을 규정하였다. 단체자치를 중심으
로 규정되다 보니 중앙-지방관계는 "국가의 지도·감독"이라는 지방
자치법 제8장의 명칭이 시사하듯이 상하·수직의 관계였다. 주민자치
에 관한 규정은 매우 미흡한 수준이었다. (구)지방자치법의 시대를 지
방자치 1.0, 그 이후 시대를 자치분권 2.0으로 구분하였다.

　만 32년 만에 전부 개정된 지방자치법은 (구)지방자치법의 기본적
기초와 원리를 근본적으로 개선하였다. 주민주권의 원리에 따른 주민
자치를 강화하였다. 지방자치의 주체는 주민이라는 주민자치의 원리
는 바로 주민주권을 의미한다. 주민주권에 기초한 주민자치란 주민의,
주민에 의한, 주민을 위한 자치이다. 본 절에서 새로운 지방자치법의
이와 관련된 내용을 소개하면 아래와 같다.

　주민주권에 기초한 주민자치의 토대를 위하여 주민자치의 원리 강

화가 강화되었다. 지방자치법 제1조의 목적에서 '지방자치단체의 종류와 조직 및 운영'에 관한 사항 외에 '주민의 지방자치행정에 관한 사항'을 추가함으로써 주민자치가 지방자치의 중요한 목적이며 수단임을 명시하였다.

주민에게는 "주민생활에 영향을 미치는 지방자치단체의 정책의 결정 및 집행과정"에 참여할 주민참여권을 보장하였다(제17조). (구)지방자치법은 간접주민발안제를 도입하였으나 새로운 지방자치법은 주민의 직접발안제도로 개정하였다. "주민은 지방자치단체의 조례를 제정하거나 개정하거나 폐지할 것을 청구할 수 있다. 조례의 제정·개정 또는 폐지 청구의 청구권자·청구대상·청구요건 및 절차 등에 관한 사항은 따로 법률로 정한다(지방자치법 제19조)." 후자를 위한 '주민조례발안에 관한 법률'이 현재 국회에 계류('20.7월 발의) 중에 있다. 주민직접참정제도의 참여권자의 연령이 19세에서 18세로 하향된 것도 중요한 특징이다. 주민의 폭이 크게 확대되었기 때문이다. 주민감사, 주민발안, 주민소송 등의 과정에 18세 이상의 주민은 참여할 수 있다(지방자치법 제21, 22조).

참여연령의 인하와 더불어 기본 요건이 완화된 것도 중요한 특징이다. 주민감사청구제도의 경우 (구)지방자치법에서는 시·도 500명, 50만 이상의 대도시 300명, 시·군·구 200명의 서명을 받아야 하며, 청구가능 기간도 2년이었다. 새로운 지방자치법에서는 최저 서명인 수를 300명, 200명, 150명으로 각각 인하하였으며 청구가능 기간도 3년으로 연장하였다.

지방정부의 기관구성도 강시장-약의회의 획일적 구조였으나 향후에는 지역주민의 투표로 결정하게 하였다(지방자치법 제4조). 지역의 정치적 상황에 따라 기관통합형도 가능하게 됨으로써 지역의 지속가능성을 제고하는데 크게 기여할 것이다.

지방정부는 "그 사무를 분장하기 위하여 필요한 행정기구와 지방공무원을 둔다. 행정기구의 설치와 지방공무원의 정원은 인건비 등 대통령령으로 정하는 기준에 따라 그 지방정부의 조례로 정한다. 행정안전부장관은 지방자치단체의 행정기구와 지방공무원의 정원이 적절하게 운영되고 다른 지방자치단체와의 균형이 유지되도록 하기 위하여 필요한 사항을 권고할 수 있다. 지방공무원의 임용과 시험·자격·보수·복무·신분보장·징계·교육·훈련 등에 관한 사항은 따로 법률로 정한다. 지방자치단체에는 법률로 정하는 바에 따라 국가공무원을 둘 수 있다. 국가공무원의 경우 「국가공무원법」 제32조제1항부터 제3항까지의 규정에도 불구하고 5급 이상의 국가공무원이나 고위공무원단에 속하는 공무원은 해당 지방자치단체의 장의 제청으로 소속 장관을 거쳐 대통령이 임명하고, 6급 이하의 국가공무원은 그 지방자치단체의 장의 제청으로 소속 장관이 임명한다(지방자치법 제125조)."

"지방자치단체는 소관 사무의 일부를 독립하여 수행할 필요가 있으면 법령이나 그 지방자치단체의 조례로 정하는 바에 따라 합의제 행정기관을 설치할 수 있다. 합의제 행정기관의 설치·운영에 필요한 사항은 대통령령이나 그 지방자치단체의 조례로 정한다(지방자치법 제129조)."

지방의회의 기능과 제도를 정상화하였다. 1991년 지방의회를 구성하면서 지방의회의 권한을 약화시키는 측면에서 사무기구의 인사권을 단체장에게 귀속시켰다. 지방의회의 정상화를 위해 단체장의 인사권 폐지를 오랫동안 주장하였고 2020년 12월 9일 지방자치법 전부개정에서 뜻을 이루게 되었다. 사무기구의 단체장 인사권 폐지로 인한 지방의회의 정상화는 지방의회의 활성화로 이어질 것이다.

중앙-지방의 관계도 크게 개선된 부분이다. 우선 제9장의 장명이 변경되었다. (구) 지방자치법 제9장의 명칭은 '국가의 지도·감독'이었다. 새로운 지방자치법 제9장의 명칭은 '국가와 지방자치단체의 관계'로 변경되었다. 제9장의 명칭으로부터도 권위적인 규정에서 상호 협력적인 규정으로 변경되었음을 알 수 있다. 국가-지방의 관계를 개선하여 상호 수평·대등의 관계로 개선하였다.

내용적인 측면에서도 제9장 '국가와 지방자치단체 간의 관계'의 장에서 국가와 지방정부의 협력의무를 우선 규정하였다. "주민에 대한 균형적인 공공 서비스의 제공과 지역 간 균형발전"을 위하여 국가와 지방자치단체는 상호 긴밀하게 협력하여야 한다(지방자치법 제183조).

지방정부가 국정의 동반자로서 상호 수평·대등의 관계로 발전하기 때문에 국정의 논의를 위한 포럼이 요구됨은 논리적 귀결이다. 이를 위하여 새로운 지방자치법은 중앙-지방협력회의의 설치를 제도화하였다. "국가와 지방자치단체 간의 협력을 도모하고 지방자치 발전과 지역 간 균형발전에 관련되는 중요 정책을 심의하기 위하여 중앙지방협력회의를 둔다. 중앙지방협력회의의 구성과 운영에 관한 사항은 따로 법률로 정한다(지방자치법 제186조)."

지방정부의 의견제출권도 지방정부의 위상을 국정의 동반자로 격상시켰다. "중앙행정기관의 장이나 시·도지사는 지방자치단체의 사무에 관하여 조언 또는 권고하거나 지도할 수 있으며, 이를 위하여 필요하면 지방자치단체에 자료 제출을 요구할 수 있다. 국가나 시·도는 지방자치단체가 그 지방자치단체의 사무를 처리하는 데 필요하다고 인정하면 재정지원이나 기술지원을 할 수 있다. 지방자치단체의 장은 조언·권고 또는 지도와 관련하여 중앙행정기관의 장이나 시·도지사에게 의견을 제출할 수 있다(지방자치법 제184조)."

끝으로 지방자치법의 사무배분 기본원칙도 자치경찰과 매우 중요한 연관성을 지닌다. 국가 및 자치경찰법 제3조에서 국가경찰과 자치경찰의 사무를 배분하고 있다. 국가경찰과 자치경찰의 사무를 배분함에 있어서 지방자치법의 사무배분 기본원칙을 고려되어야 한다. "국가는 지방자치단체가 사무를 종합적·자율적으로 수행할 수 있도록 국가와 지방자치단체 간 또는 지방자치단체 상호 간의 사무를 주민의 편익증진, 집행의 효과 등을 고려하여 서로 중복되지 아니하도록 배분하여야 한다. 국가는 사무를 배분하는 경우 지역주민생활과 밀접한 관련이 있는 사무는 원칙적으로 시·군 및 자치구의 사무로, 시·군 및 자치구가 처리하기 어려운 사무는 시·도의 사무로, 시·도가 처리하기 어려운 사무는 국가의 사무로 각각 배분하여야 한다. 국가가 지방자치단체에 사무를 배분하거나 지방자치단체가 사무를 다른 지방자치단체에 재배분할 때에는 사무를 배분받거나 재배분받는 지방자치단체가 그 사무를 자기의 책임하에 종합적으로 처리할 수 있도록 관련 사무를 포괄적으로 배분하여야 한다(지방자치법 제11조)." 사무배분의 중복배제의 원칙, 보충성의 원칙, 포괄성의 원칙을 규정한 것이다. 지방분권법에서 규정하고 있는 사항을 지방자치기본법의 성격을 띤 지방자치법에서 재확인함으로써 사무배분의 기본원칙을 재강조하였다.

2. 국가 및 자치경찰법의 주요 내용

중앙-지방의 협력이라는 관점에서 주목하여야 할 분야가 자치경찰제이다. 무엇보다도 국가 및 자치경찰법 제2조와 제4조의 내용이다. 지방자치1.0 시대의 치안은 국가사무였다. 국가 및 자치경찰법 제2조에 따르면 자치분권2.0 시대의 치안은 중앙정부와 지방정부의 공동책임이 되었다. "국가와 지방자치단체는 국민의 생명·신체 및 재산을 보호하고 공공의 안녕과 질서유지에 필요한 시책을 수립·시행하여야 한다(제2조)." 치안분야에서도 지방정부의 위상이 높아졌다고 하겠다.

이를 뒷받침하기 위하여 제4조는 자치경찰의 사무를 예시하고 있다. 생활안전, 지역교통, 지역경비, 학교·가정폭력 등의 수사사무 등이 자치경찰사무로 분류하고 있다.

새롭게 제도화된 국가 및 자치경찰법 제13조에 따르면 새롭게 조직되는 자치경찰 조직은 "반국가-반지방"의 협력적 조직이다. 지방자치 1.0 시대에는 시·도지사 소속의 특별지방행정기관을 설치하였으나 새로운 국가 및 자치경찰법에서는 시·도 소속 하에 설치되는 시·도 경찰청은 종전의 국가조직으로부터 반국가-반지방조직으로 변화된다. 새롭게 격상된 지방정부의 지위 하에 자치경찰제도가 구축되는 것이다.

국가 및 자치경찰법의 중요한 내용 중의 하나는 시·도자치경찰을 시·도자치경찰위원회가 지휘·감독한다는 점이다. 시·도지사로부터 독립된 지위를 갖는 시·도자치경찰위원회는 보장된 규칙제정권을 토대로 주민밀착형 자치경찰사무를 수행한다. 이를 행정적으로 뒷받침하기 위하여 독립의 사무기구를 설치한다. 이에 대해서는 다음 장에서 상세히 논의하였다.

3. 지방자치법과 국가 및 자치경찰법의 관계

국가 및 자치경찰법과 새로운 지방자치법은 제21대 국회에서 2020년 12월 9일 공교롭게도 동일한 날짜에 국회에서 통과되었다. 국무회의의 일자 조정으로 국가 및 자치경찰법은 2020년 12월, 지방자치법은 2021년 1월 각각 공포되어 국가 및 자치경찰법은 2021년 1월 1일부터 발효되었으며 지방자치법은 1년의 유예기간을 거쳐 2022년 1월부터 발효될 예정이다. 문재인 정부는 헌법사항을 제외하고 지방자치법의 전부개정과 국가 및 자치경찰법의 제정으로 연방제 수준의 자치분권으로 가는 기초를 놓았다.

(구)지방자치법과 (구)경찰법에 따르면 경찰은 국가의 기능이었기 때문에 지방자치법의 적용이 원천적으로 불가능하였다. 국가 및 자치경찰법에 따라 자치경찰은 지방자치의 영역이 되었기 때문에 지방자치법과 국가 및 자치경찰법은 자치경찰의 제도적 기초가 된다. 지방자치법과 국가 및 자치경찰법과의 관계는 자치경찰에 관한 일반법과 특별법의 관계이다. 따라서 국가 및 자치경찰법에서 규정하고 있는 사항은 우선 국가 및 자치경찰법이 적용되고 규정하고 있지 않은 사항은 보충적으로 지방자치법이 적용된다고 보아야 한다.

자치분권의 관점에서 자치경찰을 주장한 배경에는 경찰의 영역에 주민자치의 원리를 적용하여야 한다는 고전적 이론에 기초한다. 자치경찰 1원화 모형을 설계함에 있어서 시·도자치경찰위원회 위원의 수를 5명에서 7명으로 증원하면서 추가된 2명을 위원추천위원회가 추천하도록 하였다. 시·도자치경찰위원회의 구성을 다양화하면서 동시에 주민자치의 원리를 도입한 제도라고 할 수 있다. 시·도의 시장·군

수·구청장 협의회, 시·도의 시·군·자치구의회 협의회에서 각 1명, 관할 법원장이 1명, 경찰청장이 1명, 집행부의 기획관리실장으로 구성된 위원추천위원회가 2명의 위원을 추천하도록 하였다. 이것은 일반 시민들도 위원으로 추천될 수 있는 가능성을 열어둔 제도이다.

새로운 지방자치법은 주민의 직접참정제도를 강화하였다. 이전에는 없었던 주민조례발안제도의 근거를 마련하고 별도의 법률을 현재 정부발의로 추진 중에 있다. 주민조례발안법이 성안되면 자치경찰에 관한 사항도 주민조례발안의 대상이 된다.

자치경찰과 관련된 인사와 조직은 국가 및 자치경찰법과 경찰공무원법, 경찰관 직무집행법의 규정에 따르게 된다. 이 외에 자치경찰과 관련된 행정기구와 정원은 지방정부의 행정기구와 정원을 다루는 "지방자치단체의 행정기구와 정원에 관한 규정"을 준수하면 될 것이다.

국가 및 자치경찰법 제3조에 자치경찰사무가 예시되어 있다. 제3조의 규정에도 불구하고 자치경찰사무의 범위가 구체적으로 명확하지 않다는 우려가 있다. 자치경찰사무와 국가경찰사무의 구분이 명확할 때에는 치안현장에서 국가 및 자치경찰법 제3조와 관련 명령 및 조례를 따르면 될 것이다. 관련규정의 마련 및 해석에 있어서 지방자치법과 지방분권법에서 규정하고 있는 중복배제의 원칙, 보충성의 원칙, 포괄성의 원칙이 존중되어야 할 것이다. 자치경찰이 처리할 수 있는 사무는 원칙적으로 자치경찰이 담당하고 처리한다는 보충성의 원칙이 특히 존중되어야 한다.

혹시 기능이 포괄적으로 이양되지 않는 경우에는 최초로 사건을 조치한 자치경찰 또는 국가경찰이 종전과 같이 사건·사고를 처리하는 관행은 이어져야 할 것이다. 이론적으로 상호 위임사무의 일종으로 해석될 수 있을 것이다. 예를 들면 현장에 국가경찰이 출동하였는데 자치경찰사무에 해당하는 사건·사고, 자치경찰이 출동하였는데 국가경찰사무에 해당하는 사건·사고를 처리하는 경우에는 사무의 구분에 관계없이 출동한 경찰이 처리하는 것이다. 이런 관행이 이어져야 치안의 공백을 최소화할 수 있을 것이다.

앞 장에서 논의하였듯이 새로운 지방자치법은 국가-지방의 관계를 크게 개선하였다. 지방정부를 국정의 동반자로 인정하였다. 종전의 지휘·감독이라는 방식보다는 상호협력하는 거버넌스를 중시하였다. 이를 위하여 상호협력의무를 규정하고 중앙-지방협력회의를 설치한다. 국정의 의제를 이 기구를 통하여 협의하고 조정하도록 하고 있다. 그런데 국가 및 자치경찰법은 국가와 지방의 관계를 매우 엄격하게 규정하고 있다. 치안의 특성을 고려한 조치라고 할 수 있다. 그럼에도 개정 지방자치법의 기본적 취지가 국가 및 자치경찰법의 시행에도 반영되어야 할 것이다. 제도적으로 가능하더라도 지휘·감독보다는 국가와 시·도가 상호협력으로 우리나라 치안의 질을 한 단계 업그레이드할 수 있는 방안도 항상 검토되어야 할 것이다.

IV. 자치경찰제의 목표와 의의

1. 자치경찰의 목표

1) 자치분권의 완성
우리나라의 행정에서 논의된 자치경찰제는 4가지 목표를 지니고 있다. 첫째의 목표가 자치분권의 완성이다. 치안이 중요한 자치사무의 하나임에도 불구하고 국가의 사무로 분류되어 자치분권의 체감도를 높이지 못했다. 주민들의 일상생활과 밀접한 치안 서비스가 주민의 요구와 선호와는 분리되어 시행되었기 때문에 질 높은 치안력에도 불구하고 한계를 지니고 있었다. 이런 점에서 2020년 12월 9일은 문재인 정부의 제1단계 자치분권의 마침표를 찍었다고 할 수 있다.

2) 권력구조의 개편

자치경찰의 두 번째 목표는 경찰권의 분산을 통한 권력구조의 개편이다. 검·경 수사권 조정, 국가정보원의 개혁을 통하여 경찰의 기능이 크게 확대되어 비대화를 걱정하고 있다. 여기에서 자치경찰사무를 분리함으로써 비대화된 경찰력을 분산하게 되었다. 자치경찰사무에 대해서는 시·도지사 소속의 시·도자치경찰위원회가 지휘·감독하기 때문이다.

3) 지역균형발전

중·장기적으로 자치경찰은 지역균형발전의 목표에도 부합한다. 현재는 경찰공무원 신분을 국가직으로 유지하고 있지만 향후에는 지방직으로 전환될 것이다. 자치경찰사무를 담당하는 공무원의 수가 최종에는 현 지방공무원의 15~20%를 차지하게 될 것이다. 지방대학들이 어려움에도 불구하고 경찰관련 학과는 상대적으로 경쟁력을 유지하고 있다. 이런 점들이 조합된다면 자치경찰은 지방대학의 경쟁력을 유지하는데 긍정적으로 기여하고 나아가 지역균형발전에도 도움이 될 것이다.

4) 자치경찰의 창의성 및 효율성 제고

지금까지 경찰은 경찰청의 통일적인 지휘와 감독 하에 시·도지방 경찰청은 창의성과 효율성을 발휘하기가 매우 어려웠다. 향후에는 시·도경찰청간 경쟁을 통한 치안서비스가 크게 제고될 것으로 보인 다. 즉 경찰의 효율성 및 창의성 제고가 자치경찰의 네 번째 목표이다. 시·도자치경찰위원회는 시·도의 다양한 상황을 배려한 다양한 치안 정책을 수립할 것이다.

2. 자치경찰의 의의

다양한 우려에도 불구하고 국가 및 자치경찰법의 제정과 실시는 우리나라의 자치분권 및 경찰의 역사에 다양한 의의를 지니고 있다. 첫 번째 의의는 자치경찰 1원화 모형이 특별지방행정기관의 혁신모형이 될 것이라는 점이다. 특별지방행정기관의 정비는 자치분권이 논의될 때마다 중요한 의제였다. 중앙부처는 집행기구를 지방에 직접 설치하면서 지방정부와의 중복행정은 물론 지방행정의 종합성을 저해하였다. 자치분권 개혁논의가 제기될 때마다 중앙부처의 강력한 반대로 제주특별자치도를 제외하곤 특별지방행정기관 정비의 성과는 미미하였다.

"2020년 5월 기준으로 전국에 특별지방행정기관은 총 5,137개(하혜영, 2021, p. 2)"이며 이 중에서 경찰청이 2,300개를 차지하고 있다.[4]

---

4 하혜영(2021)에 따르면 경찰청의 특별지방행정기관 중 1차 기관이 18개, 2차 기관이 255개, 3차 기관이 2,027개임

18개 OO지방경찰청이 2021년 1월 1일부로 특별지방행정기관을 의미하는 "지방"이라는 용어를 삭제하였다. OO경찰청으로 개칭되면서 완전히 지방조직이 되었다고는 할 수 없어도 최소한 특별지방행정기관에서 반국가－반지방의 조직으로 변경되었다. 자치경찰제가 보여준 점진적 발전모형은 향후 특별지방행정기관을 정비할 때 좋은 선례로 작용할 것이다.

1991년 지방자치가 재개된 이후 지방자치는 꾸준히 발전하고 있지만 주민들의 체감도는 크지 않았다. 선거에 의하여 단체장과 지방의회를 구성한다는 것을 제외하곤 지방자치의 영향과 성과에 대하여 체감할 수 있는 부분이 크지 않았다. 그런 이유 중의 하나는 주민들의 체감도가 높은 교육과 경찰이 일반자치의 영역 외에 있었기 때문이다. 국가경찰에 의하여 운영되는 경찰행정은 완전히 국가사무로 분류되어 주민들의 요구나 선호가 반영되지 못했다. 자치경찰제의 출범으로 자치경찰사무가 지방정부의 사무가 됨으로써 주민들의 체감도를 높일 수 있게 되었다. 뿐만 아니라 치안행정과 지방행정을 연계함으로써 지방행정의 종합성은 물론 효율성을 제고할 수 있게 되었다. 지방자치의 외연이 확대된 결과라고 할 수 있다. 여기에서 자치경찰제의 두 번째 의의를 찾을 수 있다.

자치경찰제 세 번째 의의는 경찰행정의 민주적 통제이다. 시·도 소속으로 합의제 행정기관인 시·도자치경찰위원회를 도입하여 지방행정의 전문성과 독립성을 높였다. 7명으로 구성되는 자치경찰위원회는 독립적으로 규칙제정권을 보유한 채 자치경찰을 지휘·감독한다. 시·도지사, 지방의회, 교육감, 위원추천위원회, 국가경찰위원회 등으로부터 다양한 인사를 추천받아 임명하는 것도 자치경찰위원회의 독립성 확보를 위한 것이다. 독립성을 제고하기 위하여 별도의 사무기구를 통하여 행정지원을 받는다.

자치경찰제의 출범은 치안의 서비스화를 의미하기도 한다. 우리나라의 경찰은 일제강점기와 독재정권을 거치면서 국민을 억압하는 권력기관의 이미지가 강했다. 실제로 일제강점기는 물론 독재정권 하에서 경찰은 각종 만행과 비리에 연루된 권력기관이기도 하였다. 향후 자치경찰은 권력기관이라기보다는 주민의 애로사항을 해결하고 도와주는 치안의 서비스기관화를 의미하기도 한다. 친절하고 다정하고 믿음직한 이웃 아저씨 같은 경찰로 발전하는 계기가 된다는 점에서 네 번째 의의를 찾을 수 있다.

문재인 정부에서 자치경찰에 관한 논의가 실효성을 가졌던 데에는 검·경수사권 조정과 관련된 논의와 연계되어 추진되었다는 점을 빼놓을 수 없다. 자치경찰체는 경찰로 수사권이 조정됨으로써 비대해진 경찰권을 분산한다는 의의도 지니고 있다. 물론 자치분권의 관점에서 볼 때도 주요한 의제지만 경찰권의 분산이라는 이슈와 연계됨으로써 권력기관 개혁의 실효성을 높였다.

30여 년 전 지방자치를 재개할 때 완전한 제도를 추구하기보다는 조속한 실시에 무게를 두었던 우리의 선례가 있었다. 코로나19의 상황으로 자치경찰 2원화 모형에서 1원화로 전환되었으나 1원화 모형도 적실성은 물론 향후 발전가능성이라는 관점에서 다양한 장점을 지니고 있다. 국가의 특별지방행정기관을 적어도 반국가-반지방의 경찰조직으로 전환함으로써 발전의 첫 기초를 놓았다. 시·도경찰청이 명실공히 자치경찰의 모체가 될 수 있는 토대가 되었다는 점에서 그 의의가 매우 크다고 할 수 있다.

V. 자치경찰제의 향후 과제

새로운 정책은 법, 시행령, 조례 및 시행규칙 등 제도를 통하여 집행된다. 이에 담지 못한 많은 사례의 대응은 관행을 통하여 해결된다. 지방자치1.0 시대에도 법령의 근거는 없었지만 행정정보공개에 관한 조례, 주민참여예산제도의 시행 등 관행으로 자치입법권의 범위를 확대해 왔던 선례들이 있다. 자치분권2.0시대에도 이와 같은 관행은 더욱 발전되어야 할 것이다.

처음으로 시행되는 자치경찰제의 업무분야와 관련해서는 관행의 중요성이 더욱 크다. 제정된 법령과 조례 및 규칙만으로는 발생하는 무수한 상황에 대응하지 못하는 사례가 많다. 국가경찰 하에서 익숙했던 수많은 관행들은 경찰의 민주적 통제, 주민 밀착형 치안 서비스의 제공 등 자치경찰의 소기 목적과는 배치될 수 있기 때문이다. 최초로 구성되는 시·도자치경찰위원회와 시·도 경찰청과 경찰서는 물론 경찰청, 시·도지사, 시·도의회 등 관련 주체들이 시대의 사회적 가치에 부합하는 새로운 관행을 수립해야 할 것이다. 처음으로 구성되는 자치경찰의 지휘·감독의 주체인 제1기 시·도자치경찰위원회가 소기의 목적과 제도의 취지에 부합되게 구성되어야 소기의 목적을 거둘 수 있다.

제도가 정착되고 관행이 수립되는 과정에 매우 중요한 요소는 제도와 관행을 해석하는 관점과 원칙이다. 자치분권의 영역에서도 해석의 관점과 원칙의 변화를 통하여 발전의 성과를 창출한 사례가 다수이다. 미국의 경우 딜런의 원리가 쿨리의 원리로 전환되면서 홈룰도시 등 자치권의 확대가 이어졌다. 일본에서는 1960년대 초과·강화조례의 원리로 인권 및 환경분야에 자치입법권의 범위가 확대되었다. 위임위반

금지의 원칙(ultra vires)을 기능의 일반권(general power of competence)으로 전환하여 지방정부의 자치입법권을 확대한 영국의 사례도 있다. "시대의 사회적 가치에 부합하는(시사부)" 해석원리라 하겠다.

자치분권2.0 시대에 우리나라도 자치경찰제를 운영함에 있어서 시사부 해석이 적극적으로 이루어져야 한다. 이러한 과정에 아래와 같은 몇 가지 사항을 고려하여야 할 것이다.

첫째, 주민주권의 개념이 적극적으로 활용되어야 할 것이다. 국민주권이 국민의 통합을 이끌고 국민-국가의 정체성 확보에 기여했다면 주민주권은 주민의 자치권 확대와 기본권 보장에 크게 기여할 것이다. 주민의 참여를 기초로 한 풀뿌리 민주주의의 발전에 기여할 것은 당연하다. 보충성의 원리를 뒷받침하는 기본개념이 될 것이다. 자치경찰제를 통하여 주민주권이 공고해질 경우 지역주민의 삶의 질 제고 등 인권이 더욱 강화될 것이다.

둘째, 종전 지방자치법 제9장의 장명은 "국가의 지도·감독"이었다. 개정 지방자치법의 제9장의 장명은 "국가와 지방자치단체 간의 관계"로 개정되었다. 전자는 국가와 지방의 관계가 상하·수직의 관계라는 것을, 후자는 국가의 지방의 관계가 수평·대등하다는 것을 의미한다. 종전의 국가-지방의 관계가 상하·수직의 관계에서 수평·대등의 관계로 변화되기 때문에 국정을 수행함에 있어서 중앙-지방 협력이 필요한 것이다. 새롭게 설치될 중앙-지방협력회의는 이를 제도적으로 지원하기 위하여 도입된 것이다. 중앙-지방의 협력의무와 중앙-지방협력회의 설치의 의의이다. 지방자치1.0 시대에는 중앙정부가 곧 국가를 의미하였으나 자치분권2.0시대에는 국가는 중앙정부와 지방정부를 구성되는 통합적 주체로 해석될 가능성에 대해 관심을 가져야 한다.

전면 시행되는 자치경찰체는 새로운 중앙-지방의 관계 하에 중앙-지방의 긴밀한 협력적 거버넌스를 구축할 1원화 모형이다.

자치경찰제는 지방자치법의 전부개정으로 제고된 지방정부의 위상 하에 시행된다. 자치경찰의 분야에는 어느 기능보다도 민첩성, 복원성, 적극성 등이 요구된다. 향후 국가 및 자치경찰법들을 해석함에 있어서 다음 조항들에 관심을 가져야 할 것이다. 무엇보다도 앞에서 설명한 국가 및 자치경찰법 제2조와 제4조의 변화에 주목하여야 한다.

지방자치법 전부개정과 더불어 국가 및 자치경찰법의 제정으로 자치분권2.0 시대를 열면서 자치분권의 새로운 틀을 마련하였다. 새로운 틀에 부합하는 자치경찰의 내용은 우리가 알차게 채워 나가야 한다. 법령 등 제도는 물론 관행과 이를 수립하기 위한 "시대의 사회적 가치에 부합하는 해석"의 중요성을 재차 강조하고 기대한다.

| 참고문헌 |

김순은(2020). 우리나라의 지방자치와 자치분권: 자치분권으로 가는 길, 서
  울: 조명문화사.

김순은(2021a). 지방자치법 개정 주요 이슈와 변화: 자치분권2.0 시대의 개
  막, 「공공정책」 183: 14-18.

김순은(2021b). 행정의 역사적 발전: 공안행정, 서울대학교 주최 세미나 발
  표논문.

자치분권위원회(2019). 자치경찰제 도입방안.

자치분권위원회(2020). 자치경찰제의 새로운 모형.

통계청(2021). 2020년 전국 시도별 재정자립도.

하혜영(2021). 특별지방행정기관의 설치 현황과 개선과제, 「이슈와 논점」
  1792: 1-4.

| 제2부 |

지방자치와
치안행정의 이해

| 정순관 · 순천대학교 공공인재학부 교수 |

Ⅰ. 지방자치 및 지방행정에 대한 이해

1. 지방자치의 개념

지방자치 혹은 지방행정이란 용어는 이미 우리 일상생활에 체화되어있는 용어이다. 그리고 최근 들어 가장 많이 사용되는 용어이기도 하다. 그럼에도 이 용어는 매우 다의적 의미를 가지고 있다. 지방자치가 발전되어온 역사적 배경이나 정치사회적 상황에 따라 지방자치 제도가 서로 다르게 발전되어왔다는 것이 가장 큰 이유일 것이다. 더욱이 사용하는 사람이 말하려고 하는 내용에 따라 다양한 모습을 갖기 때문이기도 하다. 또한 지방자치는 민주주의와 깊은 관련이 있는 제도이기 때문에 민주주의나 사회정의 등의 용어처럼 다양한 의미로 사용된다.

한편 지방자치와 지방행정은 명확히 분리되는 용어라기보다는 혼용되어 사용되고 있다. 지방자치는 분권화라는 맥락에서 권력의 재배분이라는 정치적 제도와 관련되어 많이 사용되고 있고, 지방행정은 지방자치단체가 그 지역에서 지역주민에게 구체적인 서비스를 전달하고 집행하는 행정작용과 관련되어 사용되고 있다. 그러나 최근에는 지방행정이 단순한 집행을 넘어 지역정책결정과정으로 개념이 확장되면서 지방자치와 지방행정은 명확한 구분이 어려워지고 있다. 넓게 보면 지방행정은 단순히 중앙정부와 대칭되는 내용만이 아니라 중앙과의 관계에서 지방의 정치문제, 지방의회와 주민과의 관계, 지방재정의 배분 등을 포함하고 있다(이달곤, 1994).[1] 즉, 지방행정의 내용적·기능적 수비 범위가 단순한 지방이 아닌 중앙과의 관계로 확장되면서 단순한 지방 행정의 조직, 인사, 예산 등을 넘어서고 있다. 이 글에서는 지방자치와 지방행정을 따로 구분하지 않고 지방자치라는 용어를 사용하고 지방 자치행정을 논하고자 한다.

지방자치는 '지방 주민이나 자치단체가 자신의 행정사무를 자주적 으로 처리하는 정치제도'로 정의된다(정세욱, 1995).[2] 일정한 지역주민 이 자치단체에 참여하여 지역의 공동사무를 자기책임 하에 스스로 또 는 대표자를 통하여 처리하는 정치분권화제도를 의미한다.[3] 환언하면 주민이 주인이 되게 하는 제도이다. 물론 이 과정에서 중앙정부와의 관계와 협력은 필수적이다. 지방자치의 개념요소는 기본적으로 다음 의 5가지를 포함하고 있다. 즉, 지방자치단체, 공동문제(자치사무), 자기 부담(자주재정), 자기처리(주민참여), 공동협력(국가관여) 등이다.[4]

전통적으로 지방자치를 이해하는 두 가지 관점이 있다. 즉, 주민자 치와 단체자치라는 입장에서의 접근이다. 주민자치는 영국을 중심으 로 발전한 직접민주주의 정신을 강조하는 접근이고, 단체자치는 독일 과 프랑스 등을 중심으로 발전한 간접민주주의 정신을 강조하는 접근

1　이달곤(1994), 협의의 '지방행정' 연구성과와 과제, 한국행정학보, 제28권, 제4호, 한국행정학회.
2　정세욱(1995), '지방자치(地方自治), 한국민족문화대백과사전, 한국학중앙연구원.
3　임승빈(2013), 지방자치론, 법문사, p.3
4　최창호(2015), 지방자치의 의미와 발전방향, 노융희 외(2015), 지역리더를 위한 지 방자치 사용설명서 200문 200답, 조선뉴스프레스, p.32

이다. 주민자치는 지방정부와 주민과의 관계에 중점을 두고 발전된 제
도로 정치적 자치의 의미를 갖는다. 즉, 주민이 대표자를 선출하여 혹
은 주민이 직접 지역문제에 참여하여 자치사무를 처리하는 것을 의미
한다. 우리가 도입하려고 하는 '주민자치회'가 그 예이다. 단체자치는
중앙정부와 독립된 지방자치단체에 의해서 지역문제를 해결하는 것을
말한다. 단체자치는 헌법과 지방자치법에 의해서 중앙정부와 지방자
치단체의 관계가 설정되고 운영된다. 그래서 법률적 자치라고도 한다.
이를 비교해 살펴보면 〈표 2-1〉과 같다.

〈표 2-1〉 주민자치와 단체자치의 비교

구분	주민자치	단체자치
자치의 의미	• 정치적 의미	• 법률적 의미
자치권인정주체(학설)	• 주민	• 중앙정부
중시하는 권리	• 주민의 권리	• 자치단체의 권능
자치단체의 지위	• 단일적 성격 (주민대표기관)	• 이중적성격(중앙대리기관, 주민대표기관)
국가·자치사무의 구분	• 미 구분(불문법적 특성)	• 엄격한 구분(법률적 열거주의)

출처: 임승빈(2013), 지방자치론, 법문사, p.10

　　지방자치를 주민자치와 단체자치로 구분하여 이해하려는 이러한
전통적 견해는 지방의 자율성을 보장하고 혹은 제약하는 다양한 요소
를 포함하지 못하고 있어서 오히려 지방자치에 대한 적실한 이해를 방
해하고 있다는 비판을 받고 있다(이승종, 2005).[5] 즉, 상위정부로부터의
분권측면 만을 강조하여 분권이 자동적으로 지방자치단체의 자율성
을 확보해줄 것이라는 암묵적 전제를 하고 있다는 비판이다. 또 참여

5　이승종(2005), *지방자치론*, 제2판, 박영사, pp.2~4

가 지역정책과정의 선순환을 유도할 것이라는 전제도 포함된다. 그러나 권한의 이양이나 참여의 장치가 지역정책과정의 선순환을 자명하게 유도하지는 않는다.

지방자치단체의 자율성 혹은 독립성을 제약하는 요인들은 많다. 상위정부 외에도 지역의 지배집단이나 타 지방자치단체나 타 정부기관 그리고 외국으로부터도 온다. 일반적으로 정책과정에 영향을 주는 단체로 공식적·비공식적 단체들을 적시하고 있다.[6] 공식적 참여자(혹은 단체)는 의회와 대통령 그리고 행정기관과 사법부까지를 말하고 있다. 비공식적 참여자(혹은 단체)로는 정당, 이익집단, NGO, 언론매체, 정책전문가, 일반시민과 여론 등 매우 다양하다. 이러한 참여자들은 지방자치단체에서도 그대로 적용된다. 따라서 상위정부에 초점을 두는 지방자치의 개념은 외부의 정치·경제·사회적 제요인으로부터 부당한 영향을 받지 않을 자율성으로 확장될 필요가 있다. 이들 요인들 중에서 특히 지방자치단체가 지역의 지배집단으로부터의 자율성에 관심을 기울여야 하고, 지배집단들 중에서도 경제관련 단체로부터의 자율성 확보가 중요하다고 하는 주장에 주목할 필요가 있다.[7] 즉, 지방자치의 개념요소는 중앙정부로부터의 분권과 시민의 참여에 더하여 지역의 지배집단으로부터의 중립이라는 요소가 포함되어야 한다. 이러한 지방자치의 새로운 개념적 구성요소를 보면 〈표 2-2〉와 같다.

6　정정길 외(2010), 정책학원론, 대명출판사
7　이승종, 전게서

요소	자치측면	관계	이슈	관련이념	연구분야
분권	단체자치	상위정부-지방	분권/집권	능률, 민주	정부간관계
참여	주민자치	주민-정부	참여/통제	민주, 능률	참여론
중립	정부자치	정부-지배집단	중립/종속	평등	국가론, 권력구조론

자료: 이승종(2005), 지방자치론, 제2판, 박영사, p.4

　　이러한 지방자치가 민주주의의 학습장이 되고 풀뿌리 민주주의라
는 데 이견은 없는 것 같다. 그 외에 지방자치는 다음과 같은 기능을
하고 있다(정세욱, 1995). ① 독재정치에 대한 방어기능, 즉 지역의 민주
화를 통하여 국정의 민주화를 실현하는 기능을 한다. 지방분권을 기초
로 국민의 자유와 권리를 보장하고 참여를 실현시켜 권력을 분산시킨
다. ② 지역 내의 사무를 자주적으로 결정·처리하므로 주민의사의 우
월적 가치, 행위의 자기책임성·자기결정성, 기관의 선거 등 민주주의
의 본질적 내용을 실현하는 기능을 한다. ③ 중앙정국의 혼란·불안정,
무정부상태가 지방에까지 파급되지 않도록 방지하고 지방정치와 행정
의 독자성·안정성을 유지하는 기능을 한다. 이러한 기능들은 사회변
화와 더불어 새로운 지방자치가 추구해야 할 방향성도 꾸준하게 재위
치시켜야 할 필요성이 있다.

2. 사회변화와 민주주의, 그리고 지방자치

　　지방자치를 흔히 민주주의의 학교라고 한다. 그만큼 지방자치는 민
주주의와 밀접히 연계되어 있다. 그리고 분권화는 민주화의 역사와 맥
을 같이한다. 그래서 민주주의의 이념에 비추어 지방자치의 궁극적인

목적은 주민의 복지증진이라 할 수 있다.

민주주의는 지방자치 개념처럼 다양한 모습을 가지고 있다. 사회변화와 함께 민주주의가 가지고 있는 가치와 제도도 변화해왔고, 또한 변화를 요구받고 있다. 민주주의는 일상의 국민(주민)이 사회적 가치배분인 정치적 의사결정에 주인이 되는 제도이다. 일반적으로 민주주의를 이해할 때 우리는 세 가지 차원에서 접근한다.[8] 그 첫째가 민주주의에 대한 규범적 차원이다. 즉, 민주주의의 가치문제이다. 민주주의의 가치는 공동체 구성원이 권력을 동일하게 균점화 하면 구성원의 자유가 확장된다는 아이디어에서 출발한다. 이러한 가치를 실현하기 위해 인류역사는 수많은 희생과 노력을 해왔다. 둘째는 기술적 차원이다. 민주주의는 투표에 의한 합의라는 기능과 제도에 의해 작동한다. 정치적 경쟁, 견제와 균형장치 등의 제도화로 이러한 기능이 수행되게 한다. 셋째는 의미적 차원이다. 즉, 민주주의는 국민에 의해 통치되는 제도이다. 어원적으로 민주주의는 그리스어의 demos(국민)와 kratia(통치)의 합성어로 알려졌다. 결국 건전하고 행복한 공동체의 건설을 위해서는 주민이 주인이 되는 제도와 과정이 필요한데 이것을 상징하는 것이 민주주의라는 용어이다.

궁극적으로 주민의 행복과 공공복리를 위한, 민주주의 성숙을 위한 중요한 제도개혁의 하나가 바로 자치분권의 추진이라고 할 수 있다. 그런데 이러한 민주주의의 발전과정과 제도화 과정은 각 나라의 역사적 정치경제적 상황에 따라 다른 모습으로 나타났다. 그리고 민주주의

---

8 Cunnignham(2002), Frank, *Theories of Democracy: A Critical introduction*, Routhledge, pp.11~14

는 사회변화에 따라서 더 많은 개혁을 요구받고 있다. 특히 중앙정부든 지방자치단체든 국민(주민)의 행복증진을 위해서 그 운영의 기본방향에서 더욱 많은 개혁을 요구받고 있다. 필자는 다른 지면에서 사회변화와 사회문제의 해결방식의 변화에 대한 인식을 아래와 같이 피력한 바 있다.[9]

20세기 후반부터 세계적으로 나타난 두드러진 현상의 하나는 사회문제를 해결하는 접근방식에서의 변화이다. 즉, 사회문제를 해결하는데 있어서 중앙정부의 획일적 문제해결 접근이 퇴색하고 지방중심의 분권적 문제해결 접근방식이 증가하고 있다. 다원주의 사회로의 진입은 이러한 추세를 더욱 가속화할 것이다. 이러한 시대적 흐름을 반영하고 있는 것이 '정부 없는 거버넌스(Governance without Government)'라는 용어라고 할 수 있다. 거버넌스는 여러 가지의 논의가 있지만 일반적으로 '공사 영역의 다양한 행위자들이 분리되지 않고 함께 결합하고 조화를 이루어 사회문제를 해결해가는 정부관리 양태'로 정의한다. 이 입장에서 거버넌스는 국가제도만을 포함하기보다는 오히려 다중조직적 행위의 형태이다. 환언하면 거버넌스는 정부만을 포함하기보다는 시민-관-기업 등 다양한 조직들이 포함된 의사결정 메커니즘이다. 물론 좋은 거버넌스(good governance)는 국가를 포함한 관련된 행위주체들 간의 대등한 입장을 가정하는 의사결정과정을 말하는 민주적 거버넌스이고, 거버넌스에 관한 논의의 핵심은 바로 이 민주적 거버넌스의 구축에 있다. 중앙과 지방 그리고 지방과 주민 등 의사결정

---

9 사회변화와 지방자치와 관련된 부분은 다음 내용을 전체 인용하였다. 정순관(2016), *한국지방자치의 발전과제와 미래, 한국지방자치의 발전과제와 미래*, 박영사

과정에서 관련된 주체들의 대등한 입장을 확보하려는 것이 바로 자치 분권의 추진이다.

이러한 변화는 중앙이든 지방이든 어떤 한 개인이나 집단의 일방적 해결지침에 따른 문제해결 접근은 이미 한계를 갖고 있으며, 사회문제와 관련된 행위주체들의 적극적인 참여에 따른 합의를 중시하는 문제해결 방식으로의 변화를 말하는 것이다. 즉 사회문제를 해결하는 중요한 규칙이 기존의 '합산적 선택법칙(collective choice rules)'에서 각 행위주체들이 참여하여 대화를 통해 공동체 이익을 구성해 내는 '구성적 선택법칙(constitutive choice rules)'으로 이동하고 있는 것이다. 또한 어느 한 행위주체가 우월적이고 특권적으로 기능해서는 사회문제가 해결되는 것이 어렵다는 것을 보여주는 것이다. '좋은 거버넌스(good governance)' 인가는 사회문제를 해결하기 위해 협력을 유도해 낼 수 있는 '규칙의 질'에 달려있다. 협력을 유도해낼 수 있는 규칙의 질이 민주적일 때 이를 우리는 민주적 거버넌스라고 말한다.

전통적으로 행정은 능률적인 서비스 전달과 공익증진에 관심을 가져왔다. 이제 사회문제 해결 메커니즘으로서 거버넌스의 담론은 공공행정의 관심을 중앙주도적 공급자의 편견에서 지방의 수요자(지방정부)를 함께 고려하는 제도적 다면성으로의 이동을 요구하고 있다. 이러한 사회변화를 반영한 제도적 변화가 1980년대 이후 세계적으로 나타난 지방화의 추진이다. 우리의 경우 이러한 변화는 1990년대 이후에 나타났고, 중앙정부의 노력과 지방자치단체의 요구로 다양한 제도적 변화를 추구하고 있다.[10]

---

10 김순은 교수는 이러한 변화의 주요 원인으로 글로벌 국제사회의 등장과 냉전체

이러한 지방화의 추진이 현대의 사회문제를 해결하는 설득력 있는 제도적 대안이고 지방분권의 추진이며 지방자치의 실현일 것이다.

흔히 지방자치를 풀뿌리 민주주의라고 말한다. 민주주의의 가치는 투표에 의해 합의를 도출하는 것과 권력의 균점화에 의한 모든 사람들의 자유를 확장하는 두 가지의 핵심적 내용으로 요약된다. 바로 지방자치가 이 두 가지의 핵심가치를 실현하는 기초적 장이 되기 때문에 그렇게 말할 것이다. 합의와 자유확장은 지방자치와 지방분권의 추진에서 추구되어야 할 중요한 가치이다.

향후 한국사회의 변화는 여러 가지 점에서 주목해야 할 것들이 있다. 우선 인구구조의 변화이다. 빠르게 변화되는 노령화 현상은 많은 사회문제를 야기할 것이다. 특히 기초지방자치단체들에서는 더욱 심각한 문제로 다가오고 있다. 또 하나는 여러 가지 메커니즘 속에서 급격히 증가하는 복지수요이다. 현대사회의 대부분의 문제는 다양성과 사회적 불평등에서 나온다. 그리고 그 문제를 해결하는 가장 호소력 있는 단어가 바로 사회복지라는 것이다. 당연히 제기되는 문제가 재정압박이다. 그러나 누가 부담할 것인가는 항상 '움직이는 과녁'으로 남아있다. 더구나 현실화되어가는 경기침체는 이러한 문제를 더욱 어렵게 할 것이다.

이러한 문제들을 어떻게 해결할 것인가에 대한 하나의 해답은 없다. 중요한 것은 문제를 함께 공유하고 대화해야 한다는 것이다. 이제

제의 붕괴, 민주적 복지사회의 구현, 출산율저하와 고령사회의 진입 등으로 들고 있다(김순은, *지방행정 60년사*, 한국지방자치학회 제7회 지방분권포럼, 2014. 4.18).

지방분권은 바로 그러한 문제의 공유와 대화가 있게 하는 제도적 틀을 만들어야 한다는데 더욱 큰 의미를 부여하여 추진되어야 할 것이다.

　민주주의 이론과 공공정책 간의 연결은 중앙이나 지방이나 할 것 없이 '민주적 거버넌스'의 원리구현이라는 개념과 함께 시작한다. 중앙과 지방의 연계방식 그리고 지방의 다양한 정책들을 수립하고 이행하는 절차는 민주적인 선택 과정에 의하여 올바르게 만들어져야 한다. 그렇게 될 때에만 앞에서 말한 민주주의의 두 가지 핵심내용이 구현될 것이다. 이해당사자들이 수긍할 것이고 파트너쉽과 공동체의식이 형성될 것이다. 그리고 그렇게 되어질 때 지역주민의 행복지수는 높아질 것이다.[11]

　정부제도의 평가도 궁극적으로 '민주적 가치의 달성'이라는 측면에서 이해될 수 있다. 이 가치를 달성하기 위한 민주화의 역사는 일반적으로 선거권의 확장, 민주적 통제영역의 확장, 그리고 신뢰의 확장이라는 세 가지 의미로 전개되어 왔다.[12] 이제 선거권의 확장이나 민주적 통제영역의 확장은 많이 진전되었다고 할 수 있다. 그만큼 우리의 민주적 성장과정이 진척되어 있다. 적어도 외형적으로는 그렇다. 이제 남은 문제는 마지막 주제인 '신뢰의 확장' 문제이다. 신뢰확장의 핵심은 대등한 상호관계성에서 찾아진다. 미래 지방자치와 지방분권을 추

11　정부서비스만족도가 높을수록 행복하고, 삶의 질 수준이 낮은 집단일수록 정부서비스만족도가 행복에 미치는 영향이 더 큰 것으로 밝혀지고 있다(김병섭 외 2, 지방정부서비스가 주민행복에 미치는 영향: 주거영역 삶의 질의 조절효과에 대한 검증을 중심으로, 행정논총 53(3), 2015, 서울대학교행정대학원)

12　정순관(2014), 민선6기 신뢰의 확장으로 지방자치의 제2도약을 시작하자, 시도뉴스레터, 51, 전국시도지사협의회

진하는 데 있어서 이제 주목해야 할 방향이 바로 이 상호 대등한 상호 관계성을 전제로 한 신뢰확장에 대한 노력일 것이다. 그것이 우리가 가야할 자치분권의 핵심방향일 것이다.

3. 주민의 자치권과 지방자치[13]

　지방자치를 이해하는 데 가장 중요한 개념 중의 하나가 '자치권'이 라는 개념이다. 최근 자치권의 확대를 위해 많이 주장하는 자치입법 권, 자치행정권, 자치재정권 등을 이해하기 위해서는 자치권의 본질적 속성을 이해해야 한다. 일반적으로 자치권은 지방자치의 필수적인 구 성요소이며, 이는 중앙정부로부터 주어지고, 지방자치단체가 자치에 대한 사무를 스스로 결정하고 처리할 수 있는 권한으로 말해지고 있 다. 하지만 자치권을 보다 잘 이해하기 위해서는 다음과 같은 질문에 답할 수 있어야 할 것이다. 자치권은 어떠한 권리인가? 자치권은 누구 의 권리이며 그 내용과 근거는 무엇인가? 자치권의 어떤 보장을 왜 어 느 정도로 하는 것이 좋은가?

　이와 관련하여 2020년에 잘 정리된 논문이 발표되었다. 부경대학 교 서재호교수의 논문으로 한국행정학보에 실린 논문이다.[14] 자치권 의 본질을 권리적 속성, 제도적 속성 그리고 주권적 속성 등으로 분석

13　자치권에 대한 이 부분은 부경대학교 서재호교수의 허락으로 그의 다음 논문의 내용을 요약한 것임을 밝힌다. 서재호(2020), 권리, 제도, 주권: 지방자치에서 자 치권의 본질에 대한 연구, *한국행정학보, 제54권, 제4호*, pp.297~322

14　서재호(2020), 권리, 제도, 주권: 지방자치에서 자치권의 본질에 대한 연구, 한국 행정학보, 제54권, 제4호, pp.297~322

하고 있다.

　자치권은 어떠한 권리인가? 우리 헌법에는 아직 자치권이라는 용어를 사용하지 않고 있다. 다만 2021년 1월 12일 개정 공포된 지방자치법 제2조 제2항 후단에 '자치구의 자치권의 범위는 법령으로 정하는 바에 따라 시·군과 다르게 할 수 있다'로 규정하면서 자치권이라는 용어가 등장한다. 그러나 자치권이 무엇인지는 별도로 정하지 않고 있다. 자치권 대신 권리나 권한 등의 용어가 혼용되어 등장하고 있다. 그래서 권리와 권한이 자치권에 해당되는지 혹은 자치권의 귀속주체가 주민인지는 다양한 논의가 있을 수 있다.

　Hofeld(1919)는 권력구조의 맥락에서 '권리의 개념'을 네 개로 정리하고 있다.[15] 이러한 권리개념들과 연계되어 자치권이 구체적인 법률에 어떻게 규율되고 존재하는가에 따라 자치권의 상관구조도 다양하게 존재하게 된다.

　첫째, 청구권(claim)으로서 권리다. 자치권이 청구권의 속성을 갖는다면 청구를 받는 쪽에서는 해당되는 의무가 발생한다. 둘째는 자유권으로서의 특권(privilege)이다. 자치권이 자유권으로서의 특징을 갖는다면 국가는 당연히 관여나 간섭을 할 수 없고 개인이든 단체든 자유권의 주체는 자유롭게 자치활동을 할 수 있다는 의미를 갖는다. 셋째는 법률적 형성권으로서의 권능(power)이다. 자치권이 법률적 형성권으로서의 특징을 갖는다면 권리행사의 상대는 얻고자 하는 이익을 구현해 줄 책무가 발생함을 의미한다. 예로 지방자치단체가 인허가 처분을

15　Hofeld, Wesley, N.(1919), *Fundamental Legal Conceptions as Applied in Judicial Reasoning,* The Yale Law Journal, 26(8): 710~770

하면 해당된 권리와 의무가 형성되고 지방자치단체는 이를 보호할 의무를 지게 된다. 넷째는 면책권(immunity)이다. 면책은 책무와 반대되는 개념으로 누군가로부터 통제나 간섭을 받지 않는다는 것을 의미한다. 헌법 제117조 제1항에 의해 국가는 지방자치단체가 법령의 범위 안에서 고유사무에 대한 자치규범을 제정하는 것에 대해 간섭할 수 없다. 이러한 권리의 개념에 따라서 자치권은 그 주체가 주민이든 지방자치단체든 공법상 법률관계의 권리요소이고, 법제를 통해서 다양한 존재방식이 형성된다. 자치권의 존재방식과 근거는 헌법의 기본권, 법제도, 그리고 주권으로 존재할 수 있다.

1) 헌법상 기본권으로서 자치권

국민은 헌법이 보장하는 기본권의 주체이다. 그렇다면 자치권을 기본권이라고 할 수 있는가? 현재의 헌법에는 자치권을 기본권으로 명시적으로 규정하고 있지 않다. 2018년 문재인 대통령이 발의한 헌법개정안에는 지방정부의 자치권을 명시적으로 정하고, 자치권의 근거를 주민에게 두고 있었다. 국회에서 본격적인 논의도 없이 폐기된 개헌안 제121조 제1항은 "지방정부의 자치권은 주민으로부터 나온다. 주민은 지방정부를 조직하고 운영하는 데 참여할 권리를 가진다"로 입안되었다. 이러한 취지의 일부는 지방자치법 전부개정에서 '주민의 권리'로 반영되었다.

기본권의 자연권적 속성의 측면에서는 자치권의 기본권적 특성을 찾기는 어렵다. 헌법적 국가질서가 형성된 후에 지역에 자치권이 형성되었기 때문이다. 그러나 모든 국민은 주민의 지위와 역할도 가지고 있다는 점에서 헌법상 기본권의 하나로 인정할 수 있는 여지는 있다.

기본권의 최대보장을 주장하는 이론들은 헌법에 명시적으로 열거된 기본권으로 기본권보장을 한정해서는 안 된다고 주장하고 있다. 이런 주장에 따르면 주관적 권리로서 기본권인 자치권을 도출할 수 있다. 또 현행 헌법상 기본권 이외의 조문으로부터 기본권을 도출할 수도 있다(정종섭, 1994).[16] 헌법 제37조 제1항에 국민의 자유와 권리는 헌법에 열거되지 아니한 이유로 경시되지 아니한다는 것은 '열거되지 않은 국민의 권리'가 있음을 의미한다. 이외에도 기회균등의 권리나 기업의 경제활동의 자유라는 기본권을 각각의 다른 헌법 조항에서 도출할 수 있다는 헌법재판소의 판결도 있다. 이와 마찬가지로 지방자치를 규율하고 있는 헌법 제117조와 제118조를 통해서 자치권을 기본권으로 인정할 수 있는 근거를 도출할 수도 있다.[17]

기본권으로서 자치권의 행사주체는 일차적으로 지방자치단체이다. 그리고 지방자치단체의 권리는 주민의 권리로 귀속된다고 볼 수 있기 때문에 주민은 지방자치단체와 국가에 자치권을 보장하도록 요구하는 권리를 가진다고 할 수 있다.

이제 변화된 사회에 걸맞게 자치권에 대한 보다 적극적 해석이 필요할 때이다. 그래서 법률형식으로 명시된 내용만 보장해야 한다는 제도보장론이 우세한 현실을 감안하여 이를 헌법과 법률에 명시하여 제도적으로 보장할 필요가 있다.

---

16 정종섭(1994), 기본권조항 이외의 헌법규정으로부터의 기본권 도출에 대한 연구, 헌법논총, 5:239~287

17 서재호, 전게논문, p.304

2) 법제화된 자치권

현재 헌법 조문을 통해 확인된 자치권의 주체는 지방자치단체이다. 그리고 지방자치단체의 구성요소는 지방자치단체의 장과 지방의회이다. 지방자치단체가 처리하는 사무의 내용은 모두 입법재량으로 위임되어 있다. 기본적으로 자치권의 내용은 지방자치법을 통해 구체화된다. 이러한 내용은 첫째, 국가에 대하여 지방자치단체가 자율적으로 처리할 수 있는 사무에 대한 것과 둘째, 지방자치단체를 구성하는 지방의회와 지방자치단체장의 자치권능의 목록으로 구성된다.

한편 헌법에는 규정되어 있지 않은 주민의 권리에 대한 내용이 지방자치법에 규정되어 있다. 문재인 정부에서 개정·공포된 지방자치법에는 주민의 지방행정에의 참여권리를 명확히 하고 있다. 법 제17조(주민의 권리)에 다음과 같은 세 가지의 주민권리를 명시하고 있다. ① 주민은 법령으로 정하는 바에 따라 주민생활에 영향을 미치는 지방자치단체의 정책의 결정 및 집행 과정에 참여할 권리를 가진다. ② 주민은 법령으로 정하는 바에 따라 소속 지방자치단체의 재산과 공공시설을 이용할 권리와 그 지방자치단체로부터 균등하게 행정의 혜택을 받을 권리를 가진다. ③ 주민은 법령으로 정하는 바에 따라 그 지방자치단체에서 실시하는 지방의회의원과 지방자치단체의 장의 선거(이하 "지방선거"라 한다)에 참여할 권리를 가진다.

개정 전에는 ②항과 ③항만 있었는데 이번 개정에서 ①항이 추가되어 주민주권의 의미를 명확히 확장했다.

한편, 제도보장이론에 따른 자치권의 보장은 헌법의 최소한의 보장을 근거로 한 법률형식으로 보장하고 있는 범위 내에서 지방자치단체의 자치권이 인정된다는 견해이다. 그러나 이러한 견해는 사회변화와 제도보장의 핵심내용을 담아내지 못하고 있어서 '화석화된 이론'으로 비판을 받고 있다.[18] 사회변화와 다원주의 사회로의 진화에 적응하기 위해서는 자치권을 제도만으로 이해하는 관점을 넘어서 자치권의 본질이 '권리'라는 관점으로 이론을 재구성해야 할 것이다. 더욱이 이러한 내용은 앞에서도 언급한 바와 같이 문재인 정부에서 발의된 헌법개정안에 포함되어 있었고, 개정된 지방자치법에서는 이미 반영되어 있다.

3) 주권과 자치권

주권을 자치권으로 이해할 수 있는가? 헌법에 명시된 국민주권이 주민주권으로 연장해석이 가능한가? 이러한 질문에 접근하기 위해서는 국민주권과 주민주권의 개념을 이해해야 한다. 국민주권은 한 국가의 단일국민으로서 가진 배타적 권리이다. 그리고 주민주권의 개념은 일정한 지역단위에 적용되는 권리라고 할 수 있다.

주권자인 국민의 자유와 평등 보장이라는 목적을 달성하기 위해 인정되는 지역단위의 주권을 국민주권의 의지적 선택인 파생물로 이해할 수 있는가? 제도보장이론이나 법실증주적 입장에서는 의지적 선택의 파생물이라는 해석은 어렵다. 우리 헌법조문에 지역단위 주권을 명시하고 있지 않기 때문이다. 그러나 주권론의 핵심을 법형식이 아닌 결정 '주체'의 문제로 보는 입장에서는 다른 해석을 할 수 있다. 전체로서 국민은 동시에 전체로서 주민으로 구성된다라는 관점에서 주민주권이 형성된다는 주장이다. 이런 관점에서 보면 지역에서 인정되는 주민주권은 헌법에 의해 보장받는 자치권으로서 주민이 행사하는 자

---

18 오동석(2000), 제도적 보장론 비판 서설, 헌법학 연구, 제6권 제2호, pp.50~68

치권의 본질이 된다. 국민주권으로부터 도출되는 주민주권은 민주주의 헌법이 인정하는 범위 내에서, 국민주권을 침해하지 않는 것을 전제로, 지방자치단체 통치권력의 근거가 된다. 다만 이때 이러한 지역단위 통치권이 강화될 때 지역분파주의나 지역이기주의로의 진전이 오히려 민주주의 질서를 훼손할 우려에 대한 장치도 헌법에 마련되어야 할 것이다. 주권의 주체인 주민이 위임한 자치권의 민주적 행사를 위한 장치가 필요한 이유이다.

한편 일본에서 부각된 지역주권론은 지방분권정책의 추진을 강조하면서 등장한 것으로 논리상 일정한 한계가 있다.[19] 지역주권의 주체는 국민주권의 주체인 지역단위 국민의 일부로 구성된 단일의 '주민'이다. 대한민국 영토가 주권의 주체가 될 수 없듯이 일정한 지역이 주권의 주체가 될 수는 없으며, 따라서 하위 통치단위로서 법인인 지방자치단체 또한 배타적 주권의 주체로 보기는 어렵다. 다만 지방자치단체에게 주권의 주체인 주민에 의해 위임된 통치권 즉, 자치권이 형성된다고 할 수 있다. 이러한 한계는 지역주권론 대신 주민주권론으로 전개되었다(김순은, 2012; 안철현, 2017).[20] 이제까지 살펴본 것처럼, 자치권은 헌법의 해석으로부터 도출할 수도 있으며, 기본권으로서의 자치권은 주민의 관점에서 특권의 성격을 가진다고 할 수 있다. 그래서 주민은 자치권을 최대한 향유할 권리를 가지고, 국가는 이를 침해하지

---

19 김병국, 최철호(2012), 지방자치제도 하의 주민주권 확보방안: 시론적 연구, *지방행정연구*, 26(1), 한국지방행정연구원

20 김순은(2012), 주민주권론과 지방차치의 발전, *지방행정연구*, *26(1)*, 한국지방행정연구원; 안철현(2017), 지역주권과 주민주권의 관점에서 본 지방정부 기관구성과 주민자치회 조직형태, 21세기 정치학회보, 27(4)

않을 의무를 진다. 또한 기본권으로서 자치권의 주체인 주민의 자치권은 국민주권의 지역단위 분할이라는 의미에서 주민주권이라 할 수 있고, 지방자치단체의 자치권인 통치권의 근거가 된다.

4. 지방의 정치와 지배세력

현대에 와서 지방자치의 개념은 사회변화와 더불어 많이 변화되고 있고 확장되고 있다. 지역의 정책결정과정이 주목받으면서 지역의 정치과정 또한 지방자치를 이해하는데 중요한 분야가 되었다. 사회과학과는 다르게 정책분석은 처방적인 특성을 갖고 있다. 즉, 정책은 미래를 취급하고 그래서 정확성보다는 의지적이고 따라서 정치적인 특성을 갖는다. 정책은 기본적으로 정치체제의 산물로 이해된다. 그래서 정책과정에서 중요한 환경이 정치환경이고 정치환경에 영향을 주는 세력들에 대한 관심증대는 당연하다고 할 수 있다. 지역에서 일어나는 지역정치환경 또한 많은 변화를 거쳐왔고, 지역정치에서의 핵심요인으로 지배세력을 주목하는 것은 새삼스러운 것은 아니다. 이들 지배세력은 선거과정에 영향을 주고 지역정책에 영향을 준다. 지방자치를 이해하는데 지역의 지배세력에 주목하는 이유이다.

1) 지배세력의 개념과 형성

중앙이든 지방이든 정치과정에서 권력을 행사하는 사람들은 집단화되고 집단화된 사람들은 정치영역에서만 영향력을 행사하는 것은 아니다. 정치, 경제, 사회, 문화 등 다른 영역에서도 마찬가지로 영향력을 미치게 된다. 이처럼 특정집단이 사회의 모든 영역에 걸쳐서 주도적 위치를 점하는 집단을 이룰 때 이를 '지배세력'이라고 규정할 수 있다.[21] 한국 정치사에서 전혀 달라지지 않고 그대로 내려져 오는 그 어떤 '집요한 저류' 같은 것이 있고, 이 집요한 저류는 부정부패와 청탁 등 부정적 영향요인이 된다는 주장은 흔히 있는 주장이다.

이와 같은 지배세력은 지역정치에서 핵심적 역할을 하며, 지역의 정책과정에서도 많은 영향을 미친다. 이들이 어떤 과정을 거쳐서 형성될까? 이 또한 지역의 역사적·사회적·정치경제적 요인과 연계되어 있어서 지역의 지배세력 형성을 통일적으로 말할 수는 없다. 그럼에도 일반적으로 지역의 지배세력은 지역의 정치엘리트를 중심으로 형성된다. 제도적으로는 민주주의 정치체제를 표방하지만 실질적으로는 제한된 소수의 엘리트들에게 정치·경제·사회적 의사결정들이 위임되고 있기 때문이다. 그리고 이러한 지배세력의 충원은 주로 높은 수준의 교육을 받은 사람들이라는 것도 잘 알려진 사실이다.[22] 그래서 지역의 우수한 고등학교 출신들의 유명대학으로의 진입 후 중앙엘리트와 혈연, 지연, 학연 등의 연계를 강화하고, 결국 지역의 지배세력이 형성되는 과정을 거치게 된다. 이러한 지역의 지배세력은 지방선거를 통해 공고해지는 과정을 거친다. 중앙집권적 정당의 특성인 공천권의 행사는 이러한 지역의 지배세력을 충원시키는 중요한 통로가 된다. 물론 이 과정에서 관료와 기업의 상호작용이 작동하게 된다. 이렇게 형성된 지역의 지배세력은 '집요한 저류'가 되어 지역사회에 영향력을 행사

---

21 진덕규(2002), 한국정치의 역사적 기원, 지식산업사, p.248
22 임경희(2019), 지역 지배세력의 형성과 변화: 대구광역시의 사례, 한국지방자치연구, 제21권 제1호, 대한지방자치학회

하고 있음이 경험적으로 밝혀지고 있다. 최근 언론에 발표된 주차위반 단속자료 삭제사건은 지방의회와 관료사회의 잘못된 관계를 여실히 말해주고 있다. 물론 개인적 이탈행위로 해석될 수도 있겠지만 그것이 가능했던 것은 오래된 지역의 잘못된 권력관계 형성이 그 원인임은 부인할 수 없을 것이다.

2) 지배세력의 영향과 기제, 그리고 지방자치

정책결정과정의 '뒤에 있는' 세력들에 대한 쟁점들은 정치사회학자들과 비교정치학자들 사이에서 상당한 연구의 초점이 되어왔다. 1980년대 계급기초적 협상의 시각에서 국가체제의 형성을 설명하려는 '권력자원' 접근의 출현은 이러한 영향세력에 대한 연구의 분기점이 되었다. 권력자원이론에 따르면 각 국가들은 역사적 유산들과 정치경제적 요인들의 영향으로 분명한 '레짐'의 유형들로 군집되는 경향이 있다는 것이다. 레짐(regime)은 정치과정에 대한 대중통제와 경제에 대한 사적 통제 간의 관계를 조정하는 일종의 유기체를 말하는 용어이다. 그리고 레짐은 제도적 자원에 용이하게 접근할 수 있어서 통치적 결정에 지속적으로 역할을 하는 비공식적이지만 상대적으로 연대된 집단을 지칭하는 용어이다.[23] 그리고 한번 구축된 이와 같은 레짐들은 변화가 극히 어렵다는 것이 일반적 해석이다.

한편, 국가제도들의 발전과 지속성 '뒤에 있는' 잔여적 메커니즘을 또 다른 시각에서 설명하고 있는 이론이 있다. 이른바 '체화된 선호이론'이다.[24] 정책의 관성과 지속성을 계급작용으로 설명하는 대신 주민

---

23 레짐이 공식적이 되면 정부라고 할 수 있을 것이다.

여론의 체화성으로 설명한다. 이 이론에 따르면 여론과 정책 사이에서는 두 개의 핵심과정이 작동한다. 첫째는 선거과정에서 투표자의 행태에 대한 사전적 영향이다. 주기적 선거를 통해 투표자의 선호들이 '사전적으로' 정부 관리들에게 '간접적으로' 영향을 준다. 둘째는 주민여론이 정부정책에 '직접적으로' 영향을 행사한다. 직접적인 정책반응성의 핵심이유는 정치가들이나 정부관리들은 유권자의 반감을 회피하려는 강한 유인을 받기 때문이다. 이와 같은 체화된 선호가 작동하려면 3가지 조건들이 충족되어야 하는데, 첫째는 주민여론이 '경쟁적 정책 선택지' 간의 선택들과 관련되어야 하고, 둘째는 주민여론이 '일관성'이 있어야 하며, 셋째는 이슈가 있는 문제에 주민들이 일정한 '현저성'을 반영하고 있어야 한다.

과연 지역 정책들은 이와 같은 조건들을 충족하고 있을까? 비교적 지역에서의 문제들은 지역주민과 직접적인 관계가 있어서 보다 구체성을 띠는 것이 일반적이고, 사회역사적으로 집단 내 응집성과 일관성은 상대적으로 강하게 유지된다고 할 수 있다. 특히 지방에서 지배세력이 지역정책결정에 영향을 미칠 때는 그 응집성과 일관성은 더욱 견고할 것이다.

체화된 선호이론은 주민여론을 반영하는 민주적 과정으로 정책의 정통성을 확보할 수 있는 이론으로 주장되고 있지만, 이러한 응집성과 일관성이 여러 가지 분석에서처럼 지역의 지배세력에 의존하고 있다면, 지방자치를 통해 이루고자 하는 모든 주민의 행복과 공공성은 크

---

24 Brooks, Clem and Jeff Manza(2007), *Why Welfare State Persist: The Importance of Public Opinion in Democracies*, The University of Chicago Press

게 훼손될 것이다. 이런 이유 때문에 앞에서 살핀 지방자치의 개념요소로 지배세력으로부터의 '중립성'을 포함시켜야 한다는 주장이 제기되는 것이다.

5. 우리나라 지방자치의 약사(略史)

이 절에서는 우리나라 지방자치제도의 약사를 통해 지방자치에 대한 이해를 돕고자 한다. 일제강점기에 식민지배를 위한 지방행정체제의 도입 이후 미군정을 거치면서 불완전하고 일시적인 제도들이 도입되었으나, 현대적 의미에서 지방자치제도는 1948년 7월 17일 제헌헌법의 공포와 1948년 11월 17일 「지방행정에관한임시조처법」과 1949년 7월 4일 「지방자치법」이 제정·공포되면서 형성되었다. 그 후 지방자치의 근간이 되는 지방자치법의 개정은 지속되었으나 근본적인 내용은 바뀌지 않다가 문재인 정부 들어와서 2020년 12월에 지방자치법의 전부개정으로 지방자치에서 주민이 주인이 되는 장치들이 도입되는 등 상당한 제도변화를 이루게 되었다.

그동안 전개된 지방자치와 지방분권의 정치사회적 유산은 우리나라 지방자치의 이해에 상당한 함축적 의미를 내포하고 있다. 그동안의 노력은 지방자치 발전에 공헌한 것도 사실이지만 제도적 한계를 가지고 있는 것도 사실이다. 즉, 그동안의 지방자치와 지방분권의 추진은 정치적 권력집중의 견제에 초점이 두어졌고, 이를 실현하는데 있어서도 중앙의존적으로 대응해 왔다. 따라서 지방자치의 본래적 의미 중의 하나인 주민의 권리확장이라는 측면은 상대적으로 소홀히 취급되었다. 그래서 그동안 우리나라 지방자치는 과정가치에 매몰된 지방자치

패러다임, 취약한 분권, 지방정부의 책임성 미흡, 주민소외의 문제를 안고 있으며, 이에 따라 목표의 경시, 형식적 자치, 갈등적 자치, 획일적 자치, 의존적 자치, 그들만의 자치, 편린자치 등으로 평가받고 있다.[25]

문재인 정부 들어서야 비로소 주민의 권리확장이 주목받게 되었고, 이는 지방자치법 전부개정에 반영되었다. 우리나라 지방자치발전의 역사에서 주민의 권리확장이 제도적으로 상당히 진전된 성과로 평가할 수 있다. 지방자치법 전부개정과 함께 진전된 지방자치시대를 지방자치 2.0시대로 호칭하고 있다.

1) 일제강점기와 미군정시대

일제강점기와 미군정을 거치면서 지방자치는 현실적 제약과 정치적 이유 때문에 제대로 운영되지 못하였다. 일제강점기인 1913년부터 시작된 지방행정체제는 도·부·읍·면제로 발전하였으며, 각각 법인격이 부여되었다. 그리고 법령의 범위 내에서 그 공공사무 및 법률과 칙령 그리고 제령에 의해서 도에 속하는 사무를 처리하는 권한을 가지게 되었다. 형식적으로나마 의결기관으로 도회·부회·읍회 등을 두었고, 집행기관의 도지사와 부윤·읍장은 국가가 임명하였다. 그러나 총독이 지방의회의 해산을 명할 수 있는 등 지방행정체제의 작동은 중앙집권적 통치체제를 유지하려는 정략적 제도로 전락하였다.[26]

한편 미군정시대에는 그동안의 지방행정체제를 모두 해산하고 민

---

25 이승종(2015), 성숙한 지방자치의 발전과제, *지방행정연구*, *29(2)*, 한국지방행정연구원

26 정세욱(1995), '지방자치(地方自治), 한국민족문화대백과사전, 한국학중앙연구원

주적 지방자치를 실현하기 위해 도·부·군 등의 장과 도·부·읍·면회의 의원을 보통선거에 의해 선출하도록 하였으나 시행되지 못했다. 결국 지금의 지방자치제의 실시는 1948년 제헌헌법의 공포와 1949년 지방자치법 제정으로 의결기관과 집행기관을 따로 두는 '기관분리형' 제도의 기반을 갖추게 되었다.

2) 지방자치법의 제정과 변화

1948년 제헌헌법은 지방자치단체의 조직과 운영에 관한 사항은 법률로 정하고, 자치단체에 의회를 두며 그 조직과 권한 그리고 의원선거는 법률로 정한다고 규정하였다. 건국 당시에 있었던 지방행정체제를 개편하기 위해 1948년 11월에 '지방행정에관한임시조처법' 제정·공포되었고, 다음 해인 1949년 7월 4일 지방자치법이 제정·공포되었다. 초기 지방자치법에서는 지방자치단체를 서울특별시·도 및 시·읍·면으로 하고 의결기관과 집행기관을 따로 두는 기관분리형을 채택하였다. 또한 서울특별시장과 도지사는 대통령이 임명하고, 시읍면장은 지방의회에서 선출하도록 하였다.

그러나 그동안의 지방행정체제를 그대로 계승하면서 시·도지사와 군수를 지방의회에서 선출한 장의 상급기관으로 배치하고, 국가-도-시-읍면 간의 사무배분의 모호 등은 시행령의 양산으로 이어졌고 결국 중앙통제와 감독체제를 강화하는 체제로 변화되었다.

이러한 점 등을 보완하기 위한 지방자치법 개정은 지속되었다. 여기에 여순사건과 6·25 등 사회혼란 상황은 지방자치제도 변화에 영향을 주었다. 1952년 4월과 5월에 지방의원선거가 실시되었고, 그 운영 결과는 상당한 혼란을 야기했다. 초기 시행에서 의회의 집행부 불신임권의 남용문제 등이 그 대표적 예이다. 또한 중앙의 정치일정과의 연계혼란, 중앙정치의 지방정치 지배작용 등이 겹치면서 지방자치의 본래 목적이 많이 훼손되는 결과를 초래했다.

이러한 결과는 1956년 8월 시·읍·면장을 직선제에서 임명제로 바꾸는 제4차 지방자치법 개정으로 반영된다. 제4차 지방자치법 개정에 따라 지방의원선거가 1960년 8월에 실시될 예정이었으나 3·15부정선거와 4·19혁명 등으로 실시되지 못했다. 초기 지방자치법 제정 이후 이승만 정부는 지방자치를 민주주의의 실현보다는 정권의 공고화를 위한 수단으로 활용하였고, 따라서 국정관리체제는 중앙 집권적 권력집중으로 변모하였다. 이는 1960년 4·19혁명으로 이어져 결국 모든 지방자치단체장을 선거로 선출한다는 지방자치법 개정이 발의되었고, 제2공화국의 출범과 함께 서울특별시장과 도지사를 포함한 시·읍·면장의 선출을 직선제로 환원하는 제5차 지방자치법이 그해 11월에 개정·공포된다. 그리고 개정된 법에 따라 그해 12월에 지방선거가 실시되었다.

그러나 1961년 5·16 군사정변으로 통일 이후까지 지방자치를 유보한다는 헌법단서조항으로 지방자치는 폐지되었다. 그리고 긴 세월이 흘러 1987년 6·29선언에 이르기까지 지방자치제도의 도입배경과 변화과정은 중앙의 권력집중에 대한 일종의 견제장치로서의 의미가 담겨져 있다. 1987년 6·10항쟁 등으로 표출된 민주화의 요구결과인 6·29선언에서 지방자치실시를 천명하게 되었고, 그해 10월 29일 헌법개정을 통해 헌법부칙의 지방자치 유예조항을 삭제하여 지방자치제도 부활의 길을 열었다. 오늘날 지방자치의 날을 10월 29일로 정한 이유도 이날을 기념하기 위한 것이다.

그러나 1990년 김영삼 전 대통령이 3당합당(노태우 민주정의당 125석, 김영삼 통일민주당 59석, 김종필 신민주공화당 35석)에 참여함으로써 지방자치는 또 한 번 위기를 맞이한다. 218석의 민주자유당과 70석의 평화민주당의 양당체제로 재편된 이후 지방자치의 실현은 불투명해졌다. 그리고 개헌선을 넘은 여당은 개헌을 통해 내각제를 실시하여 영구집권을 도모한다는 의심을 샀다. 그때 국군보안사령부의 민간인사찰 폭로(윤석양 이병)가 이루어지자 김대중 전 대통령은 지방자치제 전면실시, 내각제 개헌 포기, 군의 민간사찰중단, 민생문제해결 등을 내세우고 13일간의 단식을 실시한다. 단식 도중 김영삼 전 대통령의 방문으로 요구사항에 대한 긍정적 반응에 의해 단식을 중단하게 되고, 1991년 지방의회선거, 1995년 지방자치단체장의 선거가 실시되어 오늘에 이르렀다.

3) 문재인 정부의 지방자치제도 개혁

문재인 정부의 핵심공약 중의 하나가 강력한 지방분권의 추진이었다. 이는 안정적이고 공정한 사회건설을 위해서는 정부내 균형잡힌 권한배분의 제도적 장치가 선결과제라는 문제의식에 기반을 두고 있다. 권한배분을 위한 기본접근은 민주적 경쟁체제를 갖추는 제도의 확장이었다. 특히 기존의 정부에서는 중앙정부와 지방정부라는 기관 간의 권한배분에 초점을 두고 있었던 반면에, 문재인 정부에서는 대표와 주민 간의 경쟁체제를 갖추는 제도보완을 강조했다. 이러한 철학과 전략들은 자치분권종합계획에 담겨졌고, 지방자치법 전부개정에 주민주권의 확장내용으로 담아졌다. 주요 성과는 지방자치법 전부개정, 지방일괄이양법 제정, 자치경찰제 도입, 1차 재정분권의 추진 등으로 나타났다. 이들 주요 내용을 보면 다음과 같다.

(1) 지방자치법 전부개정

2020년 12월에 국회를 통과한 지방자치법 전부개정안은 2018년에 정부가 국회에 제출했던 것으로 국회의 사정(패스트트랙)으로 통과되지 못하고, 2019년 3월 다시 국무회의를 거쳐 국회로 제출된 안이다. 이를 국회에서 일부 수정하여 통과시켰다. 1949년 제정된 지방자치법은 1988년 자치단체종류와 의원정수 등을 규정하는 전부개정을 하였고, 2007년 법률용어를 한글화하는 전부개정을 하였다. 지방자치법 내용의 전부개정은 32년만에 이루어졌다.

전부개정의 내용들을 보면 주민중심의 자치분권실현을 위한 내용들이 많이 포함되어 있다. 우선 주민자치의 원리를 목적규정에 명시하고, 주민의 참정권을 주민생활에 영향을 미치는 정책결정과 집행과정으로 확대하고 있다. 법령으로 정하는 바에 따르기는 하지만, 주민주권이라는 민주적 가치를 반영하는 중요한 변환점이라고 평가된다. 그 외에도 주민조례발안제도와 주민참정권과 관련된 조건들의 완화 등도 일상의 주민이 사회적 가치배분인 정치적 의사결정에 주인이 되는 제도개혁임에 틀림없다. 물론 혼란이 있을 수 있겠지만 우리가 선택할 수 있는 민주적 제도에 다가갈 수 있다는 점에서 평가되어야 한다.

또한 이번 전부개정 법률안에는 기관 간의 관계에 관한 제도도 많이 변화되어 있다. 기본적으로 기관 간의 독립성과 함께 협력적 제도 형성에도 초점이 주어졌다. 자치분권 사전협의제, 국정통합성을 위한 협력의무부과, 중앙지방협력회의의 설치 등이 그것들이다. 지방의회의 인사독립과 정책지원인력 도입근거를 마련하면서 의회의 윤리특위 구성을 의무화하여 의회에 윤리적 의무도 부과하는 제도적 장치들도 마련되었다.

다만, 정부안에는 있었던 주민자치회의 설치부문이 주민자치회에 대한 정당 간의 인식차이로 빠진 것은 아쉬움이 남는 부분이다. 그러나 이미 지방자치법 일부개정안이 발의되어 주민자치회 설치가 담길 전망이다.

(2) 지방일괄이양법의 통과

지방일괄이양법(중앙행정권한 및 사무 등의 지방 일괄 이양을 위한 물가안정에 관한 법률 등 46개 법률 일부개정을 위한 법률)의 통과는 크게 두 가지 의미를 갖고 있다. 하나는 그동안 국회법(제37조)에 따라 정착된 상임위 소관주의로 각 부처에 흩어진 사무이양에 관한 법안의 접수와 처리가 쉽지 않았다. 그러나 2018년 여야합의로 지방이양에 관한 사무를 국회 운영위원회에서 접수해 심의하기로 합의함으로써 새로운 길이 열렸고, 지방일괄이양법이 최초로 통과되었다. 이는 중앙사무의 지방이양에 대한 새로운 제도적 길이 열렸다는 큰 의미를 갖는다. 또 다른 하나는 자치분권에 대한 공감대가 확인되었다는 것이다. 자치분권위원회에서 지방이양사무를 발굴해서 정부부처와 협의를 한 후에 법제처 심의로 넘긴 숫자가 518개였다. 그런데 법제처 심의 과정에서 571개로 불어났다. 이제까지는 경험해보지 못한 사례이다. 결국 국회에서 400개만 통과되었지만 정부부처에서 자치분권에 대한 공감대가 있음을 확인할 수 있는 사례였다.

(3) 자치경찰제의 입법화

문재인 정부가 추진하는 중요한 정책 중의 하나가 권력기관의 개혁이다. 검경수사권조정과 맞물려서 추진하는 자치경찰도 그런 의미가 강하다고 할 수 있다. 자치경찰의 추진은 두 가지 목적이 제시되었다. 하나는 경찰권의 민주적 통제이고 또 하나는 주민밀착 치안력의 증진이다. 이를 추진하는 데 있어서 치안혼란과 재정투입의 최소화 전략이 고려되었다. 당시 국가경찰은 검찰로부터 수사권을 가져오고 국가정보원으로부터 정보분야를 가져오는 구상이 전개되었다. 당연히 국가경찰이 거대조직이 되는 상황이었고 민주적 통제를 위한 제도개혁이 필요했던 것이다.

국가경찰은 자치경찰을 도입하여 슬림화하고 일정한 권한을 자치경찰에 이양하는 방안이 설계되었다. 또한 지방권력으로부터 자치경찰의 독립성을 확보하기 위해 시·도에 행정위원회로서의 지위를 갖는 시·도자치경찰위원회를 설치하여 관리하도록 하였다. 권력의 민주적 통제는 조직 간의 강한 독립성을 필요로 하기 때문이다. 국가경찰과 자치경찰을 분리운영하는 소위 이원화모형이다. 그리고 재정투입 최소화를 위해 국가경찰 인력과 예산의 일부를 자치경찰로 재배치하고, 일선에서는 경찰시설공유 등을 고려했다.

하지만 코로나 전염병의 충격은 많은 구상들을 변화시켰다. 그래서 일원화모형이라고 일컫는 안이 국회를 통과했다. 일원화모형은 국가경찰이 자치경찰업무를 분담하여 수행하는 체제이다. 일원화모형이 자치경찰이 없는 자치경찰제라고 비판받는 이유다. 물론 자치경찰사무의 지휘통제는 일정한 한도에서 시·도자치경찰위원회에서 하는 것은 동일하다. 일원화 모형은 이원화모형에 비해 권력견제의 의미가 많이 퇴색된 모형이다. 아쉬운 점도 있지만 제도실험은 언제나 도전을 받는다. 새로운 제도도입의 목적의식을 가지고 운영된다면 보다 성숙된 제도로 정착될 수 있을 것이다. 또한 그렇게 해야 한다.

(4) 재정분권의 추진

재정분권의 추진은 지방재정의 항시적 부족을 개선하기 위해 지방세수를 신장성과 안정성이 있는 지방소비세와 지방소득세를 중심으로 기간세화 한다는 전략을 세워 추진되었다. 목표는 중앙과 지방의 세입비중을 7:3으로 개선하고 장차 6:4까지 달성한다는 것이었다. 추진과정에서 부처간의 이견조정 등 어려운 점이 있었지만, 지방소비세율을 기존의 11%에서 21%까지 올리는 1단계 재정분권이 마무리되었다. 그 결과 지방재정이 총량으로 8.4조, 순확충으로 3.7조 정도가 증가되었고 7:3의 1차적 목표는 달성되었다. 이제 2단계 재정분권이 추진되고 있다.

II. 치안행정에 대한 이해

1. 치안행정의 특징과 변화

치안서비스는 사회적으로 공공질서를 유지하고 위해와 범죄로부터 국민의 생명과 재산을 보호하고 다양한 사회적 구원을 지원하는 공공서비스이다. 치안서비스는 대표적인 공공재로서 해석되고, 독점적 공급과 비경합적이고 비배제적 소비재라는 특성을 갖는다. 이러한 치안서비스를 제공하는 경찰조직을 관리하고 운영하는데 관련되는 요인들과 지식들을 치안행정의 범위에서 취급한다고 할 수 있다.

2020년 12월에 국회를 통과한 기존의 경찰법 전부개정안인 '국가경찰과 자치경찰의 조직 및 운영에 관한 법률' 제3조에 경찰의 임무를 8가지로 명시하고 있다. 즉, 국민의 생명·신체 및 재산의 보호, 범죄의 예방·진압 및 수사, 범죄피해자 보호, 경비·요인경호 및 대간첩·대테러 작전 수행, 공공안녕에 대한 위험의 예방과 대응을 위한 정보의 수집·작성 및 배포, 교통의 단속과 위해의 방지, 외국 정부기관 및 국제기구와의 국제협력, 그 밖에 공공의 안녕과 질서유지이다. 법집행 기능과 질서유지 기능 그리고 서비스제공 기능까지를 포함하고 있다.

돌이켜보면 우리의 치안행정은 역사적·정치적 이유 등으로 주로 강력한 법집행 기능과 질서유지 기능을 중심으로 발전해 왔다. 그래서 경찰의 치안행정이 최일선의 권력작용이라는 인식이 지금까지 배어있는 것이 현실이다.

그러나 최근에는 주민과 가깝게 다가가려는 치안정책과 전략들이 활발히 전개되고 있다. 1966년에 제정된 「경찰윤리헌장」을 1991년 「경찰헌장」으로 대치하여 ① 친절한 경찰, ② 의로운 경찰, ③ 공정한 경찰, ④ 근면한 경찰, ⑤ 깨끗한 경찰을 표방하였고, 1998년에는 경찰서비스헌장을 제정하여 치안행정의 실천덕목을 ① 엄정한 직무수행, ② 신속한 현장출동 봉사, ③ 민원의 친절·신속·공정한 처리, ④ 국민의 안전과 편의를 최우선으로 한 직무수행, ⑤ 인권존중 및 권한남용 금지, ⑥ 잘못된 업무처리의 즉시 확인 시정조치 등 6개로 정하여 국민의 경찰로 거듭나는 노력을 하고 있다. 현재는 경찰 기능별로 생활안전·수사·교통·민원·경찰병원·진료서비스 헌장이 제정되어 있다.

1999년에는 국민과 친숙한 '포돌이'와 '포순이'라는 경찰마스코트가 도입되어 경찰이 국민과 심리적 친화력을 강화해 왔다. 이제 경찰의 슬로건도 '시민이 곧 경찰이고, 경찰이 곧 시민이다.'는 기본개념이 도입되었다.

또한 2003년 경찰청훈령 제409호로 '지역경찰 조직 및 운영에 관한 규칙'을 제정하여 지방경찰청장이나 경찰서장이 주체가 되어 치안행정이 지역사회와 접목되는 지역치안정책들을 추진하고 있다. 2003년부터 소규모 파출소 중심의 일선치안행정을 광역적으로 묶어 '순찰지구대' 개념을 도입하여 주민과 공간적 접촉면을 늘려가는 시도를 하고 있다. 이러한 기능은 2021년 7월부터 시행에 들어가는 자치경찰제로 대치되리라 생각된다.

이러한 노력들은 치안행정의 기본속성이 변화하고 있는 것에 대한 적극적인 대응이라고 할 수 있다. 법의 집행과 질서유지를 넘어 범죄예방이라는 치안행정의 목표가 사회적으로 요구받고 있기 때문이다. 또한 이른바 신사회적 위험들에 대한 대응과 문제해결은 결국 치안행정이 지역사회와의 연대와 협력에서 찾아진다는 것을 알게 하고 있다. 치안행정이 지역사회와 결합되어질 때 범죄예방의 효과가 증가한다는 경험적 연구들이 축적되고 있고(이상석, 2000; 정승민, 2007),[27] 경찰이 범죄예방을 할 수 없다면 경찰활동을 정당화할 수 없다는 주장이 제기되기도 한다(Braga and Weisburd, 2006).[28]

---

27 이상석(2000), 지역사회 경찰활동과 범죄두려움, *한국공안행정학회보*, 제10호, 한국공안행정학회, pp.133~159; 정정승민(2007), 범죄두려움에서 지역특성과 경찰활동의 상호작용효과에 관한 연구, *사회연구*, 통권 제14호, 한국사회조사연구소, pp.43~73

28 Braga, Anthony A and David L. Weisburd, *Police Innovation and Crime Prevention:*

외국 경찰제도의 변화도 이러한 치안행정의 사회적 수요에 맞게 변화되어왔다. 즉, 1970년대는 합동순찰(team policing)로 지역에 밀착하려고 했고, 1980년대는 분권화된 순찰대(patrol decentralization)로 경찰서비스의 수비범위를 확장하고 즉시화 하려고 노력했다. 그러나 이러한 치안행정의 공간적 밀착노력에도 지역사회의 중요 요인의 투입과 지원을 얻는 데는 성공하지 못했다. 그래서 1990년대에 추진된 지역사회경찰제(community-based policing)가 주목받게 된 것이다. 즉, 치안행정에 지역사회 자원들을 적극적으로 활용하는 질적 주민밀착 전략들이 추진되었고, 그 결과 범죄예방에 효과가 있었다는 연구들이 많이 축적되었다(Braga and Weisburd, 2006). 물론 외국에서도 그와 같은 치안행정의 개혁에는 많은 저항이 있었다는 점도 유의할 점이다. 비록 치안행정에서 뿐만 아니라 모든 조직의 개혁에는 저항이 있게 마련이다.

2. 신사회적 위험과 치안행정의 수요변화

한국행정학회에서는 일반적 행정의 영역과 내용을 5개의 시각에서 정리하고 있다. 즉, 정부관리라는 시각에서 공공성에 대한 이해와 공익의 실천, 정치적 사회적 시각에서 설득과 타협의 기술과 사회발전성, 법률적 시각에서 법규해석과 집행의 정확성과 신축성, 윤리적 시각에서 직업윤리의식과 과업에 대한 책임감, 그리고 관리의 시각에서 조직운영의 효율성과 목표달성을 들고 있다. 이러한 일반행정의 속성

Lessons Learned from Police Research over the Past 20 Years, National Institute of Justice(NIJ) Policing Research Workshop: the Planning for the Future, 2006

들은 모두 사회변화에 따라 그 표준과 해석이 변화하고, 그 내용 또한 새롭게 변한다는 특성을 가지고 있다. 이러한 변화와 요구는 치안행정에서도 마찬가지로 직면하고 있다고 할 수 있고, 따라서 치안행정의 수비범위와 내용도 사회변화와 함께 확장되고 변화해야 한다는 주장은 놀라운 것이 아니다.

이른바 '신사회적 위험들'은 날로 증가하고 있고, 그 추세는 더욱 빠르게 진행될 것이라는 것이 일반적 견해이다. 가족형태나 성 역할 등에 있어서 대부분의 기본구조가 변화하고 있다. 인구노령화, 이혼, 편부모, 여성의 노동시장 참여, 시간노동 등의 증가 등이 이를 유도하고 있다. 노동시장에서 비표준화된 고용형태의 출현과 결합되어 산업사회적 고용에서 탈산업사회적 고용으로의 이동이 나타나고 있다. 신사회 위험들은 남성중심과 산업사회 생활방식인 표준적 구 위험들 즉, 질병, 실업, 해고 등에서 오는 소득감소와 관련된 것들과는 다른 사회문제로 등장한다. 사회구성원의 파편화와 사유화 그리고 욕구분출에 따른 불안과 좌절은 결국 분노로 표출될 가능성이 높다. 이들은 또 범죄와 관련되어질 가능성이 높다.

이와 같은 사회변화가 범죄와 연계된다는 이론은 이미 사회해체이론(social disorganization theory), 집합효능감이론(collective efficacy theory), '깨어진 창' 이론(broken windows theory) 등으로 자주 소개되어 왔다. 사회해체이론은 도시화 등 지역수준의 해체요인이, 집합효능감이론은 지역사회의 통제력 약화가, 그리고 깨어진 창 이론은 낙서와 쓰레기 등 물리적 무질서와 사회적 무질서가 범죄율을 높인다는 이론들이다. 특히 깨어진 창 이론은 지역사회의 특성이 범죄와 연관된다는 인식에 많은 영향을 주어왔다.

최근 10년간 범죄통계를 보면 전체범죄 수는 점차 줄어들고 있는 ([그림 2-1] 참조) 반면에 흉악범죄 수는 점차 늘어나고 있는 추세를 보이고 있다([그림 2-2] 참조). 이러한 추세는 신사회위험의 가능성을 예측할 수 있는 징후라고도 할 수 있다. OECD의 통계자료에 따르면 우리나라는 자살률, 노인빈곤율, 성별임금격차, 저출산율, 산재사망률 등의 지표에서 최고수준을 보여주고 있다(OECD, 2015).[29] 이러한 환경에서 오는 불안과 좌절은 분노로 표출될 수 있고 범죄로 이어질 수 있다.

[그림 2-1] 10년간 전체범죄의 발생·검거건수 추이(2009년~2018년)

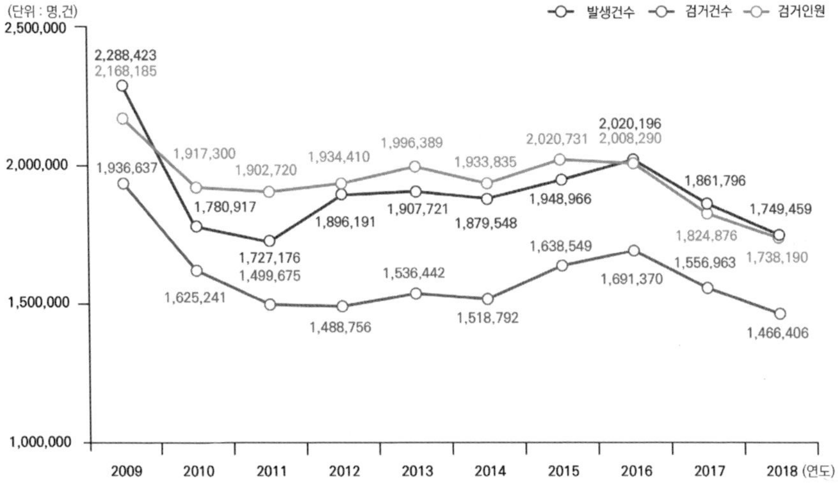

자료: 법무연수원, 2019 범죄백서, p.66

---

29 Braga, Anthony A and David L. Weisburd, *Police Innovation and Crime Prevention: Lessons Learned from Police Research over the Past 20 Years*, National Institute of Justice(NIJ) Policing Research Workshop: the Planning for the Future, 2006

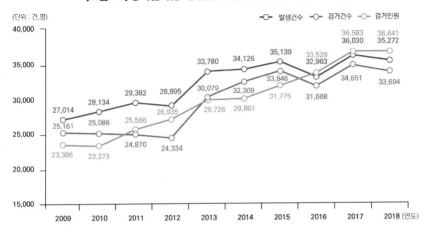

[그림 2-2] 강력범죄(흉악) 발생 및 검거 추이(2009년~2018년)

자료: 법무연수원, 2019 범죄백서, p.76

이와 같은 신사회 위험들에 대한 대응이 미래를 준비하는 모든 정책들에서 더 중요해졌다. 특히 치안행정에서 이들 사회변화에 대응하기 위한 전략적 전환이 필요한 시점이다. 이러한 치안행정에서의 전략적 전환을 문재인 정부에서 도입한 자치경찰에서 기대하는 것이다. 일선경찰이 지역사회와 공간적인 접촉면을 넓혀가는 것을 넘어 지역사회와 연대를 적극적으로 추진할 때 지역의 새로운 치안수요를 치안행정에 반영할 수 있을 것이다. 경찰의 입장에서 정의된 치안서비스만이 아닌 지역주민이 요구하고 평가하는 치안서비스로의 변화가 필요한 시점이다.

3. 일선관료로서의 경찰과 권한

일선관료(street-level bureaucrat)는 일선관료제의 구성원을 말하는데,

대체로 공공조직의 일선에서 시민과 직접 대면하여 업무를 처리하는 사람들이 이에 속한다. 그들이 주목받는 이유는 일반시민과 일대일로 얼굴을 마주 보며 접하고 일반시민들에게 중대한 영향을 미치기 때문이다. 또 그들이 어떻게 그들의 재량권을 행사하느냐에 따라 해당분야의 실질적인 정책을 구성한다는 점이다. 립스키(Lipsky, 1980)에 의하면[30] 일선관료는 첫째, 정규업무에서 시민들과 지속적으로 상호작용을 해야 하며, 둘째, 관료제적 구조에서 일하지만 재량의 행사 및 독특한 업무환경 등을 통해 직무상의 독립성이 강하고, 셋째, 대면하는 시민에 대해 강한 잠재적 영향력을 가진다(행정학전자사전 참조: 조일홍, 1992).[31] 립스키가 일선관료의 전형적인 예로 든 범주는 교사, 경찰, 법률집행공무원, 사회복지서비스요원 등이다.

행정학 전자사전에 적시된 일선관료의 기능을 그대로 소개하면 다음과 같다. 첫째, 일선관료는 서비스배분자로서의 역할을 행사한다. 이들은 비교적 낮은 직위의 공무원이지만 정부가 전달하는 서비스를 실제로 구성하며, 이들의 개인적 결정은 기관의 정책으로 된다. 일선관료의 재량적 행위는 혜택, 허가, 정부권한 및 서비스에 대한 접근 등을 결정함으로써 시민의 삶의 기회를 구조화하고 제약한다. 둘째, 일선관료는 정부와 시민 간의 접촉점의 역할을 한다. 일선관료는 시민과 대면적으로 접촉함으로써 정부를 국민에게 대표하고, 시민 또한 관료와의 대면을 통해 정부를 경험한다. 셋째, 일선관료는 사회통제자로서의

---

30 Lipsky, Michael. (1980). *Street-Level Bureaucracy: Dilemmas of the Individual in Public Services.* New York: Rusell Sage Foundation.

31 조일홍. (1992). "Michael Lipsky의 일선행정관료체제에 관한 연구." *오석홍 편. 행정학의 주요이론.* 서울: 법문사.

역할을 한다. 일선관료가 제공하는 공공서비스는 자본주의경제체제가 사회적으로 뒤진 계층에 미치는 악영향을 완화하고, 주요 사회경제제도의 정당성을 확보하는데 기여한다는 점에서 일선관료들은 현대사회의 갈등을 규제하는 역할을 한다. 또한 서비스신청자는 목적달성을 위해 서비스의 수혜요건을 충족시켜야 하고, 일선관료에게 공손한 태도를 취해야 한다는 점도 일선관료의 사회통제자적 성격을 드러내는 예이다. 마지막으로 일선관료는 정책결정자로서의 역할을 한다. 그는 정책집행단계에서 활동하지만 업무의 상대방인 시민에 대한 결정에서 넓은 재량을 행사하고, 이들의 개별적 결정들이 모여서 궁극적으로 기관의 행태를 결정한다는 점에서 정책에 영향을 미치고, 정책을 변화시키게 된다.

이처럼 일선관료로서의 경찰은, 특히 자치경찰은 그들이 주민과 어떤 관계를 형성하느냐에 따라 자치경찰의 실제를 구성하고 규정할 것이다. 그래서 일선관료인 자치경찰은 '우리'라는 공동체 입장에서 공적 이익을 수행한다는 사명감이 중요하다는 결론에 귀착하게 된다. 주민을 동반자적 신뢰구축의 대상이 아닌 단순한 개인의 권리 통제 및 규제의 주 대상으로만 인식하여서는 자치경찰이 성공할 수 없는 이유다. 경찰헌장이나 경철서비스헌장이 지향하는 것처럼 경찰이 '제복 입은 시민(Citizens in uniform)'으로 변모해야 할 것이다. 법의 강제적 집행자에서 시민의 조력자로서의 역할로 변신해야 할 것이다. 그것이 자치경찰이 성공할 수 있는 핵심요인임을 일선관료제 이론은 말해주고 있다. 물론 이를 유인할 수 있는 충분한 지원책도 지속적으로 마련되어야 할 것이다.

Ⅲ. 권력과 서비스: 권력적 경찰활동에서 주민서비스 행정 중심으로

1. 권력의 원천과 행사

치안행정은 법집행 기능, 질서유지 기능, 그리고 치안서비스 제공 기능으로 요약된다. 이러한 기능을 통해서 국민의 안녕을 담보하고 있다. 전통적으로 경찰은 범죄진압과 범죄수사라는 역할을 통해서 시민의 생명과 재산을 보호하고 사회질서를 유지하는 최일선 법 집행자의 역할을 담당해왔다. 당연히 그 활동의 핵심은 강제력에서 찾아진다. 이러한 치안행정의 강제력은 정치적 상황에 따라 '권력의 행사'로 각인되어 왔다. 특히, 일제 강점기를 거치면서 '순사'라는 이름으로 각인되었다.

그러나 앞에서 언급한 바와 같이 이러한 권력행위로서 치안행정의 이미지는 그동안의 경찰의 노력으로 많이 완화되었다. 그럼에도 불구하고 순기능적 권력행사로서의 치안행정의 뒷면에는 항상 역기능적 권력행사가 자리 잡고 있는 것이 현실이다. 문재인 정부가 권력기관 개혁의 대상으로 국정원과 검찰 그리고 경찰을 포함시킨 중요한 이유 중의 하나이다. 권력기관의 기능 재배치로 거대해진 경찰권력을 견제와 균형의 장치로 재정립하기 위한 접근이 자치경찰의 분리설치라는 구상이었다. 그 노력은 지속되어야 할 것이다. 순수공공재로서의 강제력을 갖는 치안행정이 정통성을 확보하기 위한 노력과 제도적 장치가 무엇이 되어야 할 것인가의 문제의식은 치안행정의 내부뿐만 아니라 외부에서도 지속되어야할 것이다. 그 답은 역시 민주적 통제가 작동하는 제도설계이다.

  민주적 통제가 작동하는 기제는 조직내부나 조직외부의 관계에서
도 다 준비되어야 한다. 앞에서 살핀 대로 일선관료의 행정행위는 재
량권의 여지가 많은 특성을 갖는다. 권력행사의 여지가 많다는 의미도
된다. 그래서 언제나 그 강제성 행사의 정통성이 어디에서 나오는지에
대한 의식을 갖고 치안행정에 임해야 할 것이다. 또한 7월부터 시행되
는 자치경찰과 관련된 외부권력 작용에 대한 중립성의 확보도 매우 중
요할 것이다. 중앙의 권력이나 지방의 지배세력으로부터의 중립성 확
보는 지방자치나 자치경찰의 신뢰확보에 매우 중요한 요인이 될 것이
다. 그를 위한 장치가 행정위원회로서의 시·도경찰위원회이다. 제도
취지를 잘 이해하고 운영되어져야 할 것이다.

  권력을 행사하는 권한의 원천은 권한을 행사하는 사람에게서 나오
는 것이 아니라 그 권한의 행사를 수용하는 사람에게서 나온다는 사이
몬(Simon, 1990)[32]의 성찰은 현대 민주주의에서 매우 유용한 메시지가
되고 있다.

2. 주민서비스 중심의 자치경찰

  문재인 정부에서 제도적으로 도입된 자치경찰제가 오는 7월부터
시행된다. 많은 과제들이 기다리고 있다. 외국의 경험으로 봐서 적지
않은 저항도 있을 것이다. 그러나 자치경찰의 시행은 나름대로의 시대

---

32 Simon, Herbert, "Organizations and Markets," *Journal of Economic Perspectives*, *vol.20*

적 당위성과 치안행정의 당위성을 갖고 있다. 권력기관의 민주적 통제라는 시대적 요청과 함께 주민밀착 치안서비스 제공이라는 명분이 있는 제도이다.

자치경찰제도는 외국에서 시행하고 있는 지역사회경찰제의 아이디어와 유사하다. 외국에서, 특히 미국에서 지역사회경찰제는 경찰혁신의 첫 번째 중의 하나였다. 지역사회경찰제의 핵심요소의 하나는 경찰이 문제라고 인식하여 대책을 수립하는 첫 번째 단계인 '문제정의 단계'에서 지역사회가 핵심역할을 해야 한다는 것이다. 그리고 이와 같은 문제들은 전통적인 법집행의 범위를 많이 넘어서야 한다는 것이다. 지역사회경찰시대에 경찰기능은 질서유지, 갈등해결, 문제해결을 통한 서비스제공 등의 활동으로 확대되었다.

미국의 경찰혁신에서 지역사회경찰제가 공헌한 중요한 것은 치안행정에 전통적으로 범죄문제로 정의되어온 것이 아닌 많은 지역사회 문제들이 있다는 것을 알게 했다는 것이다. 사회적 무질서가 범죄와 연계된다는 점에 주목한 '깨어진 창이론' 등은 주민과 경찰이 공동으로 대응하지 않으면 더 많은 심각한 범죄에 노출될 수 있다는 것을 알려주었다.

이제 경찰서비스의 개념이 경찰중심적으로 정의되어서는 곤란한 시대가 되었다. 이제 경찰중심의 경찰서비스 개념은 주민의 수요와 주민의 평가 중심으로 전환되어야 한다. 전략적인 전환이 필요하다. 미래 치안행정이 지향해야 할 문제지향적 경찰제는 경찰업무가 지역사회에서 일어나는 행태적 문제들에 대한 많은 부분을 취급해야 한다는 것을 요구한다. 지역사회에서 일어나는 범죄에 대한 다양한 정보들을 수집하고 분석해야 예방과 대응을 할 수 있다는 것이다. 범죄와 관련된 사람들의 특징, 사회적 조건들, 물리적 환경, 주민들의 태도 등에 대한 조사분석 등이 그것이다.

무어(Moore, Sparrow, and Spelman, 1997) 등은[33] 경찰혁신의 4가지 유형을 제시하고 있다. 즉, 프로그램적, 행정적, 기술적, 전략적 혁신 등이다. 이들 유형들은 상호배타적이라기보다는 상호보완적 성격이라고 할 수 있다. 첫째, 프로그램적 혁신은 특별한 성과를 달성하기 위해서 조직의 자원을 사용하는 새로운 운영방법을 구축하는 것이다. 학교에 가서 마약교육을 실시한다든지, 밤거리여성보호제 운영 등이 그 예이다. 둘째, 행정적 혁신은 경찰조직이 그들 스스로 성과에 대한 운영방법 혹은 책임방법을 변화시키는 것이다. 채용과 훈련, 그리고 감독 등을 포함한 새로운 성과 측정도구의 도입 등이 그 예이다. 셋째, 기술적 혁신은 새로운 기술이나 설비 등의 사용이다. 비치명적 무기, 새로운 DNA검사기법, 범죄지도 소프트웨어 사용 등이 그 예이다. 넷째, 전략적 혁신은 조직의 전반적인 철학이나 정책방향에서의 근본적인 변화를 말한다. 경찰의 주요 목표의 재설정, 서비스와 활동의 재설정, 이들 성과달성을 위한 도구들의 재설정, 그리고 경찰에 의해 발전시키고 유지되어야 할 대내외적 관계의 재설정 등이 그 예이다. 전략적 혁신은 사건 해결의 수단으로서 '법집행'에서 '문제해결'로의 전환, 마약취급의 전략으로서 지역사회와의 관계형성, 그리고 치안행정의 성과측정 방법에 주민의 의견을 반영하고, 주민만족 지표를 고려하는 등의 내용

---

33 Moore, M., M. Sparrow, and W. Spelman(1997), "Innovations in Policing: From Production Lines to Job Shops" in A. Altshuler and R. Behn(eds., *Innovations in American Government: Challenges, Opportunities, and Dilemmas, Brookings Institution Press*

이 포함될 수 있다.

자치경찰제는 경찰관들이 범죄와 사회적 물리적 무질서 등에 대한 대응을 주민과 함께한다는 것이다. 문제해결적 치안행정은 권력의 행사자가 아닌 주민서비스의 제공자로서의 역할을 요구한다. 범죄신고인 112에 대응하는 것을 넘어서 적극적인 지역사회로의 밀착이 필요하다. 범죄와 직접적인 관련이 없으면 아무런 연계와 관심이 없는 그런 관계로는 지역사회 치안수요를 감당하기 어렵게 될 것이다.

지금까지의 경찰노력으로 우리의 경찰활동은 범죄와 무질서 그리고 국민의 삶의 질에까지 지역사회의 보호와 지원을 많이 하고 있다. 그러나 지역주민의 적극적인 지원 없이는 안전한 지역사회를 만드는 것은 어렵게 될 것이라는 점을 인식해야 한다. 특히 범죄예방에서 지역주민의 적극적인 참여는 범죄 감소 효과에 매우 중요할 것이다. 지금 우리 사회가 그것을 요구하고 있고 그렇게 변해가고 있다.

이제 경찰내부의 저항에도 대비해야 하고, 경찰의 대응단위가 개별 사건에 초점을 두는 대신 문제의 유형에 초점을 두도록 전환될 수 있도록 철저히 준비해야 할 것이다. 그것이 미래 자치경찰에 대한 지역사회의 치안수요가 될 것이기 때문이다.

| 참고문헌 |

김병국·최철호(2012). 지방자치제도 하의 주민주권 확보방안: 시론적 연구, *지방행정연구, 26(1)*, 한국지방행정연구원.

김병섭 외 2(2015). 지방정부서비스가 주민행복에 미치는 영향: 주거영역 삶의 질의 조절효과에 대한 검증을 중심으로, *행정논총 53(3)*, 서울대학교행정대학원.

김순은(2012). 주민주권론과 지방차치의 발전, *지방행정연구, 26(1)*, 한국지방행정연구원.

김순은(2014). *지방행정 60년사*, 한국지방자치학회 제7회 지방분권포럼, 2014. 4. 18.

서재호(2020). 권리·제도·주권: 지방자치에서 자치권의 본질에 대한 연구, *한국행정학보, 54(4)*.

안철현(2017). 지역주권과 주민주권의 관점에서 본 지방정부 기관구성과 주민자치회 조직형태, *21세기 정치학회보, 27(4)*.

오동석(2000). 제도적 보장론 비판 서설, *헌법학 연구, 6(2)*.

이달곤(1994). 협의의 '지방행정' 연구성과와 과제, *한국행정학보, 28권, 4호*, 한국행정학회.

이상석(2000). 지역사회 경찰활동과 범죄두려움, *한국공안행정학회보, 10*, 한국공안행정학회.

이승종(2005). *지방자치론*, 제2판, 박영사.

이승종(2015). 성숙한 지방자치의 발전과제, *지방행정연구, 29(2)*, 한국지방행정연구원.

임경희(2019). *지역 지배세력의 형성과 변화: 대구광역시의 사례*, 한국지방자치연구, *21(1)*, 대한지방자치학회.

임승빈(2013). *지방자치론*, 법문사.

정세욱(1995). '지방자치(地方自治), *한국민족문화대백과사전*, 한국학중앙 연구원.

정순관(2014). 민선6기 신뢰의 확장으로 지방자치의 제2도약을 시작하자, *시도뉴스레터, vol.51*, 전국시도지사협의회.

정순관(2016). 한국지방자치의 발전과제와 미래, *한국지방자치의 발전과제 와 미래*, 박영사.

정순관·류신규(2021). South Korea's Decentralization: Experience and Lessons from President Moon's Initiatives, *한국지방자치연구, 22(4)*, 대한지방자치학회.

정승민(2007). 범죄두려움에서 지역특성과 경찰활동의 상호작용효과에 관한 연구, *사회연구, 통권 제14호*, 한국사회조사연구소.

정정길 외(2010). *정책학원론*, 대명출판사.

정종섭(1994). 기본권조항 이외의 헌법규정으로부터의 기본권 도출에 대한 연구, *헌법논총, 5.*

조일홍(1992). Michael Lipsky의 일선행정관료체제에 관한 연구, 오석홍 편. *행정학의 주요이론*, 서울: 법문사.

진덕규(2002). *한국정치의 역사적 기원*, 지식산업사.

최창호(2015). 지방자치의 의미와 발전방향, 노융희 외(2015), *지역리더를 위한 지방자치 사용설명서 200문 200답*, 조선뉴스프레스.

Braga, Anthony A and David L. Weisburd(2006). *Police Innovation and Crime Prevention: Lessons Learned from Police Research over the Past 20 Years*, National Institute of Justice(NIJ) Policing Research Workshop: the Planning for the Future.

Brooks, Clem and Jeff Manza(2007). *Why Welfare State Persist: The Importance of Public Opinion in Democracies*, The University of Chicago Press.

Cunnignham, Frand(2002). *Theories of Democracy: A Critical introduction*, Routhledge.

Hofeld, Wesley, N.(1919). *Fundamental Legal Conceptions as Applied in Judicial Reasoning*, The Yale Law Journal, 26(8).

Lipsky, Michael(1980). *Street-Level Bureaucracy: Dilemmas of the Individual in Public Services*, New York: Rusell Sage Foundation.

Moore, M., M. Sparrow, and W. Spelman(1997). "Innovations in Policing: From Production Lines to Job Shops" in A. Altshuler and R. Behn(eds.), *Innovations in American Government: Challenges, Opportunities, and Dilemmas*, Brookings Institution Press.

OECD(2015). *How's Life? 2015: Measuring Well-being*, Paris: OECD.

Simon, Herbert, "Organizations and Markets," *Journal of Economic Perspectives, vol.20*.

Stevens, D.J.(eds)(2002). *Policing and Community Partnerships*, Prentice Hall.

자치경찰제 세부내용

제1장 문재인 정부 자치경찰 도입에서
국가경찰과 자치경찰과의 관계

양영철 한국자치경찰 정책연구원 원장, 제주대학교 명예교수

Ⅰ. 정부간 관계와 연구 내용과 범위

자치경찰제가 시행되면 가장 먼저 국가경찰과는 어떠한 관계설정이 이루어지는가? 에 초점이 맞추어진다. 두 기관 관계는 지방자치론에서는 정부 간 관계로 설명할 수 있다. 정부 간의 관계에 따라서 자치경찰의 성격과 규모를 결정짓기 때문에 정책에 있어서 정부 간 관계는 늘 핵심으로 다룬다. 정부 간 관계(intergovernmental relations, IGR)는 두 기관 간에 일어나는 상호작용과 행위의 총체라고 흔히 정의한다. 이를 자치경찰과 국가경찰 간의 관계로 정의하면, 자치경찰과 국가경찰 간의 관계는 누가 상급자이고, 상급자와 하급자의 관계는 엄격한 관계인지, 그리고 상급자와 하급자와의 관계는 협력적인지 아니면 권위적인지에 대한 내용이 포함된다. 정부 간 관계 연구에서 최고로 인정받는 라이트(D.S. Wright) 교수는 이를 정부 간의 관계를 권한이라는 변수를 가지고 등권형 모델, 종속형 모델, 중첩형 모델로 나누고 있다. 여기서는 이 모델을 중심으로 설명할 것이다.

첫째, 등권형 모델이다.

이 모델은 자치경찰과 국가경찰 두 기관은 서로 침범할 수 없는 권한을 지닌 독립적 관계를 말한다. 이 모델에서는 자치경찰은 자치경찰사무가 있는데, 이 사무는 자치경찰만이 수행하는 고유사무이고, 국가경찰 역시 국가경찰사무만을 다룬다. 경찰공무원도 소속이 전혀 다르며, 재정도 자치경찰제는 자치단체가, 국가경찰은 중앙정부가 부담하는 체제이다. 우리나라에서는 실행은 되지 않았지만, 노무현 정부, 박근혜 정부 자치경찰 모델이 이에 속한다. 제주자치경찰단 모델도 등권형 모델이라고 할 수 있다.

둘째, 종속형 모델이다.

종속형 모델은 자치경찰이 국가경찰에 완전히 속해 있는 경우를 말한다. 국가경찰이 자치경찰을 지휘·감독하고, 국가공무원이 자치경찰제의 간부가 되고, 자치경찰의 예산이 국가의 예산에 의하여 충당 등 자치경찰은 국가경찰의 일부 조직인 경우를 말한다.

김대중 정부까지 우리나라 자치경찰 도입정책에서는 항상 국가경찰이 갑이고, 자치경찰이 을인 관계, 즉 종속적 관계였다. 국가경찰법 속에 자치경찰은 하나의 장, 절로 있었고, 자치경찰의 조직은 결국은 국가경찰 소속이며, 자치경찰의 간부들 역시 국가경찰 공무원이었다.

셋째는 중첩형 모델이다.

중첩형은 국가경찰은 국가경찰의 고유사무가 있고, 자치경찰 역시 고유사무가 있다는 것을 전제로 하되, 두 기관이 공동으로 관련 있는 영역이 또 있는 모델이다. 교집합의 사무가 있는 경우를 말한다. 이 경우도 역시 공동사무가 누구의 중심으로 되고 있는지, 최종적으로 해결은 일방적인지, 아니면 제삼자의 기관에 의하여 해결이 되는지에 따라서 자치경찰의 영역과 성격이 달라진다.

이번에 실시되는 문재인 정부의 자치경찰제에서 국가경찰과 자치경찰의 관계는 과연 어떠한 관계일까. 기술하였지만 문재인 정부의 자치경찰의 성격을 규명하기 위해서는 반드시 이 관계를 살펴보아야 한다. 순서는 우선 두 기관의 근거 법인 「국가경찰과 자치경찰의 조직 및 운영에 관한 법률(이하 국가 및 자치경찰법)」을 중심으로 국가와 자치경찰과의 관계를 살펴볼 것이다. 그리고 시·도자치경찰위원회 위원 중에는 국가경찰위원회가 추천한 위원도 있다. 그 때문에 시·도자치경찰위원회는 법률적으로는 시·도지사 소속으로 있지만, 기능은 국가경찰의 사무를 수행하는 부분도 강하다. 그 때문에 국가경찰과 자치경찰과의 관계를 알기 위해서는 자치경찰위원회와 지방자치단체 간, 특히 시·도지사와 시·도의회와의 관계도 살펴보는 것이 바람직하다고 생각하여 이 부분도 분석할 것이다.

다음에 이러한 법률적 관계에서 보았을 때 두 기관의 관계가 종속적, 등권적, 중첩적 관계 중 어디에 속할 것인지를 평가할 것이다. 다음으로는 두 기관의 상생적 방법 차원에서 합리적인 관계를 모색하는 순서로 진행할 것이다.

국가경찰과 자치경찰과의 관계는 국가경찰의 조직을 중앙뿐만 아니라 지방조직과 자치경찰 조직과 연계하여 살펴야만 온전하게 파악할 수 있다. 따라서 본 연구의 범위는 국가경찰위원회, 경찰청, 시·도경찰청, 경찰서, 지구대 및 파출소와 자치경찰과 관련이 있는 시·도지사, 시·도자치경찰위원회와의 관계를 살펴볼 것이다.

Ⅱ. 법률적 관계에서 본 국가경찰과 자치경찰과의 관계

1. 시·도지사와 국가경찰과의 관계

1) 시·도지사와 경찰청장

시·도지사와 경찰청장은 자치경찰 운영에 관한 한은 크게 관계가 없다. 시·도지사는 해당 자치단체의 대표로 대외적인 관계에서도 자치단체를 대표하기 때문에 경찰청장과 관계가 있다. 국가 및 자치경찰법은 위원회의 의결이 법령에 위반되거나 공익을 현저히 해친다고 판단되면 행정안전부장관은 미리 경찰청장의 의견을 들어 국가경찰위원회를 거쳐 시·도지사에게 제3항의 재의를 요구하게 할 수 있고, 경찰청장은 국가경찰위원회와 행정안전부장관을 거쳐 시·도지사에게 재의를 요구하게 할 수 있다.[1]

시·도 자치경찰 운영은 자치경찰위원회가 책임을 지지만 최종 책임은 자치경찰위원회가 소속되어 있는 시·도지사에게 있으므로 경찰청장은 자치경찰위원회가 아닌 시·도지사에게 수정을 요구하는 것이다.

---

1 「국가경찰과 자치경찰의 조직 및 운영에 관한 법률」 제25조 제4항

2) 시·도지사와 시·도경찰청장

시·도지사와 시·도경찰청장의 관계는 매우 간접적인 관계다. 시·도지사 소속으로 시·도자치경찰위원회를 두고 있지만, 시·도자치경찰위원회를 지휘·감독하는 관계가 아니다. 또한, 시·도지사는 시·도자치경찰위원회를 통하여 시·도경찰청을 지휘·감독할 수 있는 간접적인 통로도 없다. 그 때문에 시·도지사와 시·도경찰청장과는 매우 간접적인 관계, 즉 시·도 조직인 시·도자치경찰위원회가 시·도경찰청장을 지휘·감독하는 관계에 있다는 명시적 관계일 뿐이다. 일본에서는 이러한 관계를 소할(所割)이라고 부른다. 그러나 재정적인 관계에서는 직접적인 관계가 형성될 가능성이 있다. 시·도지사는 자치경찰사무 담당 공무원에게 조례에서 정하는 예산의 범위에서 재정적 지원 등을 할 수 있다고 규정하고 있다.[2]

2. 시·도자치경찰위원회와 국가경찰과의 관계

1) 시·도자치경찰위원회와 국가경찰위원회

시·도자치경찰위원회와 국가경찰위원회의 공통점은 의결기관이라는 점이고, 다른 점은 대상이 자치경찰사무냐, 국가경찰사무냐의 차이다. 문재인 정부의 자치경찰제에서는 자치경찰사무가 국가사무적 성격을 띠고 있으므로 두 위원회는 직접적인 관계가 설정될 수밖에 없다. 국가경찰위원회의 사무 중 자치경찰과 관련된 사무는 다음과 같다.[3]

---

2 「국가경찰과 자치경찰의 조직 및 운영에 관한 법률」 제35조 제2항
3 「국가경찰과 자치경찰의 조직 및 운영에 관한 법률」 제10조 제1항 제5호 및 제6호

- 제주특별자치도의 자치경찰에 대한 경찰의 지원·협조 및 협약 체결의 조정 등에 관한 주요 정책 사항
- 제18조에 따른 시·도자치경찰위원회 위원 추천, 자치경찰사무에 대한 주요 법령·정책 등에 관한 사항, 제25조 제4항에 따른 시·도 자치경찰위원회 의결에 대한 재의 요구에 관한 사항

위의 사항 중 중요한 사항은 특히 자치경찰사무에 대한 주요 법령·정책 등에 관한 사항이라고 할 수 있다. 국가 및 자치경찰법의 소관은 경찰청이기 때문이다. 그 때문에 국가경찰위원회는 자치경찰에 관한 법령 및 조례까지도 제정, 개정, 폐지 등 심의 및 의결, 즉 승인권을 가지고 있다. 노무현 정부에서부터 박근혜 정부까지는 자치경찰 관련법 소관이 행정안전부였다. 지방자치 관련법은 모두 행정안전부 소관인 것은 당연한데 이번 국가 및 자치경찰법만은 경찰청 단독 소관으로 되어 있어서 국가경찰위원회가 자치경찰 전반에 크게 관여하게 되었다.

향후 경찰청은 시·도자치경찰위원회에 대해 국가경찰위원회의 승인권을 이용하여서 관여를 할 여지가 있다. 이로 인한 갈등이 예상된다. 그러나 국가경찰위원회가 이 승인권을 잘 활용하여 국가경찰과 자치경찰의 갈등을 조정할 수 있으므로 오히려 갈등해결사로의 역할 가능성도 충분히 있다고 본다.

2) 시·도자치경찰위원회와 경찰청장

(1) 비상시 지휘권

시·도자치경찰위원회와 경찰청장의 관계는 대체로 간접적인 관계

다. 경찰청장은 시·도자치경찰위원회와의 관계를 해당 시·도경찰청장을 통해서만 할 수밖에 없기 때문이다. 그러나 비상사태와 같은 상황인 경우는 시·도자치경찰위원회와 경찰청장의 관계는 직접적인 관계가 형성된다. 비상사태 등 전국적 치안 유지를 위한 경찰청장의 지휘·명령이 필요한 경우에는 경찰청장은 해당 상황이 도래했을 때 자치경찰사무를 수행하는 경찰공무원(제주특별자치도의 자치 경찰공무원을 포함한다)을 직접 지휘·명령할 수 있다고 규정하고 있다.[4] 다만 경찰청장이 이렇게 자치경찰위원회를 지휘·감독할 때는 매우 엄격한 조건을 달고 있다. 국가는 이에 대하여 국가경찰과 자치경찰의 조직 및 운영에 관한 법률 제14조 제10항에 따른 긴급하고 중요한 사건의 범위 등에 관한 규정을 제정하여 긴급하고 중요한 사건의 범위에 대해서 나열하고 있다(동 시행령 제2조). 이것은 시·도자치경찰위원회의 시·도경찰청장에 대한 지휘·감독권이 역으로 지휘·감독 대상으로 전환이 되는 것이기 때문에 그 조건이 엄격해야 함은 당연한 일이다.

(2) 협의를 위한 실무협의회 구성

또한, 국가경찰사무과 자치경찰사무의 협력·조정과 관련하여 경찰청장과 협의하는 일도 자치경찰위원회의 소관 사무다.[5] 시·도자치경찰위원회는 자치경찰사무의 원활한 수행, 국가경찰사무·자치경찰사무의 협력·조정 및 그 밖에 필요한 사항을 협의하기 위하여 경찰청 등 관계 기관과 실무협의회를 구성·운영할 수 있도록 하고 있다.

---

4 「국가경찰과 자치경찰의 조직 및 운영에 관한 법률」 제32조
5 「국가경찰과 자치경찰의 조직 및 운영에 관한 법률」 제24조 제1항 제15호

국가 및 자치경찰법 제28조 제4항 단서에 따라 시·도자치경찰위원회는 자치경찰사무에 대한 지휘·감독이 실시간으로 이루어질 수 있도록 미리 경찰청장과 협의하여 시·도경찰청장에게 위임되는 자치경찰사무 지휘·감독권의 범위 및 위임 절차 등을 시·도자치경찰위원회의 의결을 거쳐 정해야 하는 것으로 하여[6] 시·도자치경찰위원회의 활동을 제한할 수 있는 과정을 규정하고 있다.

3) 시·도자치경찰위원회와 시·도경찰청장

(1) 임명 시 협의

자치경찰 운영에 있어서 시·도자치경찰위원회와 시·도경찰청장의 관계가 가장 활발하고 직접적이다. 우선 경찰청장은 시·도경찰청장 임용과 관련하여 시·도자치경찰위원회와 협의하여 추천하도록 하고 있다. 이 규정은 일원론이라는 관점에서 보면, 시·도경찰청장은 자치경찰사무 이외에 공공안전, 수사 등 다른 국가사무를 처리하는 시·도 치안책임자임에도 불구하고 자치경찰위원회의 협의 과정을 거치게 하고 있다는 점은 논쟁의 여지가 많다. 또한, 여기서 말하는 협의도 논란의 소지가 많다. 위원이 7인이기 때문에 청장 후보자에 따라서는 협의가 쉽지 않을 수도 있다. 이렇게 협의가 되지 않았을 경우 임명절차를 어떻게 진행할 수 있을 것인가에 관한 규정도 있지 않다. 갈등이 명명백백한 경우이다.

---

6 「자치경찰사무와 시·도자치경찰위원회의 조직 및 운영 등에 관한 규정」 제15조 및 제19조

(2) 지휘·감독 관계

여기에 더 나아가서 시·도경찰청장은 국가경찰사무에 대해서는 경찰청장의 지휘·감독을, 자치경찰사무에 대해서는 시·도자치경찰위원회의 지휘·감독을 받아 관할구역의 소관 사무를 관장하고 소속 공무원 및 소속 경찰기관의 장을 지휘·감독한다고 규정하고 있다.[7] 이 조항들은 형식적으로 해석하면, 시·도경찰청장은 시·도자치경찰위원회 위원장과 상하관계를 이룬다.

그러나 실제로 이러한 현상이 일어나느냐에 대해서는 회의적인 시각이 많다. 그 원인으로서는 우선은 시·도경찰청장은 시·도경찰청의 기관장인 데 반하여 시·도자치경찰위원회 위원장은 시·도지사 소속 하의 위원회 위원장이다. 이 관계에서 상하관계가 실질적으로 발생할 가능성이 얼마나 있을까에 대한 회의감이다. 또한, 시·도경찰위원회는 시·도경찰청장을 강제화할 수 있는 자원이 없다는 점이다. 시·도경찰청장은 시·도자치경찰위원회의 인사대상에서도 예외이며, 산하 기관은 더욱 아니다. 시·도자치경찰위원회의 소관 사무는 시·도경찰청장 산하의 조직과 경찰관들에 의해서 수행된다. 그 때문에 시·도경찰청장의 지원과 후원 없이는 시·도자치경찰위원회의 소관 사무를 수행할 수가 없는 구조이다. 형식적인 측면에서는 시·도자치경찰위원회가 갑이지만, 업무수행 면에서는 시·도경찰청장이 갑인 위치에 서게 되는 모순된 현상이 나타난다.

이러한 경우를 고려할 때 시·도자치경찰위원회와 시·도경찰청장 관계는 형식적인 지휘·감독 관계로 작용할 가능성이 크다.

---

7 「국가경찰과 자치경찰의 조직 및 운영에 관한 법률」 제26조

(3) 역 지휘·감독

정상적이면 시·도자치경찰위원회가 자치경찰위원회의 심의와 의결을 통하여 자치경찰사무에 관하여 시·도경찰청장을 지휘·감독하지만, 그러나 예외규정은 시·도자치경찰위원회가 심의·의결할 시간적 여유가 없거나 심의·의결이 곤란한 경우 대통령령으로 정하는 바에 따라 시·도자치경찰위원회의 지휘·감독권을 시·도경찰청장에게 위임한 것으로 본다고 규정하고 있다. 두 기관 관계가 역 지휘·감독 관계로 전환이 되는 경우를 말한다. 이 조항은 일원론이기 때문에 가능한 것이다. 현재 자치경찰위원회의 권한은 위임한 권한일 뿐이라는 것이다. 더 구체적으로 말하면, 권력기관 개혁을 하는 과정에서 자치경찰을 시행해야 하는데 시간과 재정이 부족하므로 자치경찰위원회를 신설하여 경찰권 일부 권한을 기관위임형식으로 부여한 것일 뿐이라는 의미다. 이러한 현상이 그렇게 어렵지 않게 나타날 수 있는 규정들은 여러 곳에 나타난다.

(4) 안건 제출

시·도지사, 시·도경찰청장이 중요하다고 인정하여 시·도자치경찰위원회의 회의에 부친 사항에 대한 심의·의결을 하도록 하여 시·도경찰청장을 안건 제출자의 권한을 부여하고 있다.[8] 시·도자치경찰위원회는 시·도경찰청장을 지휘·감독하는 관계이기 때문에 시·도경찰청장의 의견은 내부 과정을 통해서 제출하면 된다. 그러나 시·도경찰청장이 바로 회의 안건을 제출할 수 있는 권한을 부여하는 것은 시·도경

---

[8] 「국가경찰과 자치경찰의 조직 및 운영에 관한 법률」 제24조

찰청의 대표라는 것 때문이다.

4) 시·도자치경찰위원회와 경찰서장

시·도자치경찰위원회와 경찰서장의 관계는 평가를 통한 관계이다. 시·도자치경찰위원회는 정기적으로 경찰서장의 자치경찰사무 수행에 관한 평가결과를 경찰청장에게 통보하여야 하며 경찰청장은 이를 반영하여야 한다고 규정하고 있다.[9]

자치경찰제 시행 이전에는 자치경찰사무의 주 처리기관은 경찰서였다. 생활안전, 경비, 교통 등은 경찰서와 지구대, 파출소, 센터 등의 연계를 통하여 이루어져 왔다. 이 연계 고리에서 가장 중요한 역할은 경찰서장의 몫이다. 그러나 이번 일원론에서는 이 부분이 약한 편이다. 그러나 이 부분은 국가 및 자치경찰법 제4조 제1항 제2호 가목의 2)주민참여 방범활동의 지원 및 지도 조항을 최대한 살려서 경찰서장, 지구대, 파출소 그리고 주민과의 연계하는 지역치안 라인을 구축하여야 한다. 이 부분에 시·도의 적극적인 재정 및 행정지원이 필요하다. 또한 시·도자치경찰위원회가 시·도와 시·도 경찰청과의 업무협약을 통하든지, 조례 및 규칙 등을 통하여 풀뿌리 치안이 정착될 수 있도록 하여야 한다.

---

9 「국가경찰과 자치경찰의 조직 및 운영에 관한 법률」 제30조

Ⅲ. 자치단체와 자치경찰과의 관계

1. 시·도지사와 시·도자치경찰위원회와의 관계

시·도지사와 시·도자치경찰위원회의 관계는 매우 복잡한 관계이지만 분명한 것은 시·도자치경찰위원회는 시·도지사 소속에 있다는 점이다. 이러한 소속 관계는 시·도지사가 시·도자치경찰위원회에 갖는 다음과 같은 권한 관계를 보면 쉽게 알 수 있다.

1) 조직권

자치경찰사무를 관장하게 하기 위하여 특별시장·광역시장·특별자치시장·도지사·특별자치도지사(이하 "시·도지사"라 한다) 소속으로 시·도자치경찰위원회를 둔다고 하여 시·도지사의 자치경찰위원회 조직권을 규정하고 있다.[10] 다만 이 조직권은 시·도자치경찰위원회를 예속적인 조직인 보조·직속 기관, 사업소 등이 아니라 합의제 행정기관으로 조직하여 독립적으로 운영하여야 한다. 여러 차례 기술했지만, 시·도지사와 자치경찰위원회와의 관계는 정치적 중립을 유지하기 위한 구조이기 때문에 형식적인 상하관계일 뿐이다.

2) 추천권 및 임명권

시·도지사는 시·도자치경찰위원회 위원의 임명과 추천위원회 임명권을 가지고 있다. 시·도지사는 시·도의회, 국가경찰위원회, 교육감

---

10 「국가경찰과 자치경찰의 조직 및 운영에 관한 법률」 제18조 제1항

으로부터 추천된 위원 4명, 시·도자치경찰위원회 위원 추천위원회가 추천하는 2명과 시·도지사가 지명한 1명의 위원을 임명할 권한을 가지고 있다. 시·도지사는 특히 이 중에 위원장을 선택할 권한을 부여받고 있다는 점에서 다른 기관장보다 강한 추천권과 임명권을 가지고 있다.

또한, 시·도자치경찰위원회 위원추천위원회의 구성에 대한 권한도 부여받고 있다. 시·도자치경찰위원회 위원 추천을 위하여 시·도지사 소속으로 시·도자치경찰위원회 위원추천위원회를 두되,[11] 시·도지사는 시·도자치경찰위원회 위원추천위원회에 각계각층의 관할 지역 주민의 의견이 수렴될 수 있도록 위원을 구성하여야 한다.

3) 회의 소집권

시·도자치경찰위원회의 회의는 정기적으로 개최하여야 한다. 다만 위원장이 필요하다고 인정하는 경우, 위원 2명 이상이 요구하는 경우 및 시·도지사가 필요하다고 인정하는 경우에는 임시회의를 개최할 수 있다.[12]

4) 재의요구권[13]

시·도지사는 자치경찰사무에 관한 시·도자치경찰위원회의 의결이 적정하지 아니하다고 판단할 때에는 재의를 요구할 수 있다. 위원회의 의결이 법령에 위반되거나 공익을 현저히 해친다고 판단되면 행

---

11 「국가경찰과 자치경찰의 조직 및 운영에 관한 법률」 제21조
12 「국가경찰과 자치경찰의 조직 및 운영에 관한 법률」 제26조
13 「국가경찰과 자치경찰의 조직 및 운영에 관한 법률」 제25조

정안전부장관은 미리 경찰청장의 의견을 들어 국가경찰위원회를 거쳐 시·도지사에게 제3항의 재의를 요구하게 할 수 있고, 경찰청장은 국가경찰위원회와 행정안전부장관을 거쳐 시·도지사에게 재의를 요구하게 할 수 있다.

5) 재정수립 및 지원[14]

시·도지사는 자치경찰위원회의 예산에 대한 편성권을 행사한다. 자치경찰사무의 수행에 필요한 예산은 시·도자치경찰위원회의 심의·의결을 거쳐 시·도지사가 수립한다.

예산편성과정으로 보면 이 과정도 특이한 경우이다. 시·도자치경찰위원회가 예산을 집행해야 할 기구인데 편성권자인 시·도지사에게 편성의 범위를 미리 정해 준다는 것은 역시 논란의 여지가 많다. 더욱 특히 한 것은, 이 경우 시·도자치경찰위원회는 경찰청장의 의견을 들어야 한다는 조항이다. 시·도경찰위원회의 예산 편성 시 시·도경찰청장도 아니고 경찰청의 의견을 들어야 한다는 규정은 향후 논란 가능성이 큰 부분이다. 그러나 이렇게 된 이유는 자치경찰사무 처리 및 수행에 관련된 예산이 지방비나 지방자치단체의 교부금, 보조금에 의해서가 아니라 경찰청 사업비 항목을 통하여 지출될 것이기 때문이다. 이렇게 되면 이 예산에 전적으로 의존하는 시·도자치경찰위원회는 재정적으로 보면 경찰청 소속이나 다름없게 된다. 따라서 시·도자치경찰위원회가 재정적으로 독립적 위치를 유지하기 위해서는 자치경찰사무에 대한 예산이 독립세 내지 교부금 등을 통하여 기획재정부가 시·

---

14 「국가경찰과 자치경찰의 조직 및 운영에 관한 법률」 제35조

도자치경찰위원회에 직접 교부하는 방법을 향후 고려해보아야 할 것이다. 대신에 이 예산을 편성하고 회계·감사하는 과정에 경찰청장 또는 시·도경찰청장과 협의 또는 동의를 받도록 하는 방안이 현재보다 시·도자치경찰위원회의 실질적인 독립성을 보장해 줄 것이다.

또한, 시·도지사는 자치경찰사무 담당 공무원에게 조례에서 정하는 예산의 범위에서 재정적 지원 등을 할 수 있다. 자치경찰사무 담당 공무원에 대한 복지 분야에 대한 예산 지원을 말한다. 자치경찰사무 담당 공무원이 자치사무를 수행한다는 측면에서 충분하게 논의될 수 있다. 그러나 자치경찰사무 담당 공무원이 받는 복지 수당이 국가경찰관으로서 받고 있으면 중복이 될 수 있고, 자치단체 공무원의 수당과 비교할 때 이로 인하여 더욱 크게 차이가 난다면 자치단체 공무원들의 사기 문제와 연결이 된다. 그 때문에 복지 수당에 예산 지원은 여러 가지 요인들을 고려해야 한다.

예산과 관련해서는 전혀 언급하고 있지 않은 부분이 있다. 현재의 규정은 자치경찰위원회의 예산이 보조금인지, 교부금인지, 일부라도 지방재정의 예산이 투입되는지에 대한 언급이 전혀 없다. 예산은 정책을 금전적으로 표시한 것이라고 개념 정의하기도 한다. 예산을 보면, 정책의 성격, 기관의 성격을 알 수 있다는 의미다.

자치경찰제 실시는 국가와 자치단체가 공동으로 처리하는 일원제임에도 불구하고 지방자치단체가 부담하는 예산에 대해서는 전혀 언급이 없다. 다시 말하면, 지역의 특성상 지역에 맞는 치안 행정을 하자고 시작하는 자치경찰제가 지역의 예산 뒷받침 없이 오직 국가재정인 보조금에 의존한다면 자치경찰제 특성을 살릴 수가 없다. 이러한 규정이 자치단체의 예산 부담을 고려하였다고 한다면, 자치경찰과 관련된 교부금 항목을 신설하여 재정의 자율권을 시·도자치경찰위원회에 부여해야 한다. 그래야 자치라는 명칭의 의미가 구현될 것이다.

2. 시·도의회와 자치경찰위원회와의 관계

1) 추천·지명권

시·도의회와 시·도자치경찰위원회와의 관계 중에 우선은 시·도자치경찰위원회 위원 추천권이다. 총 위원 7명 중 2명의 추천권이 의회 몫이다. 추천기관 중에는 가장 많은 인원이 배정되어 있다. 지방의회가 주민의 대표기관이기 때문에 당연하다.

2) 예산의결 및 시·도지사의 조례를 통한 재정적 지원 행위 통제

국가 및 자치경찰법은 자치경찰사무의 수행에 필요한 예산은 시·도자치경찰위원회의 심의·의결을 거쳐 시·도지사가 수립하도록 하고 있다. 예산의 심의 및 의결에 관한 규정은 없다. 그러나 지방의회는 "예산의 심의·확정"에 관한 의결 권한에 기초하여 자치경찰사무의 수행에 필요한 예산에 관여하는 것은 당연하다. 또한, 자치경찰사무 추진 시 시·도비 투입 가능성이 있으므로 지방의회는 "조례의 제정·개정 및 폐지"를 통해 재정적 지원 등에 관여하여야 한다.

3) 의회 출석 요구권

시·도의회는 관련 예산의 효율적인 관리를 위하여 의결로써 자치경찰사무에 대해 시·도자치경찰위원장의 출석 및 자료 제출을 요구할 수 있고 규정하고 있다. 시·도자치경찰위원회 위원장이 시·도의회에 출석하는 것은 이렇게 예산에 관련된 사안에 한하고 있다. 이러한 자세는 매우 소극적이다. 물론 지방의회가 자치경찰위원회의 활동에 관여하는 것은 자치경찰의 정치적 중립이라는 목표에 방해받을 수 있다는 우려 때문이다.

그러나 지방의회는 자치입법권을 헌법으로부터 부여받고 있으므로 시·도자치경찰위원회 위원장이 자치경찰에 관한 조례 제정, 개정, 폐지 등에는 의회에 적극적으로 출석하여 시·도자치경찰위원회의 견해를 밝혀야 한다. 현재 국가 및 자치경찰법에서 주요 조례위임 사항은 다음과 같다.

- 자치경찰위원회 위원의 임명방법 등에 관한 사항
- 자치경찰위원회의 운영 등에 필요한 사항
- 자치경찰위원회 사무를 처리하는 데 필요한 사무기구의 조직·정원·운영 등에 관하여 필요한 사항

이러한 공식적 관계 외에도 시·도자치경찰위원회 위원장은 지방의회와의 관계를 적극적으로 유지해 나가야 한다. 지역 주민들의 대표인 지방의원들은 지역의 여론지도자일 뿐만 아니라, 주민의 대표 등 수많은 공식·비공식 역할을 한다. 자치경찰위원회가 지방의원들과 협력관계를 유지할 때 지방의원들이 지닌 이러한 공식·비공식 자원을 활용할 수 있다는 점은 자치경찰 실시 성공에 중요한 요인이다.

3. 시·도자치경찰위원회와 시·도교육청 등 기타 기관과의 관계

시·도자치경찰위원회와 시·도교육청 등 기타 기관과의 관계는 위원 추천과 위원추천위원회의 구성에 관여하는 것이다. 교육감은 위원을 1명을 추천할 수 있다. 그리고 다음과 같은 기관에서 위원추천위원회의 추천권을 행사한다.

추천위원회 위원(이하"추천위원"이라 한다)은 시·도지사가 다음 각 호에 해당하는 사람을 임명하거나 위촉하며, 추천위원회 위원장은 추천위원 중에서 호선(互選)한다.

1. 「지방자치법 시행령」 제102조 제3항에 따라 각 시·도별로 두는 시·군·자치구의회의 의장 전부가 참가하는 지역협의체가 추천하는 1명
2. 「지방자치법 시행령」 제102조 제3항에 따라 각 시·도별로 두는 시장·군수·자치구의 구청장 전부가 참가하는 지역협의체가 추천하는 1명
3. 재직 중인 경찰공무원이 아닌 사람 중에서 경찰청장이 추천하는 1명
4. 시·도경찰청(경기도의 경우에는 경기도남부경찰청을 말한다)의 소재지를 관할하는 지방법원장이 추천하는 1명
5. 시·도 본청 소속 기획조정실장

4. 제주특별자치도지사와 자치경찰과의 관계

문재인 정부에서 시·도지사는 자치경찰위원회 위원장 임명 이외는 특별한 권한과 책임이 없다. 경찰의 정치적 중립을 확보하기 위하여 시·도지사와 의회의 개입을 차단하였기 때문이다. 그러나 제주특별 자치도(이하 '제주자치도')는 이와는 전혀 다르다. 제주도지사와 도의회가 자치경찰 운영에 직접 관여하고 있다. 이는 주민의 대표인 제주도지사 와 제주도의회가 당연하다는 시각이 반영된 것으로, 정치적 중립보다 민주성에 중점을 두고 있다고 할 수 있다.

현재 제주자치경찰위원회는 「제주특별자치도 설치 및 국제자유도 시 조성을 위한 특별법」에 따라 운영되는 제주자치경찰단과 「국가와 자치경찰의 조직 및 운영에 관한 법률」에 따라 운영되는 제주도경찰 청 두 기관을 지휘·감독하여야 한다. 그러나 제주자치경찰단은 사무, 조직, 인사, 재정 등 전반적인 부분에서 제주특별법을 적용받기 때문 에 2개의 법률에 따라서 운영되고 있다. 이 한 축인 제주자치도와 제 주자치경찰위원회 관계를 살펴보자.

1) 제주도지사

제주자치경찰단 최고 책임자는 제주도지사다. 제주자치경찰단장은 자치경찰사무를 집행하는 책임자이다. 국가 및 자치경찰법은 정치적 중립을 위하여 시·도지사를 거의 배제한 상태에서 자치경찰제를 운용 한다. 그러나 제주도지사는 제주자치경찰단 운영에 적극적으로 개입 하게 되어 있다. 그 주요 내용을 보면 다음과 같다.

(1) 자치경찰 활동의 목표 수립[15]

제주도지사는 자치경찰위원회에 자치경찰 활동의 목표를 수립하고 공표를 할 때 의견을 개진하도록 하고 있다. 여기서 말하는 자치경찰 활동의 목표는 외국에서 흔히 말하는 first value이다. first value는 영국의 경찰청장이 내년의 목표를 구체적으로 정하여 주민들에게 발표하고 연말에는 이를 기준으로 평가를 받는 것이다. 예를 들면, 내년에는 교통사고 사망자를 올해의 3명에서 2명으로 줄이겠다든지, 학교 앞 교통사고를 올해는 25건인데, 내년에는 15건으로 감소시키겠다는 매우 구체적인 목표를 제시하는 것을 말한다. 이번 경찰법 전면개정에서 나타난 조항이다.

제주자치경찰위원회는 제1항에 따른 목표를 기준으로 매년 자치경찰 활동을 평가하고 제주도지사의 의견을 들어 그 결과를 공표하여야 한다.

이러한 규정은 다른 지역에 없다. 다른 지역은 자치경찰사무에서 자치경찰사무에 관한 목표의 수립 및 평가만 나열할 뿐 이것을 어떻게 하느냐에 대한 조항은 없다. 제주자치경찰단은 지금까지 많은 경험이 있으므로 가능한 것이다.

(2) 인력 및 장비 운영계획의 수립[16]

제주도지사는 자치경찰의 조직 및 규모의 적정화와 운영의 합리화를 위하여 인력 및 장비 등의 운용계획을 수립하여야 한다. 제주도지

---

15 「제주특별자치도 설치 및 국제자유도시 조성을 위한 특별법」 제92조
16 「제주특별자치도 설치 및 국제자유도시 조성을 위한 특별법」 제93조 제1항

사가 조직 운영에 직접 관여하고 있음을 알 수 있다. 다른 지역은 자치경찰위원회가 할 일인지, 아니면 시·도경찰청장이 할 일인지에 대하여 결정한 규정이 없다.

(3) 통신설비망의 구축[17]

제주도지사는 자치경찰사무의 처리에 필요한 사무소, 무기고 등의 시설물을 갖추어야 하고, 국가경찰과 항시 긴밀한 연락체계를 유지하여야 하며, 이를 위하여 유선·무선 통신망 등의 설비를 갖추어야 한다. 제주도지사가 제주자치경찰단의 활동에 지장이 없도록 시설·장비를 구축하고 있다. 역시 다른 지역과는 다른 규정이다.

(4) 자치경찰단장 임명권

제주자치경찰단장은 제주도지사가 임명하며, 정치적 중립을 유지하기 위하여 자치경찰위원회의 지휘·감독을 받는다. 여기서 자치경찰단장에 대한 제주도지사의 임명권은 다른 시·도와 달리 자치경찰위원회의 추천을 받지 않고 제주도지사가 내부에서 또는 개방형 공모를 통하여 직접 임명하는 방식은 이번에도 여전하다.[18] 2021년 이전에는

---

17 「제주특별자치도 설치 및 국제자유도시 조성을 위한 특별법」 제93조 제2항
18 「제주특별자치도 설치 및 국제자유도시 조성을 위한 특별법」 제89조(자치경찰단장의 임명) ① 자치경찰단장은 도지사가 임명하며, 자치경찰위원회의 지휘·감독을 받는다. 〈개정 2020. 12. 29.〉
   ② 자치경찰단장은 자치경무관으로 임명한다. 다만, 도지사는 필요하다고 인정하면 개방형직위로 지정하여 운영할 수 있다.
   ③ 도지사는 자치경찰단장의 직위를 개방형직위로 지정하여 운영하는 경우에는 임용기간이 끝나는 날에 60세를 넘지 아니하는 사람으로서 다음 각 호의 어느 하나에 해당하는 사람을 임용하여야 한다. 이 경우 미리 제108조에 따른 자치경찰공무

자치경찰단장은 제주도지사의 지휘·감독을 받도록 되어 있다. 정치적 중립성보다 민주성을 더 중요시하는 조직편재였기 때문이다. 제주자치경찰단도 2021년부터는 다른 지역의 자치경찰제처럼 제주자치경찰위원회의 지휘·감독을 받게 된다.[19] 계급은 자치 경무관으로 임명하고 있다. 다른 지역과 다른 점은 제주자치경찰단은 제주도지사 같은 소속인 제주자치경찰위원회의 지휘·감독을 받기 때문에 다른 지역보다 갈등이 심하지 않을 것이다. 그러나 같은 사무를 제주자치경찰단과 제주경찰청이 하므로 이로 인한 혼란이 예견된다.

(5) 인사권 행사[20]

제주도지사는 자치경찰공무원에 대한 일체의 인사권, 즉 신규임용, 훈련, 승진, 징계, 직권면직 등 인사권 전반을 행사하고 있다.

제주도지사는 국가경찰과의 인사교류를 의무화하고 있다.[21] 경찰청

원 인사위원회의 심의·의결을 마쳐야 한다. 〈개정 2020. 12. 22.〉
1. 자치경찰단장에 임명할 수 있는 계급에 있거나 바로 아래 하위 계급에 있는 사람으로서 승진에서 제112조제5항·제6항에 따른 계급별 최저근무연수가 지난 자치경찰공무원
2. 제1호에 상응하는 경찰공무원
3. 제1호 또는 제2호에 해당하였던 사람으로서 퇴직한 날부터 2년이 지나지 아니한 사람
4. 법관·검사 또는 변호사의 직에 5년 이상 근무한 사람
④ 개방형직위로 지정·운영되는 자치경찰단장의 임용절차·임용기간 등은 도조례로 정한다.
19 「제주특별자치도 설치 및 국제자유도시 조성을 위한 특별법」 제89조
20 「제주특별자치도 설치 및 국제자유도시 조성을 위한 특별법」 제110조에서 제119조까지가 인사에 대한 규정임
21 「제주특별자치도 설치 및 국제자유도시 조성을 위한 특별법」 제111조

장과 제주도지사는 자치경찰공무원의 능력을 발전시키고 국가경찰사무와 자치경찰사무의 연계성을 높이기 위하여 국가경찰과 자치경찰 간 또는 다른 지방자치단체의 자치경찰 상호 간에 긴밀한 인사교류가 될 수 있도록 노력하여야 한다. 제주도지사는 제1항에 따른 인사교류를 하는 경우 매년 소속 자치경찰공무원 정원의 100분의 5 범위에서 국가경찰 또는 소속을 달리하는 자치경찰 조직에 근무할 수 있도록 해당 임용권자와 협의를 거쳐야 한다.

(6) 국가경찰과의 협약 체결[22]

국가경찰과 자치경찰 간의 사무 분담과 사무수행방법은 도지사와 제주자치도 경찰청장이 협약으로 정하여 공표하여야 한다. 이 경우 제주도지사는 미리 자치경찰위원회의 의견을 들어야 한다. 협약을 체결할 때 협약당사자가 의견을 달리하여 협약이 체결되지 아니할 때는 협약당사자의 신청으로 「국가경찰과 자치경찰의 조직 및 운영에 관한 법률」 제7조에 따른 국가경찰위원회(이하 "국가경찰위원회"라 한다)의 심의·의결을 거쳐 행정안전부장관이 조정한다. 다만, 협약이 체결되지 아니하는 상태가 지속하여 공익을 현저히 저해하여 조속한 조정이 필요하다고 인정되는 경우에는 협약당사자가 신청하지 아니하였을 때도 국가경찰위원회의 심의·의결을 거쳐 행정안전부장관이 조정할 수 있다.

---

22 「제주특별자치도 설치 및 국제자유도시 조성을 위한 특별법」 제91조

IV. 외국 자치경찰과 국가경찰과의 관계

외국의 자치경찰과 국가경찰과의 관계에 대한 비교표가 〈표 3-1〉이다.

〈표 3-1〉 외국의 자치경찰과 국가경찰과의 관계

구분	주요 내용
프랑스	- 시장과 임명 도지사 간에 그 지역 관할 검사의 승인을 받아 협력 협약을 체결(행정대법원령으로 규정한 조정협약, 지방자치법 L2212-6) • 요건: 자치경찰이 5명 이상이고, 무기를 소지하게 될 때 • 내용: 협약에 의하여 국가경찰과 조정된 자치경찰의 개입 방식 결정 • 방식: 자치경찰과 국가경찰이 정기적인 회의를 갖고, 질서 유지, 시민 안전 보호, 평온 유지 등의 목적으로 정기적인 의견, 정보의 교환 등을 함. • 평가: 협약의 내용과 추진 상황에 대한 평가를 위하여 도지사와 시장은 매년 회의를 개최, 필요시 이에 대한 내용을 검사에게 제출 • 효력 : 5년간 유효, 매년 묵시적으로 갱신, 폐기시에는 어느 한쪽 당사자가 6개월 전 사전 통지 필요 - 중앙정부 차원에서 경찰권 법령을 제정할 수 있는 수상, 장관, 임명 도지사, 민선 도지사, 시장 등은 경찰 권한의 수행을 규정할 때 서로 협조하거나, 공동경찰령을 제정 ※ 1995년 안전에 관한 기본계획법으로 국가경찰과 자치경찰의 협력적 활동 촉진, 시장은 대민치안의 협력자로 임명 도지사와 협력하여야 함을 규정
스페인	- 자치경찰의 기능은 상당히 제한적이며, 국가경찰의 기능을 보완하는 역할 ※ 국가경찰사무는 무기 확인, 항만시설 및 공항시설 감시, 국경과 세관의 수비, 국경출입국 감독, 외국인 출입국 관리, 이민과 외국 이주, 여권관리, 국가재정 보호, 밀수, 외국 경찰과의 협력 등 - 주경찰이 국가경찰과 공동으로 수행하는 기능 • 천재지변 등 시민안전보호법에 따른 활동 및 자연환경 보호와 관련된 법령의 준수 여부 감시 등 - 주경찰이 국가경찰과 협력적으로 수행하는 기능 • 중앙정부 제정 법령의 이행 여부 감시와 중요 공공 서비스 시설 보호, 사법 경찰에 대한 협력, 공공장소 감시, 시위 보호, 다중 운집 장소의 질서 유지 등 ※ 교통사고의 처리 및 보고, 안전사고 등의 예방 조치 등은 국가경찰에 의무적으로 보고 - 시경찰이 국가경찰과 협력하여 수행하는 기능 • 공공장소에서의 안전 유지를 위한 중요 인사 신변 보호, 시 소유물 보호, 범죄 예방, 집회 시위 질서 유지 등 • 사법 기능으로 범인을 체포하고 범죄의 범행 도구 및 증거를 수집할 수 있으나, 국가경찰과의 협약에 근거해서 체포한 범죄자 또는 관련 증거물 등을 즉시 국가경찰에 보고하고 제출하여야 함.

구분	주요 내용
이태리	- 자치경찰은 기본적으로 소속 자치단체 관할 범위 내에서 활동하나, 예외적인 경우 관할 외 지역에서 활동 가능 ※ 예외적 활동 기준 : 관할지역과 연관된 사항 및 관할 지역 대표로서 참여, 관할지역에서 발생한 범죄로 인하여 부득이한 경우, 재해 및 사고의 구호 활동에 관한 관할 외 원조의 경우 - 자치경찰과 국가경찰의 상호 협력 관계는 관련 국가경찰기관 또는 국가 일반 행정기관과 해당 시(市)가 협력의정서에 서명하면서 협력 체제 공식 구축됨.
영국	- 경찰 업무 중에서 그 외부 효과가 큰 교육, 연구개발, 전국적 통일성을 기할 필요성이 있는 통신 업무, 정보관리, 수사 기법, 국가적 차원에서 대처가 요구되는 조직적·광역적·국제적 범죄 처리 등 제한된 업무에 대해서만 국가경찰이 직접 분장, 나머지는 모두 자치경찰사무로 분장하여, 이에 대하여 국가가 간접적으로 통제하는 형식
미국	- 경찰사무 중 전국적 활동 영역을 갖는 사무 분배 형식의 FBI 형태와 지방자치단체가 모든 경찰 업무를 완전히 장악하는 주, 군, 읍 경찰 형태가 공존하는 상호 협력 관계 - 마약, 총기, 조직범죄, 재정범 등 국가적 차원에서 중요하고 특수한 사무를 분장하는 별도의 기구를 설립하여 국가에서 담당하고, 나머지는 모두 자치경찰에 분장하는 형식 등 다양 ※ 연방경찰은 헌법상 명문화된 경찰권은 갖지 않으나, 조세권, 주간(州間) 통상규제권, 대외통상권 등을 통하여 실제 권한 행사 주경찰은 고속도로 순찰, 교통단속, 주내(州內)의 자치경찰 관할이 미치지 않는 구역에 대한 수사권 직접 행사 외에 자치경찰에 임무 위임 등 다양 - 주경찰은 지방경찰의 관할구역이 아닌 지역에 한정하여 경찰권을 행사하지만, 지방정부의 요청이 있을 경우 소요 진압 등의 기능을 수행하기도 함. • 주의 순찰정복 부서는 지방경찰과 관할구역을 중첩적으로 공유 • 시와 같은 지자체 지역 내에서 발생하는 통상의 범죄는 지방경찰이 담당하고, 주경찰은 대개 특수범죄·중요 범죄에 한해서만 처리 - 소도시에 소속된 자치경찰은 연방수사국(FBI), 주경찰, 카운티 경찰 등의 협조를 통하여 경찰권 행사 • 카운티 보안관은 지역에 따라서 지자체 경찰과 중첩적인 경찰권 행사 • 중첩 시는 시경찰이 일차적으로 경찰권을 행사하고, 보안관은 카운티 관련 시설에서의 범죄 수사, 시경찰이 없는 지역에서의 경찰활동, 구치소 관리 및 법정 질서 유지를 주임무로 함.
독일	- 연방경찰과 주경찰은 상호 독자적 지위를 유지하며 대등한 관계로서, 양자 사이에 상명하복 관계는 인정되지 않음. ※ 자연재해, 대규모 시위 발생, 비상사태 시 연방과 개별 주(州)들 간의 직무 응원과 공동 협력 발생 - 수사 업무에 관한 연방과 주정부 간의 협력 사항에 관한 내용을 제외한 경무, 교통, 방범, 경비 업무는 전적으로 주경찰 사무 • 연방경찰에 일반적인 경찰행정권을 부여하지 않고, 원칙적으로 주경찰에 대한 지휘권도 행사하지 않음

구분	주요 내용
일본	- 경찰사무를 국가적 이해와 지방적 이해가 동시에 결부된 것으로 보아, 법령을 개개 일부 사무는 국가사무로, 일부 사무는 자치단체에 위임하여 처리하는 절충형 ※ 국가 전체의 이해와 관련되어 있고, 전국적인 관점에서의 조정 등을 행할 것이 필요하다는 점 등에서 법률에 의하여 인사, 예산, 일부 사항에 관한 지휘 감독 등에 국가의 관여 인정 - 대부분의 경찰 업무에 대하여 기획/예산의 기능은 물론 기타 전국적이고 중요한 사무에 대하여는 국가경찰이 담당하고, 나머지는 자치경찰이 사무를 분장하되 관구경찰국과 같은 중간관리 및 통제기구를 별도로 두어 운영하는 방식 ※ 경찰청은 경찰 제도의 기획 및 조사활동, 국가예산 및 국가공안에 관련된 사안에 대한 경찰 운영에 관한 사항, 긴급사태에 대처하기 위한 계획의 책정 및 실시, 전국적인 간선도로에서 교통 규제, 국제수사 공조, 국제 긴급원조 활동, 광역조직 범죄, 황궁경찰, 경찰 교육·통신·범죄 감식시설의 유지·관리, 범죄 통계·경찰 장비, 직원의 임용·근무 및 활동 기준, 경찰행정에 관한 조정·지방의 소란 및 공공의 안녕과 질서 유지에 필요한 사항 등의 사무를 처리 ※ 관구경찰국은 국가의 긴급사태로 인하여 광역화되어 가는 범죄나 사무, 큰 재난에 대한 대응, 전국적 규모로 동시다발적으로 발생되는 치안 방해 등에 대한 임무 수행

출처: 양영철, 자치경찰론, 대영문화사, 2008, pp. 353-355

V. 평가 및 결론: 종속적 관계지만 역사적 의미가 더 높다

문재인 정부의 자치경찰제에서 국가경찰과 자치경찰과의 관계는 다음과 같은 근거에서 평가해 볼 때 종속적 관계이다.

1. 지방분권적 차원에서의 평가에서

저자는 자치경찰 개념을 '자치경찰이란 지방자치단체 내에서 지방자치공무원인 경찰관이 자치사무를 처리하는 제도'라고 정의한다. 이 개념 정의에 의하면, 문재인 정부의 일원론은 '국가경찰조직 내에서 국가공무원인 국가경찰관이 국가경찰 속의 자치경찰사무를 처리하는 제도'인 것이다. 따라서, 문재인 정부의 일원론 자치경찰제도는 지방분권적 차원에서 보면 종속론적 성격이 강하다. 이를 정리하면 〈표 3-2〉와 같다.

〈표 3-2〉 지방분권 차원의 지방 자치경찰 평가

구분	원칙	현행법안
조직	지방자치단체 내의 조직	국가조직 내의 조직
자치경찰관	지방공무원	국가공무원
사무	자치사무	국가사무 내의 분류

이러한 원인으로 인하여 일부 학자들은 문재인 정부의 일원론을 '타치 경찰제', '자치경찰공무원이 없는 자치경찰제'라고 혹평하기도 한다. 그러나 문재인 정부의 일원형은 국가경찰제 속의 자치경찰이기 때문에 국가경찰 중심의 자치경찰제가 될 수밖에 없다.

2. 조직원리에 의한 평가에서

조직의 제1원리는 명령통일의 원칙이다. 조직에서 지휘 및 감독체제는 한 곳에서 시작하고 거기서 끝내야 한다는 원리다. 만약에 지휘·감독권이 여러 곳에 있으면 조직 운영에 혼란이 생긴다는 것이다.

그런데 이 법안에서 보면 자치경찰담당 경찰관에 대한 지휘·인사 등은 자치경찰위원회 위원장과 시·도경찰청장 또는 경찰서장 등 여러 명이 관여하고 있다. 자치경찰사무 담당 경찰관은 시·도경찰청 소속이기 때문에 형식적이든, 실질적이든 시·도경찰청의 지휘·감독 속에 있을 수밖에 없다. 자치경찰위원회 위원장은 시·도경찰청장의 임명 때 협의권을 가지고 있고, 자치경찰사무 담당 경찰관 중에 경정 이하 경찰관의 지휘·감독권이 있다. 일선 경찰서로 가면 경찰서장이 역시 자치경찰사무 담당 경찰관에 대한 지휘와 감독권을 행사한다. 지휘 및 감독권이 여러 곳에 있음을 알 수 있다. 현장에 가보면, 이렇게 지휘·감독권의 분산으로 자치경찰사무 담당 경찰관들은 매우 혼란스럽다고 벌써 하소연한다.

그런데도 자치경찰사무 담당 경찰관들은 자신들에 대한 지휘·감독권이 자치경찰위원회에 있다고 해도 신분에 결정적인 권한인 신규채용과 면직 권한은 시·도경찰청장에 있다는 사실에 더 무게를 둘 것이다. 형식적인 점에서는 중첩형이나 등권적 요소도 있다고 할 수 있지만, 실질적인 면에서 보면, 종속적인 관계다.

3. 법안에 대한 평가에서

1) 법안의 형태

법안의 형태는 자치경찰의 위상을 결정하는데 중요한 변수 중에 하나다. 자치경찰에 관한 법률이 독자적으로 제정되느냐 아니면 다른 법률 내에 하나의 부분으로 제정되느냐에 따라서 자치경찰의 중요성, 소관 부처 등이 결정된다.

과거 김대중 정부까지는 자치경찰은 국가경찰법 내의 장이나 절, 또는 조항으로 추진되었다.

노무현 정부는 지방분권 차원에서 자치경찰제도 도입을 추진하였기 때문에 국가경찰 내의 자치경찰은 고려대상이 되지 않았다. 자치경찰은 국가경찰 소속이 아니라 자치단체 소속이라는 관점에서 출발하였기 때문에 법안도 독립적으로 추진되었다. 결국, 노무현 정부는 자치경찰 법명을 〈자치경찰에 관한 법률〉로 정하고 이를 국회에 제출하였다.

이번 법안 〈국가경찰과 자치경찰의 조직 및 운영에 관한 법률〉은 경찰법 전면개정으로 시작되었다. 경찰법 전면개정이라고 하지만 결국 국가경찰법의 전면개정이기 때문에 이 법안에 자치경찰에 관한 규정을 신설한 것은 국가경찰이 주도하는 법률이 될 수밖에 없다. 자치경찰 담당 공무원이 국가경찰관이 된다든지, 자치경찰사무의 운영에 경찰청이나 경찰청장이 관여할 수 있는 분야가 많은 이유도 자치경찰이 국가경찰에 의하여 운영된다는 의미이며 종속적 성격이 짙다.

2) 법령 소관

법령 소관은 단지 법령의 개정 등 법령 관리 이상의 의미가 있다. 때로는 정책 주도권을 의미하기도 한다. 김대중 정부의 자치경찰제도는 경찰법 내에 규정되어 있었다. 이 경우는 자치경찰은 국가경찰 내의 한 조직으로 보게 된다. 그리고 소관 부처는 경찰청이 될 수밖에 없으므로, 자치경찰이 국가경찰에 종속되었다고 평가를 받을 수밖에 없다.

노무현 정부의 자치경찰제도는 자치경찰법에 관한 법률이라는 독립법안으로 국회에 제출되었기 때문에 소관 부처는 자연히 지방자치단체에 관련된 법을 소관으로 하는 행정안전부가 될 수밖에 없다.

문재인 정부의 일원론은 자치경찰에 관한 규정은 결국 국가경찰법 내의 규정이라고 볼 수 있으므로 소관 부처도 경찰청이 될 수밖에 없다. 이제부터 자치경찰에 대한 정책 주도권은 경찰청이 갖게 되었다. 그러나 노무현 정부에서 경험에 비추어 볼 때 이에 대한 논란은 계속 일어날 것이다. 경찰청이 왜 자치경찰에 대한 정책을 주도하느냐에 대한 전국시·도지사협의회의 반발은 법 제정 당시부터 지금까지 계속되고 있다.

4. 결론-역사적 의미가 종속적 관계를 뛰어넘어[23]

12월 9일은 자치경찰의 날

자치경찰법안이 지난 8월에 상정될 때만 해도 시행에 대한 기대는 솔직히 하지 않았다. 제출된 모델이 문재인 대통령 공약 사항도, 그동안 논의되어 정리된 이원화 모델도 아닌 일원화 모델이기 때문이다. 일원화 안은 지방자치단체는 물론 분권을 연구하는 학자, 단체들이 반대가 심하였고, 연판장도 수없이 돌렸다. 주도권을 가진 국가경찰의 반대도 만만치 않아 경찰서마다 자치경찰 반대 플래카드가 즐비하게 걸어졌다. 경찰법 전면 개정안이라는 자치경찰 실시법안이 제20대 국회에서는 3선 여당 중진이 대표 발의했지만 실패했다. 이번은 초선 의원이 대표 발의했으니 불안은 당연지사였다. 설령 백번 양보해서 실시한다고 해도 올해 내는 불가능하다고 생각했다. 그런데 과거와 달리 8월에 제출된 안이 한 달 만에 국회 행정안전위원회 소위에서 논의되기 시작되었다. 그리고 두 달여 만에 합의안을 만들고 곧바로 행정안전위

---

23 평가는 저자가 대통령소속 자치분권위원회, e-뉴스레터에 실린 글로 대신함. 2020. 12.21.vol.67

원회 전체회의에 부의하는 숨 가쁜 순간들이 연일 벌어졌다. 대표 발의한 김영배 의원이 주도하는 국회에서 법안 토론과 공청회 몇 번이 순탄하게 넘어감에 따라 김영배 의원의 리더십이 더욱 빛나는 것을 볼 수 있다. 국회에 제출한 법안이 심의를 기다리는 시간은 1년은 기본이고, 2년은 당연지사이고, 3년은 보통이라는 국회 문화를 생각할 때, 경찰법 전면 개정안이 법안 제출 3개월 만에 처리되었다는 것은 기적이라고 할 수밖에 없다. 행정안전부 소위에서부터 본회의 법안 통과 과정을 조마조마한 마음으로 지켜본 사람은 나만이 아니었을 것이다. 그러나 노무현 정부에서 지금까지 약 18년 동안 자치경찰법안을 성사시키기 위하여 자치경찰 정책과 함께 보낸 본 필자의 감격은 이날을 '자치경찰의 날'로 마음속에 새겨 놓았다.

지금 실시하는 정책이 좋은 정책

사실 지난해 통과된 자치경찰제에 대한 비판은 나도 동참하는 부분이 많다. 많은 학자는 이번 모델을 지방분권의 원칙에 의해 역 분권, 심지어 '타치 경찰'이라고 극언까지 한다. 특히 20대 국회까지 제출되었던 이원화 모델이 지난해 6월까지 문재인 정부 공식 안이었다. 그런데 이 안이 단지 코로나 상황 때문이라는 말 한마디로 하루아침에 일원화로 전환된 과정은 아무리 변명해도 모자랄 것이다. 그러나 아무리 좋은 정책모델도 실천이 없는 정책은 전혀 의미가 없었음을 숱하게 경험했다. 처음부터 잘 만들어진 모델로 자치경찰제를 시행하면 얼마나 좋은가. 그러나 자치경찰 시행은 다양한 권력기관이 관여하기 때문에 모두가 만족하는 안을 만들기가 불가능에 가깝다. 그러다 보니 미 군정부터 논의되었던 자치경찰제가 70여 년 동안 논의만 하다가 실시되지 못하였다. 하여 이제는 가장 좋은 자치경찰제는 "지금 실시하는 안"이라고 명명해 주고 싶다.

이제는 성찰과 협력만이 남아 있다

이번에 실시하는 자치경찰제는 역대 정부처럼 분권에서 출발한 것이 아니라 검경수사권의 조정과정과 함께 시작되었다. 그 때문에 이번 자치경찰제는 분권 부분에서 취약할 수밖에 없다. 이 취약한 점은 실시과정에서 수정되어야 하는데 이는 관계자, 특히 국가경찰과 지방자치단체의 성찰과 협력이 선결돼야 한다. 승자의 저주라는 말이 있다. 이번 법안은 욕심을 내기 시작하면 한도 끝도 없는 모호한 규정이 너무나 많다. 가보지 않은 모형이기에 당연한 이야기다. 그러나 이러한 모호성을 이용하여 너무 많은 권한을 행사하려 하거나, 과도한 해석을 통해서 상대방에 대해 견제를 하려고 하는 순간 이 제도는 무기력하게 무너질 수밖에 없다. 자치경찰 실시가 실패로 끝났을 때 돌아오는 부메랑은 혹독할 것이다. 더 많은 권한과 조직을 가지면서 더 강한 자치경찰방안이 도입될 것이다. 이때는 국가경찰과 지방자치단체에 기존 자치경찰 실시 실패의 책임을 물어 주도권에서 제외될 것이다. 이번 검경수사권 조정과정에서 검찰이 철저하게 개혁이 대상이 되고 주도권을 잃었던 모습이 재현될 것이다. 자치경찰제의 성공적 시행을 위해서는 이번 자치경찰제 실시를 주도하는 국가경찰과 광역시·도는 자신들의 기관과 조직보다 '국민, 주민'을 가운데 놓고 생각하는 성찰이 선행되기를 바란다. 이러한 성찰 속에서 구축한 상호협력체제는 논의조차 변변하게 하지 못하고 가보지 않은 길을 출발하는 '일원화 자치경찰제' 항해에 유일한 등대가 될 것이다.

| 참고문헌 |

강용기(2008). 현대지방자치론, 서울: 대영문화사.

김영기(1999). 지방자치론, 서울: 대영문화사.

양영철(2008). 자치경찰론, 대영문화사.

양영철(2021). 신지방자치경찰론, 온누리 디앤피 출판사.

우양호·강성철(2006),광역과 기초 간에 협력적 관계에 대해서는 , "지방정부 간 생산적 협력 관계 구축의 성공 조건," 한국지방자치학회보, 제18권 제3호.

임승빈(2005). 지방자치론, 서울: 법문사.

정부혁신지방분권위 해외실무연수단(2006). 지방분권 및 지방정부 책임성 강화 연구, 해외실무연수보고서.

정부혁신지방분권위원회, 경찰청 경찰혁신위원회(2004). 선진국 자치경찰 운영사례 현지시찰 결과보고서(2004. 5. 15~24), 치안정책연구소.

치안정책연구소(2005). 유럽형 자치경찰제도 모델분석 연구보고서.

Ho, Alfred & Paul Coates(2002), "Citizen Participation: Legitimizing Performance Measurement as a Decision tool." *Government Finance Review*.

Saffel, David C. & Harry Basehart(2005), *State and Local Government*(8th edition), McGraw Hill Higher Education.

Wright, Deil S.(1988), "Understanding Intergovernmental Relations," *Public Grove*, CA: Books and Cole.

제2장 자치경찰조직과 인사:
자치경찰위원회 및 사무기구의 권한과 역할을 중심으로

황문규 중부대학교 경찰경호학부장

Ⅰ. 시·도자치경찰위원회의 권한과 역할

1. 법적 지위

자치경찰위원회(이하 '자경위')는 일원적 자치경찰제 모델에서 시·도 지사 소속의 유일한 독자적 자치경찰 조직으로 자치경찰의 사무를 관장한다. 이러한 자경위는 그 권한에 속하는 업무를 독립적으로 수행할 수 있도록 합의제 행정기관으로 규정되어 있다(국가경찰과 자치경찰의 조직 및 운영에 관한 법률(이하 국가 및 자치경찰법) 제18조). 시·도지사의 부당한 정치적 영향력을 차단하여 자치경찰사무의 독립적인 수행을 담보하기 위한 장치인 것이다. 그 때문에 국가 및 자치경찰법에서도 자경위원은 정치적 중립을 지켜야 하며, 권한을 남용하여서는 아니 된다는 점을 명시하고 있다(국가 및 자치경찰법 제20조 제4항).

이러한 자경위는 합의제 행정기관으로서 직무상 독립성을 확보할 수 있는 반면, 관할 지방자치단체의 장인 시·도지사의 자치경찰에 대한 책임성 등을 지나치게 제약한다는 비판을 피하기는 어렵다. 그러나 자경위가 심의·의결기관에 불과할 경우 법적 구속력 있는 의사결정 및 집행권이 없어 시·도지사에 종속될 가능성이 높다. '위만 바라보는' 중앙집권화된 국가경찰의 폐해를 극복하기 위한 자치경찰제가 경찰조직의 지역적 분산을 통해 경찰의 '민주적 통제' 및 '견제와 균형' 역할을 수행하기는커녕, 오히려 시·도지사의 정치적 악용에 노출될 가능성을 우려하지 않을 수 없는 것이다. 이러한 우려는 지방자치제 실시 이후 시·도지사 등이 지역권력 구조의 정점에 위치해 있으면서, 정책추진과 예산배정의 우선순위를 결정하며, 지방 관료에 대한 광범위한 인사권을 통해 관료집단을 종속시켜 놓음으로써 지역권력 구조를 지배하고 있다는 점에서 간과하기 어렵다(강원택 외, 2016). 이러한 점을 고려하여 자경위의 실질적 역할 수행을 위해 합의제 행정기관이라는 법적 지위를 부여할 필요가 있었다.

　합의제 행정기관으로서 자경위는 자치경찰사무를 수행하는 경찰관을 일정 정도 통제할 수 있고, 시·도지사와 자치경찰 간 유착 등을 차단할 수 있다. 이는 개정 국가 및 자치경찰법에서 국가경찰위원회를 여전히 심의·의결기관으로 두어, 개정 전 경찰법에 따른 '경찰위원회'에 '국가'라는 글자만 덧붙인 것으로, 경찰에 대한 견제 및 통제기관으로서의 역할을 여전히 기대하기 어렵다는 비판(경찰개혁네트워크, 2020)의 대상이 되고 있는 것과는 대비된다. 경찰개혁 방안의 하나로 형식적 자문기구에 불과한 경찰위원회를 실질화하기 위해서는 합의제 행정기관으로 만들어야 한다는 주장(황문규, 2017: 314)이 결과적으로 국가경찰위원회가 아닌 자경위에만 반영된 것이다. 다만, 20대 국회 홍익표 의원의 경찰법 개정안[1]에 따른 자치경찰제에서는 '자치'라는 단어를 과감히 삭제하여 '시·도경찰위원회'라는 명칭을 사용한 것에 비해 후퇴했다고 평가하지 않을 수 없다(황문규, 2019: 19).

자경위는 다른 한편으론 개정 경찰법상 자치경찰제의 구체적 이행은 물론, 중장기적 관점에서 자치경찰제의 지속가능한 발전을 담보해야 한다. 다시 말해, 국가 및 자치경찰법에서 명시하고 있는 자치경찰사무가 지자체의 '자치사무'로서 정체성을 확보할 수 있도록 자치경찰의 조직 및 인력 등을 확보해나가야 한다. 또한 그 과정에서 자칫 자치경찰의 역할을 무의미하게 만들 국가경찰 등 외부의 영향력을 차단 또는 견제하는 장치로 기능해야 한다. 나아가 지역주민 또는 시민이 경찰운영에 참여하고 통제하는 창구로서 기능해야 한다. 그리하여 기존 중앙집권화된 일원적 국가경찰체제하에서 일사불란한 지휘통제에 따른 경찰운영 관행에 자율성과 창의성을 불어넣는 역할을 해야 한다. 무엇보다 중요한 것은 자치경찰제가 제주자치경찰제와 같이 무관심 속에서 정체되어 있지 않고 지속적으로 발전할 수 있는 추진동력으로서 역할을 해야 할 것이다(황문규, 2019: 20).

2. 구 성

1) 위원의 수

자경위는 상임인 위원장 1명 및 위원 1명과 비상임위원 5명 등 총 7명의 위원으로 구성되어 있다. 위원은 시·도지사가 지명하는 1명,

---

1 제25조(시·도경찰위원회의 조직) ① 자치경찰에 관한 사무를 관장하기 위하여 시·도지사 소속으로 시·도경찰위원회를 둔다.

시·도의회가 추천하는 2명, 국가경찰위원회가 추천하는 1명, 시·도교육감이 추천하는 1명, 위원추천위원회가 추천하는 2명 등에 대해 시·도지사가 임명한다(국가 및 자치경찰법 제20조). 다만, 위원은 특정 성(性)이 10분의 6을 초과하지 아니하도록 노력하여야 하며, 위원 중 1명은 인권문제에 관하여 전문적인 지식과 경험이 있는 사람이 임명될 수 있도록 노력하여야 한다(국가 및 자치경찰법 제19조 제2항 및 제3항).

여기서 주목할 부분은 자경위를 자치경찰의 정치적 중립성 보장을 위한 기구로 위치지우면서도, 그 구성에 국가경찰위원회의 개입 가능성을 열어두고 있다는 점이다. 즉, 국가경찰위원회에 자경위원 1명의 추천권을 부여하고 있다. 게다가 자경위원 2명을 추천하는 자경위 위원추천위원회에도 경찰청장이 추천하는 1명이 참여한다(자치경찰사무와 시도자치경찰위원회의 조직 및 운영 등에 관한 규정 제5조). 자치경찰을 여전히 국가경찰의 영향력 하에 두려는 의도가 내포된 것은 아닌가라는 의구심을 던지지 않을 수 없다. 특히 국가경찰위원회가 사실상 경찰조직의 형식적 심의·의결기구라는 점에서 자치경찰의 자율성과 창의성을 제약하는 요인으로 작용할 가능성을 배제키 어렵다.

자경위 위원 구성이 시·도지사의 영향력에 좌우될 수 있는 측면도 있다. 자경위 구성에서 시·도지사는 1명의 위원에 대한 지명권을 행사할 수 있다. 그러나 시·도의회가 추천하는 2명의 경우 시·도의회의 구성에 따라 지자체장의 영향력에 좌우될 우려를 배제키 어렵다. 예컨대 시·도지사와 같은 정당 소속 의원들 또는 야당의 경우에도 시·도지사와 정책노선을 같이 하는 의원들로 시·도의회가 구성될 경우, 과연 시·도지사와는 별개로 자경위 위원 추천권을 행사할 수 있는지는 의문이다.

2) 위원추천위원회

자경위 위원 2명의 추천권은 시·도지사 소속 자경위 위원추천위원회에 있다(국가 및 자치경찰법 제21조 제1항). 위원추천위원회는 시군구의 회의장 지역협의체 추천 1명, 시군구청장 지역협의체 추천 1명, 경찰청장 추천 1명, 지방법원장 추천 1명, 시·도 소속 기획조정실장 등 5명으로 구성된다(자치경찰사무와 시도자치경찰위원회의 조직 및 운영 등에 관한 규정 제5조). 물론, 위원추천위원회의 구성에 있어 각계각층의 관할 지역주민의 의견이 수렴될 수 있도록 함으로써 시민의 참여를 보장하도록 하고 있다(국가 및 자치경찰법 제21조 제2항). 특히 개정 경찰법상 자치경찰제는 국가경찰 중심의 일원화 모델로서 광역단위 지자체 중심으로 운영될 수밖에 없는 한계가 있다. 즉, 실제 경찰활동이 이루어지는 기초단위 지자체의 참여가 사실상 배제되어 있는 것이다. 따라서 위원추천위원회에서 추천하는 자경위 위원은 기초단위 지자체의 입장을 대변할 수 있는 사람으로 구성함이 타당하다.

3) 위원장 및 위원의 임명

자경위의 위원장은 위원 중에서 시·도지사가 임명하고, 상임위원은 자경위의 의결을 거쳐 위원 중에서 위원장의 제청으로 시·도지사가 임명한다(국가 및 자치경찰법 제20조 제3항). 이 경우 위원장과 상임위원은 지방자치단체의 정무직 공무원으로 한다(국가 및 자치경찰법 제20조 제3항, 지방자치단체의 행정기구와 정원기준 등에 관한 규정 제11조의2 제1항 및 별표 2). 공무원이 아닌 위원의 경우에도 그 소관 사무와 관련하여 형법이나 그 밖의 법률에 따른 벌칙을 적용할 때에는 공무원으로 본다(국가 및 자치경찰법 제20조 제6항).

위원장과 위원의 임기는 3년으로 하며, 연임할 수 없다(국가 및 자치 경찰법 제23조 제1항). 다만, 보궐위원의 임기는 전임자 임기의 남은 기간 으로 하되, 전임자의 남은 임기가 1년 미만인 경우 그 보궐위원은 한 차례만 연임할 수 있다(국가 및 자치경찰법 제23조 제2항). 위원이 중대한 신체상 또는 정신상의 장애로 직무를 수행할 수 없게 된 경우 이외에 는 그 의사에 반하여 면직되지 아니한다(국가 및 자치경찰법 제23조 제3항).

4) 위원의 자격요건 및 결격사유

자경위 위원의 자격요건(국가 및 자치경찰법 제20조 제2항)과 결격사유 (국가 및 자치경찰법 제20조 제7항)는 다음 표와 같다(〈표 3-3〉 참고).

〈표 3-3〉 자치경찰위원회의 자격요건과 결격사유

자격요건	(제1호) 판사·검사·변호사 또는 경찰의 직에 5년 이상 있었던 사람 (제2호) 변호사 자격이 있는 사람으로서 국가기관 등에서 법률에 관한 사무에 5년 이상 종사한 경력이 있는 사람 (제3호) 대학이나 공인된 연구기관에서 법률학·행정학 또는 경찰학 분야의 조교수 이상의 직이나 이에 상당하는 직에 5년 이상 있었던 사람 (제4호) 그 밖에 관할 지역주민 중에서 지방자치행정 또는 경찰행정 등의 분야에 경험이 풍부하고 학식과 덕망을 갖춘 사람
결격사유	(제1호) 정당의 당원이거나 당적을 이탈한 날부터 3년이 지나지 아니한 사람 (제2호) 선거에 의하여 취임하는 공직에 있거나 그 공직에서 퇴직한 날부터 3년이 지나지 아니한 사람 (제3호) 경찰, 검찰, 국가정보원 직원 또는 군인의 직에 있거나 그 직에서 퇴직한 날부터 3년이 지나지 아니한 사람 (제4호) 국가 및 지방자치단체의 공무원(국립 또는 공립대학의 조교수 이상의 직에 있는 사람은 제외한다.)이거나 공무원이었던 사람으로서 퇴직한 날부터 3년이 지나지 아니한 사람. 다만, 제20조 제3항 후단에 따라 위원장과 상임위원이 지방자치단체의 공무원이 된 경우에는 당연퇴직하지 아니한다. (제5호) 「지방공무원법」 제31조 각 호의 어느 하나에 해당하는 사람. 다만, 「지방공무원법」 제31조 제2호 및 제5호에 해당하는 경우에는 같은 법 제61조 제1호 단서에 따른다.

위 표에서 보는 바와 같이 자경위 위원은 판사·검사·변호사 경력 또는 경찰경력, 변호사 자격이 있는 사람으로서 국가기관 등에서 법률에 관한 사무경력, 그리고 교수경력 등 5년 이상의 경력을 요건으로 하고 있다. 그러나 과연 최소 5년의 경력이 관할지역의 자치경찰사무를 관장할 역량으로 충분한지는 의문이다. 실증적 분석이 필요하고, 경력만으로 역량을 평가하기는 쉽지 않겠지만, 자치경찰제도 도입 취지에 맞게 치안 현안을 다룰 적임자에는 최소 5년의 경력이 미흡하다고 하지 않을 수 없다. 이는 어느 한 관할지역의 치안을 책임지는 시·도경찰청장 또는 경찰서장이 최소 경찰경력 10년 이상이라는 점에서 더욱 그러하다.

3. 역할과 권한

1) 소관 사무 및 이에 대한 심의·의결

자경위는 자치경찰의 사무를 관장하는 기관이다. 자경위의 소관사무에 대해서는 국가 및 자치경찰법 제24조에서 다음과 같이 규정하고 있다(〈표 3-4〉 참고).

〈표 3-4〉 시·도자치경찰위원회의 소관 사무

구 분	소관 사무(국가 및 자치경찰법 제24조)
자치경찰의 정책수립 및 운영	(제1호) 자치경찰사무에 관한 목표의 수립 및 평가 (제2호) 자치경찰사무에 관한 인사, 예산, 장비, 통신 등에 관한 주요 정책 및 그 운영지원 (제4호) 자치경찰사무 담당 공무원의 부패 방지와 청렴도 향상에 관한 주요 정책 및 인권침해 또는 권한남용 소지가 있는 규칙, 제도, 정책, 관행 등의 개선 (제5호) 국가 및 자치경찰법 제2조에 따른 시책 수립 (제6호) 경찰서장의 자치경찰사무수행에 대한 평가 및 결과 통보

구 분	소관 사무(국가 및 자치경찰법 제24조)
자치경찰 사무 수행 경찰공무원 의 통제	(제3호) 자치경찰사무 담당 공무원의 임용, 평가 및 인사위원회 운영 (제7호) 자치경찰사무 감사 및 감사의뢰 (제8호) 자치경찰사무 담당 공무원의 주요 비위사건에 대한 감찰요구 (제9호) 자치경찰사무 담당 공무원에 대한 징계요구 (제10호) 자치경찰사무 담당 공무원의 고충심사 및 사기진작 (제11호) 자치경찰사무와 관련된 중요사건·사고 및 현안의 점검
국가 경찰과의 협의·조정	(제6호) 시·도경찰청장의 임용과 관련한 경찰청장과의 협의 (제13호) 지방행정과 치안행정의 업무조정과 그 밖에 필요한 협의·조정 (제14호) 비상사태 등 전국적 치안유지를 위한 경찰청장의 지휘·명령 　　　　에 관한 사무 (제15호) 국가경찰사무·자치경찰사무의 협력·조정과 관련하여 경찰 　　　　청장과 협의 (제16호) 국가경찰위원회에 대한 심의·조정 요청
규칙 제·개정권	(제12호) 자치경찰사무에 관한 규칙의 제정·개정 또는 폐지
기타	(제17호) 그 밖에 시·도지사, 시·도경찰청장이 중요하다고 인정하여 　　　　자치경찰위원회의 회의에 부친 사항에 대한 심의·의결

　자경위는 이러한 소관 사무에 대해 '심의·의결'의 방식으로 시·도경찰청장을 지휘·감독하게 된다(국가 및 자치경찰법 제28조 제4항). 이를 위해 자경위는 정기적으로 회의를 개최하여야 하며, 위원장이 필요하다고 인정하는 경우, 위원 2명 이상이 요구하는 경우 및 시·도지사가 필요하다고 인정하는 경우에는 임시회의를 개최할 수 있다(국가 및 자치경찰법 제26조 제1항). 한편, 자경위의 심의를 위하여 필요한 경우, 자경위 위원장은 관계 공무원 또는 관계 전문가의 출석·발언이나 자료의 제출을 요구할 수 있다(자치경찰사무와 시도자치경찰위원회의 조직 및 운영 등에 관한 규정 제14조 제1항).

　자경위의 회의는 재적위원 과반수의 출석과 출석위원 과반수의 찬성으로 의결한다(국가 및 자치경찰법 제25조 제2항). 시·도지사는 자경위의 소관 사무에 대한 심의·의결이 적정하지 아니하다고 판단할 때에는 재의를 요구할 수 있다(국가 및 자치경찰법 제25조 제3항). 행정안전부장관은 자경위의 의결이 법령에 위반되거나 공익을 현저히 해친다고 판단되면 미리 경찰청장의 의견을 들어 국가경찰위원회를 거쳐 시·도지사에게 제3항의 재의를 요구하게 할 수 있고, 경찰청장은 국가경찰위원회와 행정안전부장관을 거쳐 시·도지사에게 재의를 요구하게 할 수 있다(국가 및 자치경찰법 제25조 제4항). 이 경우 자경위 위원장은 재의요구를 받은 날부터 7일 이내에 회의를 소집하여 재의결하여야 한다. 재의결의 경우에도 재적위원 과반수의 출석과 출석위원 3분의 2 이상의 찬성으로 전과 같은 의결을 하면 그 의결사항은 확정된다(국가 및 자치경찰법 제25조 제5항).

2) 자치경찰의 정책 수립 및 운영

자치경찰제의 시행을 명시한 「지방분권법」 제12조 제3항에서는 "지방행정과 치안행정의 연계성을 확보하고 지역특성에 적합한 치안서비스를 제공"하는 것을 자치경찰제 시행의 목적으로 규정하고 있다. 개정 경찰법 제2조에서는 종래 치안에 대한 책무를 국가에만 부여하는 방식에서 벗어나, 지방자치단체에게도 국민의 생명·신체 및 재산을 보호하고 공공의 안녕과 질서유지에 필요한 시책을 수립·시행할 의무를 명시하고 있다. 국가 및 자치경찰법 제4조에서는 지자체에서 수행해야 할 자치경찰사무를 같은법 제3조에서 정한 경찰의 임무 범위에서 관할 지역의 생활안전·교통·경비·수사 등에 관한 사무로 규정하고 있다. 이러한 사무의 수행에 필요한 예산은 자경위의 심의·의결을 거쳐 시·도지사가 수립한다(국가 및 자치경찰법 제35조 제1항). 다만,

자치경찰사무의 관장은 앞서 서술한 바와 같이 시·도지사 소속 자경위에 있다. 그리고 자경위는 정기적으로 경찰서장의 자치경찰사무 수행에 관한 평가결과를 경찰청장에게 통보하여야 하며 경찰청장은 이를 반영하여야 한다(국가 및 자치경찰법 제30조 제4항).

구체적으로 자경위는 매년 자치경찰 사무의 목표를 수립하고, 이에 근거하여 시도경찰청에서는 목표 달성을 위한 정책의 수립 및 운영계획을 마련하여 자경위의 심의·의결을 거친다. 경우에 따라서는 시도지사 및 시도경찰청장도 자치경찰사무와 관련한 중요한 안건에 대해 심의·의결을 위한 회의에 부친다. 시도경찰청은 자경위의 심의·의결을 토대로 구체적인 자치경찰사무 수행계획을 수립·시행하고, 자경위는 그 집행결과에 대한 평가를 실시하고, 그 결과를 경찰청장에게 통보한다. 또한 정책평가 결과를 토대로 다음연도 정책방향과 목표를 수립한다. 이를 도식화하면 다음과 같다.

[그림 3-1] 자치경찰위원회 정책수립 및 평가 체계도

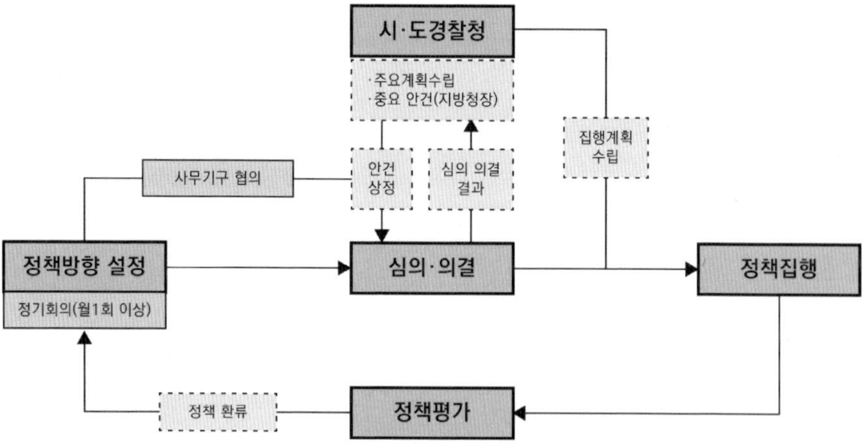

그렇다면 자경위는 자치경찰사무를 관장하는 기관으로서, 지방행정과 경찰 및 지역공동체가 함께 어우러진 풀뿌리 치안행정 실현을 위해 해당 시·도의 특성을 반영한 '맞춤형 자치경찰 모델'을 안착시킴으로써, 궁극적으로 시·도지사 소속의 자치경찰제가 국가경찰과 왜 다른지 등 차별성을 보여줄 필요가 있다. 예컨대, 지방행정과 치안행정의 연계성을 확보하고 지역특성에 적합한 치안서비스를 제공하는 방향으로 자치경찰사무를 수행하도록 함과 동시에 그 수행에 관하여 정기적으로 평가할 책임이 있다. 따라서 자경위는 자치경찰사무에 관한 정책목표를 수립하고, 정책의 우선순위를 어디에 두고 이를 어떻게 수행할 것인지, 그에 필요한 예산은 어떻게 편성·집행할 것인지에 대해 구체적인 계획을 수립하여야 한다. 또한 이러한 정책과 구체적인 집행 계획이 현장에서 시행될 수 있도록 필요한 지원과 동시에 이를 감독해야 한다. 그리고 이러한 자치경찰사무의 수행에 대해 평가하고, 그 결과를 경찰청장에게 통보함으로써 자치경찰사무의 자율적이고 창의적인 수행을 보장할 수 있도록 해야 한다.

이러한 점을 고려할 때, 국가경찰 중심의 일원적 자치경찰제에서 자치경찰의 정체성을 확립하고, 지속적으로 발전하느냐 여부는 무엇보다도 자경위에서 중앙집권화된 일원적 국가경찰에서의 경찰활동과 얼마나 차별화된 자치경찰의 정책을 제대로 수립하고 운영하느냐에 달려있다고 해도 과언이 아니다.

3) 자치경찰사무를 수행하는 경찰공무원에 대한 지휘·감독

자경위에서 자치경찰의 사무를 얼마나 실질적으로 관장하느냐는 자치경찰사무 수행에 대한 지휘·감독권에 달려 있다. 개정 경찰법상

자치경찰제는 '자치경찰사무는 있으나 자치경찰관은 없는' 모델이다 (황문규, 2020: 203). 즉, 국가경찰과 구별되는 자치경찰사무는 있으나, 현장에서 이를 수행할 자치경찰 고유의 인력과 조직은 없다. 자치경찰 사무를 치안현장에서 수행하는 것은 바로 국가경찰 소속 경찰공무원 이다. 물론 자경위 사무기구 소속 지방직 공무원도 있으나, 치안현장 에서 자치경찰사무를 직접 수행한다고 보기는 어렵다. 따라서 자경위 는 자치경찰사무를 현장에서 수행할 경찰공무원에 대한 지휘·감독을 통해 자치경찰사무를 관장할 수 있다.

자경위의 지휘·감독권은 크게 시·도경찰청장에 대한 지휘·감독과 자치경찰사무를 담당하는 경찰공무원에 대한 인사권 및 감찰요구권, 그리고 현안 점검 등을 통해 이루어진다. 우선, 시·도경찰청장에 대한 자경위의 지휘·감독권을 살펴보자. 시·도경찰청장은 국가경찰사무에 대해서는 경찰청장의 지휘·감독을 받지만, 자치경찰사무에 대해서는 자경위의 지휘·감독을 받아 관할구역의 소관 사무를 관장하고 소속 공무원 및 소속 경찰기관의 장을 지휘·감독한다(국가 및 자치경찰법 제28 조 제3항). 다만, 자치경찰의 사무 중에서 수사에 관한 사무에 대해서는 국가수사본부장의 지휘·감독을 받아 관할구역의 소관 사무를 관장하 고 소속 공무원 및 소속 경찰기관의 장을 지휘·감독한다(국가 및 자치경 찰법 제28조 제3항 단서). 시·도경찰청장에 대한 자경위의 지휘·감독권은 심의·의결을 통해 이루어진다. 만약 자경위가 심의·의결할 시간적 여 유가 없거나 심의·의결이 곤란한 경우, 자경위의 지휘·감독권은 시· 도경찰청장에게 위임된 것으로 간주된다(국가 및 자치경찰법제28조 제4항 단서). 이는 조직운영의 제1원칙이라고 할 수 있는 명령통일의 원리를 외면하고서는 현장에서 시시각각 변하는 상황에 즉시적인 대응이 필요한 경찰업무를 제대로 수행하기 어렵다는 점이 고려된 규정이다. 때문에 자경위는 자치경찰사무에 대한 지휘·감독이 실시간으로 이루어질 수 있도록 미리 경찰청장과 협의하여 시·도경찰청장에게 위임되는 자치경찰사무 지휘·감독권의 범위 및 위임 절차 등을 자경위의 의결을 거쳐 정해야 한다(자치경찰사무와 시도자치경찰위원회의 조직 및 운영 등에 관한 규정 제19조).

문제는 경찰사무의 특성상 치안 현장에서는 국가경찰사무의 영역, 자치경찰사무의 영역, 그리고 수사사무의 영역이 명확히 구분되는 경우도 있으나, 상호 중첩되거나 각 영역의 경계에 걸쳐 있는 경우도 적지 않을 것이라는 점이다. 이 경우 과연 지휘·감독권은 경찰청장, 자경위 또는 국가수사본부장 중에 어디에 있는지가 문제 된다. 특히 지구대 및 파출소에서 수행하는 사무가 국가 및 자치경찰법상 자치경찰사무에 해당하지만, 그 사무가 조례상 자치경찰사무의 범위를 넘어선 경우라면, 자치경찰사무가 아닌 국가경찰사무로 볼 수 있겠는 지도 문제 된다(명령통일의 원리의 관점에서 최천근, 2021: 470). 만약 자치경찰사무로 본다면, 이 사무를 수행한 지구대 및 파출소 소속 경찰공무원에 대한 최종적인 지휘·감독권은 자치경찰위원회에 있다고 할 수 있는 지도 의문이다. 왜냐하면 경찰공무원법 제7조 제3항에 따라 자치경찰사무를 담당하는 경찰공무원에 대한 인사권(경정의 전보·파견·휴직·직위해제 및 복직에 관한 권한과 경감 이하의 임용권)이 시·도지사를 거쳐 자치경찰위원회에 위임됨에도 불구하고, 경찰공무원임용령 제4조 제1항에서 지구대 및 파출소에서 근무하는 경찰공무원에 대한 인사권이 제외되어 있기 때문이다(황문규, 2021). 또한 지구대 및 파출소 등 지역경찰의 인사, 복무 등의 관리사무도 종래 경찰서 생활안전과장에서 112치안

종합상황실장 소관으로 변경되었다.[2] 이러한 문제를 해결하기 위해서도 자경위와 국가경찰의 협력이 필요불가피하며, 시·도경찰청장의 중간매개자로서의 역할이 요구된다.

다음으로 자치경찰사무와 관련된 중요사건·사고 및 현안의 점검을 통한 방식이 있다. 자치경찰사무에 대한 자경위의 지휘·감독권이 '심의·의결'의 방식으로 이루어지므로 자치경찰사무에 관한 사전적 정책수립에 집중되고, 그 시행결과에 대한 사후적인 지휘·감독권에 그칠 우려가 있다. 치안 현장에서 이루어지는 경찰활동에 대한 실질적인 지휘·감독권의 행사에 한계가 있는데, 이러한 한계를 보완하기 위한 방식이 바로 중요사건·사고 및 현안의 점검이다.

마지막으로, 자치경찰사무를 담당하는 경찰공무원에 대한 인사권 및 감찰요구권을 통한 방식에 대해서는 후술하기로 한다.

4) 자경위와 국가경찰(경우에 따라서는 기초지자체) 간 협의·조정

국가경찰 중심의 일원적 자치경찰모델은 기존의 경찰조직을 그대로 유지하면서 국가경찰사무인가 자치경찰사무인가에 따라 지휘·감독의 체계를 달리하는 모델이다. 일원화 모델은 20대 국회 당시 제시되었던 이원화 모델, 즉 국가경찰과 자치경찰을 분리하여 각기 독립적으로 운영되는 모델과는 달리, 국가와 지방이 '경찰을 매개로' 상호 협력하는 모델이다(황문규, 2020). 달리 표현하면, 이 모델은 이원화 모델

---

2 2021. 1. 25.자 한겨레, 경찰청, 자치경찰제 시행 직전 '인사발령' 입길, 인터넷 http://www.hani.co.kr/arti/society/society_general/980336.html#csidxca82440348eb0b69059e4aa279ab858.

에 비해 분권의 측면에서 취약할 수밖에 없다는 것으로, 향후 실시과정에서 국가경찰과 광역자치단체의 성찰과 협력의 선결을 필요로 한다(양영철, 2020). 이러한 점은 종래 경찰청의 특별지방행정기관으로서 '지방경찰청'은 경찰법 개정으로 2021. 1. 1.부터 '지방'이라는 용어가 삭제되어 '半국가-半지방의 조직'의 '시·도경찰청'으로 변경된 것에서도 잘 드러난다(김순은, 2021).

일원화 모델은 국가경찰사무와 자치경찰사무를 구별하면서도, 자치경찰사무를 수행할 인력과 조직을 별도로 두고 있지 않다. 자치경찰사무는 국가경찰의 인력과 조직으로 수행된다. 따라서 광역지자체의 인적·물적 자원을 자치경찰사무의 수행에 활용할 수 있도록 지방행정과 치안행정의 연계성을 확보해야 하고, 이를 위해서는 자경위와 국가경찰 간 협력·조정이 필수불가결하다. 즉, 자경위는 때로는 경찰청장과, 때로는 국가경찰위원회와 협의 또는 협력, 경우에 따라서는 조정을 할 필요가 있다. 바로 이 점에서 자경위는 경찰청 등 관계기관과 실무협의회를 구성·운영할 수 있다(자치경찰사무와 시도자치경찰위원회의 조직 및 운영 등에 관한 규정 제15조).

한편, 이러한 실무협의회에는 기초지자체의 구성원도 적극적으로 참여시킬 필요가 있다. 경우에 따라서는 기초지자체 구성원과 경찰서 및 지구대·파출소 구성원이 참여하는 하위 단위의 실무협의회를 구성·운영할 필요도 있다. 일원화 모델은 광역단위 지자체를 자치경찰제 도입의 단위로 설정하고 있다. 그 때문에 자치경찰제에 대한 기초단위 지자체의 역할이 극히 제한되어 있다. 자경위 위원 2인의 추천권을 행사하는 위원추천위원회의 구성에 시군구의회의장 지역협의체와 시군구청장 지역협의체가 참여하는 정도에 그치고 있다. 그러나 자치경찰사무의 수행은 주로 경찰서 및 지구대·파출소 단위, 즉 기초지자체의 수준에서 이루어진다. 이는 자치경찰제가 풀뿌리 민주주의가 반영되어 낮은 단위의 지역에서 지역민의 치안수요에 부응하기 위한 제도로서, 기초지자체 단위에서 도입되어야 한다는 주장을 전적으로 외면할 수 없는 이유와 맥락을 같이한다(김원중, 2020: 19면). 바로 이 점에서 국가 및 자치경찰법은 자경위에 경찰서장의 자치경찰사무 수행에 대한 정기적인 평가를 할 권한을 부여하고 있다(제30조 제4항). 같은 맥락에서 시·도경찰청장과 경찰서장이 지구대장 및 파출소장을 보직하는 경우 사전에 자경위의 의견을 듣도록 하고 있다(경찰공무원임용령 제4조 제9항).

Ⅱ. 자치경찰위원회의 사무기구

1. 사무기구의 의의

자경위는 일원적 자치경찰제 모델에서 자치경찰의 유일한 독자적 조직으로 자치경찰제의 취지와 이상을 담보할 수 있는 핵심 장치이다. 국가 및 자치경찰법에서는 이 장치가 제대로 작동할 수 있도록 자경위의 사무를 처리할 '사무기구'를 자경위에 두도록 하고 있다(국가 및 자치경찰법 제27조 제1항). 이는 국가경찰위원회의 사무를 경찰청에서 수행하도록 되어있는 것(국가 및 자치경찰법 제11조 제1항)과는 비교된다. 경찰청에서 국가경찰위원회의 사무를 수행한다는 것은 국가경찰위원회의 예산과 인력도 경찰청에서 관리하게 된다는 것으로, 경찰에 대한 견제·

통제기구로서의 역할을 기대하기 어렵다는 것을 의미한다. 그러나 자경위의 사무를 처리하는 사무기구는 국가경찰과는 독립된 자경위 소속 하에서 자경위의 활동을 직·간접적으로 보조 또는 보좌할 수 있다. 자경위 활동의 질적 수준은 이 사무기구의 역량에 따라 결정될 것이다. 이는 특히 위원장 및 위원들이 제한된 시간과 전문성 부족으로 인하여 단독으로 자치경찰사무를 관장하는 활동을 효과적으로 수행하기 어렵다는 현실적 한계가 있다는 점에서 더욱 그러하다(황문규, 2020: 210). 따라서 사무기구의 역량 강화를 위한 인력과 조직의 구성이 필요하다.

2. 사무기구의 조직 및 운영

1) 사무기구의 장: 사무국장 겸 상임위원

사무기구의 조직·정원·운영 등에 관하여 필요한 사항은 경찰청장의 의견을 들어 대통령령으로 정하는 기준에 따라 시·도조례로 정한다(국가 및 자치경찰법 제27조 제4항). 사무기구의 장은 자경위 위원장의 명을 받아 소관 사무를 처리하고 소속 직원을 지휘·감독한다(자치경찰사무와 시도자치경찰위원회의 조직 및 운영 등에 관한 규정 제18조 제2항). 자경위 상임위원이 이 사무기구의 장인 사무국장을 겸임한다(지방자치단체의 행정기구와 정원기준 등에 관한 규정 제11조의2 제1항 별표 2). 상임위원 겸 사무국장은 자경위의 의결을 거쳐 자경위 위원 중에서 위원장의 제청으로 시·도지사가 임명하며, 정무직 지방공무원으로 한다(국가 및 자치경찰법 제20조 제3항).

2) 사무기구의 기능과 조직

사무기구는 자경위 위원장의 지휘·감독을 받는 직속기구로서, 위원회 자체의 운영을 위한 일반 행정사무뿐만 아니라 자치경찰사무의 수행과 관련한 사무를 처리하게 될 것이다. 예컨대, 사무국은 ▲자경위 자체의 관리유지 기능, ▲자경위의 소관 사무에 대한 심의·의결 기능을 보좌하는 기능, ▲자치경찰사무의 원활한 수행 및 지방행정과의 연계성 확보를 위한 특수시책의 발굴과 관련한 기능, ▲자치경찰사무 수행에 대한 평가, 감사 및 이를 환류하고, 홍보하는 기능, ▲자치경찰사무 수행 경찰관, 경찰서장, 시·도경찰청장, 그리고 시·도지사와 상호협력, 경우에 따라서는 긴장 및 갈등관계를 완화하는 기능 등을 수행해야 할 것이다(황문규, 2020: 210).

사무기구가 이러한 기능을 제대로 수행하기 위해서는 그에 필요한 조직과 인력이 충분히 갖추어져야 한다. 사무기구의 조직과 정원은 해당 지방자치단체에서 자율적으로 운영할 수 있으나, 「지방자치단체의 행정기구와 정원기준 등에 관한 규정」 제4조에 따른 기준인건비, 제22조 정원책정 일반원칙, 제24조 정원 관리 등과 그 시행규칙이 정하는 기준에 따라 사실상 규제되고 있다. 사무국은 자치경찰사무를 종합적으로 분석하여 사무량의 정도, 관할지역의 규모 등을 고려하여 조직되어야 한다. 이와 관련 행정안전부에서는 시·도경찰청의 정원, 업무량 등 여건 및 신규 재정소요의 최소화 등의 요소를 고려하여 다음과 같이 '사무기구 표준운영모델(안)'을 제시하였다([그림 3-2] 참고).[3]

---

3 충남도의 경우, 충청남도 행정기구 및 정원 운영에 관한 조례 시행규칙 일부개정규칙안(2021. 2. 26. 입법예고 제2021-17호) 제73조 제1항에 따라 사무국에 자치경찰행정

[그림 3-2] 서울특별시경찰청 자치경찰차장 조직도

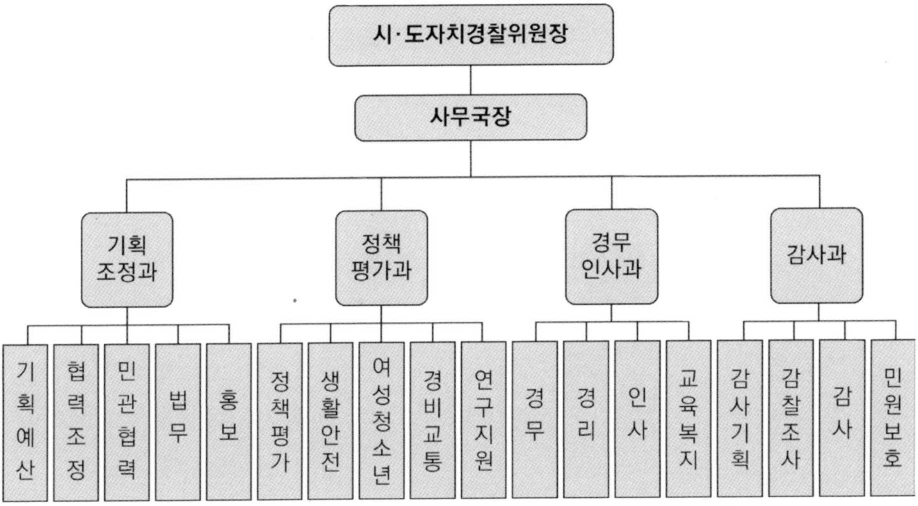

```
                        시·도자치경찰위원장
                              │
                          사무국장
      ┌───────────────┬───────────┴──────────┬─────────────┐
   기획            정책             경무          감사과
   조정과          평가과          인사과
  ┌──┬──┬──┬──┐  ┌──┬──┬──┬──┬──┐  ┌──┬──┬──┬──┐  ┌──┬──┬──┬──┐
  기 협 민 법 홍  정 생 여 경 연  경 경 인 교  감 감 감 민
  획 력 관 무 보  책 활 성 비 구  무 리 사 육  사 찰 사 원
  예 조 협        평 안 청 교 지     복  기 조    보
  산 정 력        가 전 소 통 원     지  획 사    호
           청
           소
           년
```

출처: 조성호 외, 경기도형 자치경찰제의 도입 기본구상 연구, 2021.

3) 사무기구에 두는 경찰공무원

　한편, 사무기구에는 「지방자치단체에 두는 국가공무원의 정원에 관한 법률」에도 불구하고 대통령령으로 정하는 바에 따라 경찰공무원을 두어야 한다(국가 및 자치경찰법 제27조 제2항). 사무기구에 두는 경찰공무원의 시·도별 정원과 계급별 정원은 「시·도자치경찰위원회에 두는 경찰공무원의 정원에 관한 규정」에 따르며, 사무기구에 두는 경찰공무원은 경찰청 소속 공무원으로 충원해야 한다(자치경찰사무와 시도자치경찰위원회의 조직 및 운영 등에 관한 규정 제18조 제3항). 사무기구에 두는 경찰공무

과와 자치경찰협력과를 두는 것으로 계획하고 있다. 서울시의 경우에는 2개과로 구성된 사무국을 계획하고 있는 것으로 확인된다. 2021. 2. 21.자 뉴시스, "서울시, 자치경찰위원회 신설⋯2개과 50명 규모", https://newsis.com/view/?id= NISX20210219_0001345016&cID=14001&pID=14000.

원의 총정원은 총경 이하 48명이다(시·도자치경찰위원회에 두는 경찰공무원의 정원에 관한 규정 제2조 제1항 별표). 정원의 배정 기준 및 운영 등에 필요한 사항은 행정안전부령으로 정하도록 되어 있다(시·도자치경찰위원회에 두는 경찰공무원의 정원에 관한 규정 제3조). 다만, 세종특별자치시를 제외한 전국 총 16개 시·도에 자경위를 둔다는 점에서, 각 시·도의 사무기구에 두는 경찰공무원은 평균 3명으로 산정할 수 있다.

이처럼 경찰공무원의 정원이 제한되어 있음에도, 자경위의 사무기구는 경찰의 사무를 수행해야 한다는 점과 경찰에 관한 전문성이 요구된다는 점에서 정원 외 경찰공무원의 파견 등을 통한 경찰공무원의 보강이 필요하다. 이는 특히 자치경찰제를 도입하는 현시점에서 지방행정 공무원에게서 경찰공무원에 상응하는 정도의 치안행정에 대한 이해도를 기대하기 어렵다는 점에서 더욱 그러하다. 게다가 치안현장에서 국가경찰사무와 자치경찰사무의 중첩 등으로 인한 지휘·감독권의 충돌, 법령해석에 있어 갈등 등 국가경찰과 자경위 간 상호 협력과 조정이 그 어느 때보다 요구된다. 이 점은 이미 자치경찰제 도입을 위한 경찰법 개정 과정에서도 지적되었으며, 그 대안으로 국가경찰위원회에 자치경찰전문가를 반드시 포함하도록 한다거나, 자경위의 상임위원은 경찰전문가로 보임될 수 있도록 국가경찰위원회에서 추천한 사람으로 선임하는 등의 방안이 제시되었다(양영철, 2020: 34면). 이러한 점을 고려할 때, 사무기구에는 지방행정 공무원과 경찰공무원을 균형 있게 배치할 필요가 있다. 필요하다면 정원외 경찰공무원의 파견 등을 보충이 필요하다.

3. 사무기구의 한계

사무기구는 자경위의 사무를 처리한다. 그렇다면 사무기구는 자치경찰사무와 관련한 정책의 결정과 수행 및 평가, 그리고 자치경찰사무를 수행하는 경찰공무원에 대한 인사 및 감독 등의 기능을 처리하게 된다. 이러한 기능은 현재 시·도경찰청 및 경찰서의 자치경찰사무와 관련한 부서에서 처리하는 업무와 중첩될 가능성이 매우 크다. 기능의 중복을 해소하기 위해서는 사무기구와 시·도경찰청 및 경찰서의 관련 부서 간 조정을 통한 조직과 인력의 재편이 요구된다.

그러나 자치경찰을 강조하는 측면에서는 사무기구를 강화하는 방향으로, 국가경찰의 입장에서는 사무기구를 약화하는 방향으로 재편을 요구할 것이라는 점에서 갈등이 예상된다. 다만, 지역의 치안특성 및 지역주민의 치안수요를 반영한다는 자치경찰제의 취지를 감안한다면, 지역주민의 요구에 대한 경찰의 대응성 등을 제고하지 않을 수 없다. 그렇다면 자치경찰사무 관련 시·도경찰청 및 경찰서의 조직에 대한 진단을 통해 주민을 위한 치안현장을 강화하는 방향으로 조직을 재편할 필요가 있다.

Ⅲ. 시·도경찰청

1. 법적 지위

시·도경찰청은 경찰의 사무를 지역적으로 분담하여 수행하게 하기 위하여 시·도에 설치된 경찰사무의 지역적 분장기관이다(국가 및 자치 경찰법 제13조). 시·도경찰청은 인구, 행정구역, 면적, 지리적 특성, 교통 및 그 밖의 조건을 고려하여 시·도에 2개를 설치할 수 있다. 종래의 국가 및 자치경찰법에서는 '지방경찰청'인데, 개정안에서는 '시·도경찰청'으로 변경되었다. 즉, 종래 경찰법 제2조[4]의 지방경찰청은 "경찰청의 사무"를 지역적으로 분담하여 수행하게 하기 위한 기구이었으나, 개정 경찰법의 시·도경찰청은 "경찰의 사무를 지역적으로 분담하여 수행하는 기구라는 점에서 차이가 있다. 여기서 경찰의 사무는 국가경찰사무와 자치경찰사무로 포괄하는 개념이다. 그렇다면 시·도경찰청은 경찰청의 특별지방행정기관에 불과한 지방경찰청과는 달리, 광역 시도의 기관으로 볼 여지도 있다. 다만, 경찰청과 그 소속기관 직제(대통령령) 제3조에 따라 경찰청은 치안에 관한 사무를 관장하며, 시·도경찰청은 동 규정 제37조에 따라 시·도의 치안에 관한 사무를 수행한다.

시·도경찰청장에 대한 지휘체계도 종래 경찰법과는 다르다. 종래 경찰법에서 지방경찰청장은 경찰청장의 지휘·감독만을 받도록 규정하고 있었으나(제14조 제2항), 개정 경찰법상 시·도경찰청장은 자치경찰사무에 대해 자경위의 지휘·감독을 받아야 한다(국가 및 자치경찰법 제28조 제3항). 다만, 국가경찰사무의 경우 경찰청장의 지휘·감독을, 수사에 관한 사무에 대해서는 국가수사본부장의 지휘·감독을 받아야 한

---

4 제2조(국가경찰의 조직) ① 치안에 관한 사무를 관장하게 하기 위하여 행정안전부장관 소속으로 경찰청을 둔다. ② 경찰청의 사무를 지역적으로 분담하여 수행하게 하기 위하여 특별시장·광역시장 및 도지사(이하 "시·도지사"라 한다) 소속으로 지방경찰청을 두고, 지방경찰청장 소속으로 경찰서를 둔다. 이 경우 인구, 행정구역, 면적, 지리적 특성, 교통 및 그 밖의 조건을 고려하여 시·도지사 소속으로 2개의 지방경찰청을 둘 수 있다.

다. 이러한 점을 고려한다면, 시·도경찰청장은 국가경찰기관과 자치경찰기관의 성격을 동시에 가진 것으로 볼 여지도 있다. 시·도경찰청은 '⍑국가-⍑지방의 조직'이라는 주장(김순은, 2021)도 같은 맥락에서 이해할 수 있다.

2. 시·도경찰청장의 역할과 권한

시·도경찰청장은 경찰사무의 지역적 분장기관으로서 '시·도경찰청'의 장이다. 시·도경찰청장은 치안정감·치안감 또는 경무관으로 보한다(국가 및 자치경찰법 제28조 제1항). 서울특별시·부산광역시·인천광역시 및 경기도남부의 시·도경찰청장은 치안정감으로, 그 밖의 시·도경찰청장은 치안감 또는 경무관으로 보한다(경찰청과 그 소속기관 직제 제39조 제3항). 시·도경찰청장은 경찰청장이 자경위와 협의하여 추천한 사람 중에서 행정안전부장관의 제청으로 국무총리를 거쳐 대통령이 임용한다(국가 및 자치경찰법 제28조 제2항). 따라서 자경위는 해당 시·도의 자치경찰사무를 충실하게 수행할 적임자에 대해 경찰청장과 협의할 수 있다. 이는 국가경찰 중심의 일원적 자치경찰제에서 지역특성에 적합한 치안서비스를 제공한다는 자치경찰제적 요소의 대표적인 예이다.

일원적 자치경찰제에서 시·도경찰청장은 국가경찰과 자치경찰을 연결하는 중간매개자로서 조율 또는 조정 역할을 해야 한다. 왜냐하면 자경위는 자치경찰사무를 관장하지만 실제로는 '심의·의결을 통하여' 시·도경찰청장을 지휘·감독할 수 있을 뿐이기 때문이다. 다시 말해 자치경찰사무를 수행하는 현장 경찰관 또는 개별적·구체적인 상황에 대한 직접적인 지휘·감독은 사실상 불가능하기 때문이다. 이러한 점에서 자경위가 심의·의결할 시간적 여유가 없거나 심의·의결이 곤란한 경우 대통령령으로 정하는 바에 따라 자경위의 지휘·감독권을 시·도경찰청장에게 위임한 것으로 본다(국가 및 자치경찰법 제28조 제4항). 자경위는 자치경찰사무에 대한 시·도경찰청장의 실시간 지휘·감독이 이루어질 수 있도록 시·도경찰청장에게 위임되는 자치경찰사무 지휘·감독권의 범위 및 위임 절차 등을 사전에 경찰청장과 협의하여 정해야 한다(자치경찰사무와 시도자치경찰위원회의 조직 및 운영 등에 관한 규정 제19조).

　여기서 간과해서는 안 될 것은 자치경찰사무에 대한 시·도경찰청장의 실시간 지휘·감독이 자칫 자치경찰사무에 대한 자율적·창의적인 수행을 저해할 수 있다는 점이다. 자경위는 자치경찰사무를 관장하여 중앙집권화된 일원적 국가경찰체제의 한계를 극복하는 등 자치경찰제의 취지를 담아내는 역할을 해야 하는데, 이 역할은 시·도경찰청장을 매개로 이루어질 수밖에 없다. 바로 이 점에서 시·도경찰청장은 국가경찰과 자치경찰의 가교 역할을 수행하는 '플랫폼'이 되어야 한다. 그리하여 (국가)경찰이 지방행정의 인적·물적 인프라를 활용하는 등 지방행정과의 연계성을 확보함과 동시에 자주성이 강조되는 자치경찰과 경찰청을 중심으로 일사불란한 국가경찰 간 충돌과 갈등을 원만하게 조율 또는 조정할 수 있어야 한다.

3. 시·도경찰청의 조직

　시·도경찰청 및 경찰서의 명칭, 위치, 관할구역, 하부조직, 공무원의 정원, 그 밖에 필요한 사항은 「정부조직법」 제2조제4항 및 제5항을 준용하여 대통령령 또는 행정안전부령으로 정한다(국가 및 자치경찰법 제31조). 시·도경찰청에는 청장을 보조하는 차장을 두며, 서울특별시경찰청의 경우 공공안전차장, 수사차장 및 자치경찰차장 등 복수차장을 두며, 청장이 부득이한 사유로 그 직무를 수행할 수 없을 때에는 공공안전차장, 수사차장, 자치경찰차장 순으로 그 직무를 대리한다(경찰청과 그 소속기관 직제 제45조 제1항). 자치경찰차장의 경우 자치경찰차장은 생활안전부 및 교통지도부의 소관업무에 관하여 청장을 보조한다(경찰청과 그 소속기관 직제 제45조 제4항). 서울특별시경찰청에서 자치경찰차장 산하 조직은 다음 그림과 같다([그림 3-3] 참고).

[그림 3-3] 서울특별시경찰청 자치경찰차장 조직도

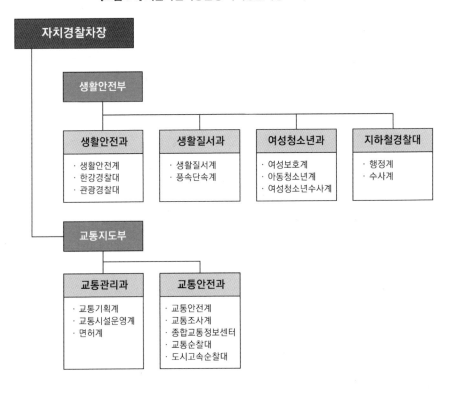

그 외의 시·도경찰청에는 생활안전·여성청소년·교통관련 사항을 분장할 자치경찰부를 두며, 경무관으로 보한다(경찰청과 그 소속기관 직제 제53조 제1항 및 제58조 제1항). 아래 그림은 서울 이외 시·도경찰청의 예시로 경상남도경찰청의 조직도이다([그림 3-4] 참고).

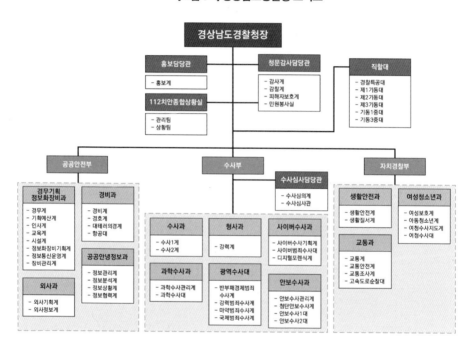

[그림 3-4] 경상남도경찰청 조직도

Ⅳ. 경찰서

경찰사무의 지역적 분장기관으로서 시·도경찰청장 소속으로 경찰서를 둔다(국가 및 자치경찰법 제13조). 경찰서장은 경찰서의 장으로서 경무관, 총경 또는 경정으로 보한다(국가 및 자치경찰법 제30조 제1항). 경찰서장은 시·도경찰청장의 지휘·감독을 받아 관할구역의 소관 사무를 관장하고 소속 공무원을 지휘·감독한다(국가 및 자치경찰법 제30조 제2항). 그러나 수사에 관한 사무에 대해서는 국가수사본부장의 지휘·감독을 받는다.

경찰서의 사무를 분장하기 위하여 경찰서에는 청문감사관·112치안종합상황실 및 5과(경무과·정보안보외사과·수사과·생활안전과 및 경비교통과)를 두는 것을 원칙으로 한다(경찰청과 그 소속기관 직제 시행규칙 제74조 제1항). 경찰서 조직도는 아래 그림과 같다. 경찰서에서 자치경찰과 관련한 기능을 담당할 부서는 주로 생활안전과, 여성청소년과, 교통과, 그리고 지구대·파출소가 될 것이다. 다만, 최근 지구대 및 파출소 등 지역경찰의 인사, 복무 등의 관리사무가 종전 경찰서 생활안전과장에서 112치안종합상황실장 소관으로 변경되었으며, 또한 지구대 및 파출소에서 근무하는 경찰공무원에 대한 인사권이 자경위에서 제외되어 있다. 그로 인해 지구대·파출소에서 수행하는 자치경찰사무가 중앙집권화된 국가경찰체제에서와 달리 자치경찰제의 취지에 얼마나 부합할 것인지 의문을 던지지 않을 수 없다.

경찰서장은 그 소속으로 지구대 또는 파출소를 두고, 필요한 경우에는 출장소를 둔다. 지구대·파출소의 설치 기준은 치안수요·교통·지리 등 관할구역의 특성을 고려하여 행정안전부령으로 정해진다.

개정 경찰법에서는 자치경찰제 도입을 계기로 경찰서장이 관할지역 내에서 자치경찰사무를 얼마나 충실하게 수행했는지 여부에 대해 자경위에서 정기적으로 평가하도록 규정하고, 그 결과를 경찰청장에게 통보하도록 하고 있다. 경찰청장은 자경위의 평가결과를 반영하여

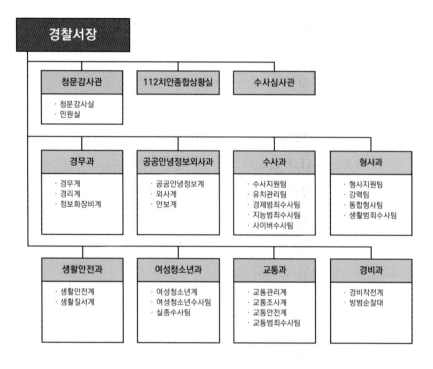

[그림 3-5] 서울광진경찰서 조직도

야 한다(국가 및 자치경찰법 제30조 제4항). 이 규정은 국가경찰 소속의 경찰서장으로 하여금 자치경찰사무의 범위 내에서 지역의 특성을 고려하고 지역주민의 치안수요를 반영하여 지역주민의 요구에 대한 대응성을 제고하기 위한 최소한의 담보장치로 평가할 수 있다. 이는 특히 자경위에서 경찰서장에 대한 직접적인 지휘·감독권을 행사할 수 없다는 점에서 더욱 그러하다.

Ⅴ. 자치경찰사무를 담당하는 경찰공무원에 대한 인사 및 감사·감찰

1. 인 사

일원적 자치경찰제에서는 자치경찰관은 없으나, 자치경찰사무를 담당하는 국가경찰 소속 경찰공무원이 있다. 자치경찰사무를 담당하는 경찰공무원에 대한 인사는 자경위에서 행사할 수 있다. 인사와 관련한 자경위의 사무에는 첫째, 자치경찰사무 담당 공무원의 임용,[5] 평가 및 인사위원회의 운영, 둘째, 자치경찰사무 담당 공무원의 고충심사 및 사기진작 등이 있다.

1) 임용권의 위임

경찰청장은 자치경찰사무를 담당하는 경찰공무원의 임용에 관한 권한의 일부를 시·도지사에게 위임해야 한다. 이 경우 시·도지사는 위임받은 권한의 일부를 자경위에 위임해야하고 자경위는 재위임받은 권한은 일부를 시·도경찰청장에게 재위임할 수 있다(경찰공무원법 제7조 제3항 및 경찰공무원 임용령 제4조 제1항). 여기서 말하는 자치경찰사무를 담당하는 경찰공무원은 자경위, 시·도경찰청 및 경찰서에서 근무하는 경찰공무원이나, 지구대 및 파출소에서 근무하는 경찰공무원은 제외된다. 다만, 시·도경찰청장 및 경찰서장이 지구대장 및 파출소장을 보

---

5 경찰공무원법 제2조 제1호에 의하면, '임용'은 신규채용·승진·전보·파견·휴직·직위해제·정직·강등·복직·면직·해임 및 파면을 말한다.

직하는 경우에는 자경위의 의견을 사전에 들어야 한다(경찰공무원임용령 제4조 제9항).

2) 임용권의 행사 및 그 대상

자경위에 위임되는 임용권은 자치경찰사무를 담당하는 경찰공무원 중에서도 경정의 전보·파견·휴직·직위해제 및 복직에 관한 권한과 경감 이하의 임용권(신규채용 및 면직에 관한 권한은 제외)으로 제한된다. 또한 경감 또는 경위로의 승진임용에 관한 권한도 제외된다(경찰공무원임용령 제4조 제4항). 그렇다면 승진임용의 경우 경사 이하에 대해서만 자경위의 개입이 허용된다. 이 경우에도 자경위는 승진심사를 위해 시·도경찰청 및 경찰서에 두는 보통승진심사위원회 위원 중 2명에 대한 추천권을 행사하는 정도에 그치고 있다(경찰공무원 승진임용 규정 제16조 제4항).[6] 자경위에서 임용권을 행사하는 경우에는 시·도경찰청장의 추천을 받아야 한다(경찰공무원임용령 제4조 제8항).

3) 임용권 행사의 한계

이러한 점들은 자경위의 임용권이 직접적으로 행사되기보다는 시·도경찰청장의 추천을 받아 심의·의결하는 형태로 이루어질 수밖에 없음을 의미한다. 이는 자경위의 임용권을 시·도지사와 시·도경찰청장의 의견을 들어 시·도경찰청장에게 다시 위임하도록 한 규정에서도

---

6 제16조 ④ 제3항에도 불구하고 시·도경찰청 및 경찰서에 두는 보통승진심사위원회 위원 중 2명은 승진심사대상자보다 상위계급인 경위 이상 소속 경찰공무원 중에서 「국가경찰과 자치경찰의 조직 및 운영에 관한 법률」 제18조제1항에 따른 시·도자치 경찰위원회의 추천을 받아 그 보통심사위원회가 설치된 경찰기관의 장이 임명한다.

잘 드러난다(경찰공무원임용령 제4조 제5항). 자치경찰사무를 담당하는 공무원도 결국은 국가공무원이라는 점에서 처음부터 자경위의 임용권 행사에 한계가 있을 수밖에 없다.

문제는 자경위의 임용권이 너무 협소하게 인정되는 경우 자치경찰사무를 담당하는 경찰관에 대한 지휘·통솔에 적지 않은 어려움이 예상된다는 점이다(양영철, 2020: 36). 이러한 상황에서 과연 자치경찰제 도입의 이유로 제시한 "주민 수요에 적합한 다양한 양질의 치안서비스를 제공"하는 것이 가능한지는 의문이다. 또한 일원적 자치경찰제는 경찰조직과 인력을 이원화하는 대신, 경찰사무를 국가경찰사무와 자치경찰사무로 나누고, 각 사무별 지휘·감독권자를 분산하며, 자경위가 자치경찰사무를 지휘·감독하도록 함으로써, 경찰권 비대화의 우려를 해소하고자 한 취지에도 부합한다고 보기 어렵다.

이러한 점을 고려할 때, 자치경찰에 대한 자경위의 실질적인 지휘·감독권을 보장할 필요가 있다. 자경위에서 자치경찰사무를 담당하는 경찰공무원에 대한 인사권을 직접적으로 행사할 수 없다면, 그 대안으로서 시·도경찰청의 자치경찰부장(서울의 경우 자치경찰차장)에 대한 인사권을 자경위에 부여하는 방안을 생각해볼 수 있다(황문규, 2020: 208). 이 경우에도 자치경찰사무를 담당하는 경찰공무원에 대한 인사권이 자치경찰부장에게 위임되어야 할 것이다.

2. 감사·감찰

자경위는 자치경찰에 대한 지휘·감독권의 확보 차원에서 감사·감찰권을 행사할 수 있다. 이를 위해 부여된 자경위의 감사·감찰 기능은 첫째, 자치경찰사무 감사 및 감사의뢰, 둘째, 자치경찰사무 담당 공무원의 주요 비위사건에 대한 감찰요구, 셋째, 자치경찰사무 담당 공무원에 대한 징계요구 등이다. 다만, 이러한 감사·감찰권을 행사하기 위한 구체적인 절차 등의 규정도 마련할 필요가 있다.

한편, 자치경찰사무와 시·도자치경찰위원회의 조직 및 운영 등에 관한 조례를 제정하는 경우 자치경찰사무가 국가경찰사무와 유기적으로 연계되고 균형이 이루어지도록 중복감사를 방지하는 규정을 마련해야 한다(자치경찰사무와 시도자치경찰위원회의 조직 및 운영 등에 관한 규정 제2조 제3호). 이와 관련 경찰청 표준조례안에서는 중복감사를 방지하기 위해 경찰청장이 수립하는 연간 감사계획과 연계하여 자치경찰사무에 대한 감사계획을 수립하는 방안을 제시하면서, 자치경찰사무에 대한 감사 절차와 방법 등은 자경위 규칙으로 정하도록 하고 있다.

| 참고문헌 |

강원택 외(2016). 「지방정치의 이해」, 박영사.

경찰개혁네트워크(2020). 핵심쟁점 회피한 자치경찰 시행방안.

김순은(2021). 자치경찰제 출범의 의의와 향후과제, 대통령소속 자치분권
위원회 홈페이지 '전문가 기고'.

김원중(2020). 소위 일원적 자치경찰제 모델에 대한 자치성 검토, 한국경찰
학회·서울연구원 공동세미나 「일원적 자치경찰제 모델 검토 및 제
주자치경찰 경험의 시사점」.

양영철(2020). 경찰법·경찰공무원법 전부 개정안의 의의와 추진방향, 자치
경찰제 도입방안 논의를 위한 국회 토론회.

양영철(2020). 자치경찰제 성공을 위해서는 성찰과 협력이 필요, 대통령소
속 자치분권위원회 홈페이지 '전문가 기고'.

최천근(2021). 일원적 자치경찰제의 사무배분 연구, 「2021 한국지방자치학
회 동계학술대회」.

황문규(2017). 경찰개혁: '경찰을 경찰답게' 만들기 위한 경찰조직 재설계,
「숭실대학교 법학논총」 제39집

황문규(2019). 문재인 정부 자치경찰제 도입방안의 의의와 과제, 「경찰법연
구」, 17권제1호.

황문규(2020). (국가경찰 중심의) 일원적 자치경찰제에 관한 고찰, 「한국경
찰연구」 제19권 제4호.

황문규(2020). 자치경찰제 실시를 위한 경찰법 개정, 대통령소속 자치분권
위원회 홈페이지 '전문가 기고'.

황문규(2021). 개정 경찰법상 자치경찰의 법적 성격에 관한 고찰, 「2021 한
국지방자치학회 동계학술대회」.

제3장 자치경찰의 역할

이상훈 대전대학교 경찰학과 교수

자치경찰제가 본격적으로 시행되면서 광역단위 지방자치단체(특별시·광역시·도 등)를 중심으로 공동체의 치안문제에 많은 관심이 집중되고 있다. 그러나 지방자치단체는 이미 1991년 지방의회의 구성과 1995년 민선 자치단체장에 의한 지방자치가 시행되면서부터 관내에서 발생하는 아동과 여성에 대한 안전문제, 교통안전문제, 정신건강문제, 아동학대 예방 및 방지에 관한 문제 등 주민의 건강과 안전, 그리고 치안문제에 대한 주민의 관심에 귀기울여왔다. 주민안전과 민생치안에 관한 이러한 노력은 그동안 지방자치단체가 적극적인 자치입법 활동으로 만들어 온 각종 조례(條例)의 입법목적을 살펴보아도 쉽게 알 수 있다. 민선 자치단체장의 입장에서는 일반적 지방행정 사무와는 달리 주민의 안전에 관한 치안행정은 국가사무의 성격을 가지고 있음에도 불구하고 주민의 삶의 질과 직결되는 치안문제에 대한 관심과 책임을 갖지 않을 수가 없기 때문이다.

2021년 1월 1일부터 자치경찰제가 도입·시행되면서 지방자치단체는 조례 등 자치입법권에 근거한 일반행정 수단에 의한 문제해결뿐만 아니라, 경찰관 직무집행법에 의한 경찰권 발동을 통하여 주민의 안전

182 **문재인 정부의 자치경찰** 이해와 적용

한 삶의 질 향상을 효과적으로 도모할 수 있게 되었다. 다만 입법적으로는 지방자치단체가 자치경찰사무를 담당하는 경찰에게 직접적인 지휘·감독권을 가지도록 하기 보다는 광역자치단체별로 시·도자치경찰위원회를 두어 치안행정과 지방행정의 다리 역할을 하도록 하고 있다. 이제 지방자치단체는 자치입법권, 재정권한, 폭넓은 치안 관련 행정권한 및 치안인력, 지역 사회봉사기관 및 의료기관 등에 대한 관리권한, 시·도자치경찰위원회에 의견제시 권한 및 재의요구 권한, 지방의회의 의견 수렴·소통역량 등을 활용할 수 있게 되었다. 자치경찰제의 시행으로 말미암아 경찰활동은 지역주민의 안전한 삶에 보다 집중하는 '민생치안'의 이름으로 거듭나면서 이제까지 아쉽고 부족한 것으로만 여겨졌던 지역사회의 제반 문제해결(problem solving)을 통한 치안문제에의 근본적 접근에 큰 도움이 될 것으로 예상된다.

Ⅰ. 경찰의 역할과 임무

1. 경찰의 역할

우리 사회에서 직업으로서의 경찰의 역할은 무엇일까? 경찰의 역할은 크게 3가지로 구분하여 논의되고 있다. 첫째는 법을 집행하는 역할(law enforcement)을 한다. 둘째는 무질서를 회복하여 질서의 상태로 복원하는 역할(order maintenance)을 한다. 이것은 우리 사회에 강력사건이나 난동과 소요가 일어나면 경찰에게 비난을 돌리는 이유가 된다. 셋째는 24시간 운용되는 조직으로서 다양한 경찰서비스를 통하여 생명 및 신체의 안전과 시민의 니즈에 부응하는 역할(police service)을 한다. 이러한 역할들은 모두가 국민의 자유와 권리 및 모든 개인이 가지는 불가침의 기본적 인권을 보호하고 사회공공의 질서를 회복하고 유지한다는 점에서 공통점을 가진다.

경찰의 다양한 역할로 인하여 경찰의 이미지는 강력한 법 집행자의 모습이거나 혹은 사회적 약자에게 필요한 도움을 신속하게 제공해 주는 부드러운 이웃의 모습을 동시에 갖게 된다. 최근에는 시민을 치안서비스에 있어서의 '고객(customer)'으로 새롭게 개념 짓고, 보다 양질의 다양한 경찰서비스를 제공하기 위해 노력하는 모습이 부각되고 있다. 전통적으로 보아왔던 물리적 강제력 중심의 고권적 경찰작용 외에 비권력 수단 중심의 복리주의적 경찰활동에 대한 필요성이 점점 확대되어 왔다는 점을 고려하면 이해가 되는 변화이다. 국가와 시민의 역량이 선진국 수준으로 높아짐에 따라 시민의 기대에 보다 부응하려는 차원에서 과거보다 더 확대된 치안서비스가 치안현장에서 이루어질 필요가 있다. 경찰이 범죄와 싸우는 것과 무질서 상태를 평온으로 회복하는 경찰활동의 모든 것은 결국 시민과 사회의 필요에 부응함으로써 경찰의 존재이유를 실천하는 것으로 귀결되어야 한다.

이러한 변화는 자치경찰제의 시행과 함께 더욱 가속화될 것으로 기대된다. 종래의 국가경찰활동이 법집행과 공공의 안녕 및 질서유지를 중심으로 이루어져왔다면, 지역주민에 대한 종합행정을 일반행정과 교육행정 그리고 치안행정의 3요소로 실현하고자 하는 지방자치의 개념본질적인 측면을 고려하여 지역주민에 대한 봉사적 측면에서 자치경찰의 역할과 기능에 대한 새로운 논의가 전개되어야 할 때다. 자치경찰제도 시행은 지역주민에 대한 안전보장과 지역의 치안질서 확립을 도모하고 종국적으로는 주민 중심의 치안행정을 통하여 주민의 삶의 질을 획기적으로 향상시키는 데 그 목적이 있다.

2. 경찰의 임무

경찰의 임무는 「국가경찰과 자치경찰의 조직 및 운영에 관한 법률 (이하 "국가 및 자치경찰법")」과 「경찰관 직무집행법」에 걸쳐 동일하게 규정되어 있다. 「경찰관 직무집행법」에서는 경찰관이 직무를 집행하는 궁극의 목적으로 "국민의 자유와 권리 및 모든 개인이 가지는 불가침의 기본적 인권을 보호하고 사회공공의 질서 유지"를 명시하고 있다 (동법 제1조). 직무의 구체적인 내용은 아래와 같이 별개의 조항에서 규정하고 있다.

경찰관 직무집행법 제2조(직무의 범위)

1. 국민의 생명 · 신체 및 재산의 보호
2. 범죄의 예방 · 진압 및 수사
2의2. 범죄피해자 보호
3. 경비, 주요 인사(人士) 경호 및 대간첩 · 대테러 작전 수행
4. 공공안녕에 대한 위험의 예방과 대응을 위한 정보의 수집 · 작성 및 배포
5. 교통 단속과 교통 위해(危害)의 방지
6. 외국 정부기관 및 국제기구와의 국제협력
7. 그 밖에 공공의 안녕과 질서 유지

Ⅱ. 자치경찰제와 자치경찰사무의 탄생

1. 경찰서비스 개념의 도래

우리나라는 역사적으로 중앙집권적인 경찰제도를 운영하여 왔다. 고려와 조선은 물론 갑오개혁에 따른 근대 경찰제도의 개막에 있어서도 이러한 사정은 크게 달라지지 않았다. 일제강점기를 거쳐 일본이 2차 세계대전에 패망함으로써 식민지 조선을 점령한 미국 역시 중앙집권적인 관점에서 군정(軍政)을 실시하였다. 이러한 태도는 통상 미국이 점령지에 민주주의 이념을 뿌리내리기 위한 국가체제 개편에 착수하여 가까운 일본 그리고 멀리는 독일에 이르기까지 중앙보다는 지방 중심의 제도개혁을 진행한 것과는 대조적인 것이었다. 전범 국가와 식민지 국가에 대한 정책과 치안환경 등의 차이에서 연유한 것으로 해석된다.

36년간의 식민지 상태에서 해방된 한반도의 38도선 이남지역에 대해서는 민주주의적 이념의 확산보다는 민주주의 체제구축과 질서유지라는 현실적 고려가 앞섰던 것이다. 극심한 좌우 대립과 정치적 혼란상을 보이던 치안 여건과 열악한 지방재정 등은 식민지 지배형식을 상당부분 그대로 흡수하는 효율성을 선택하도록 하였다. 해방 이후 우리나라가 중앙집권적인 국가경찰제 치안시스템을 선택하게 된 배경에는 이러한 시대상황이 반영된 것이라고 하겠다. 다만, 미군정에 의한 경찰제도 재건으로 말미암아 기본적으로는 미국의 자유와 권리 이념이 제도개혁과 경찰행정 이념에 다소나마 반영되었다는 점은 특기할만한 일이다. 일제시대 식민지 경찰의 억압적 이미지를 벗어나기 위하여 경찰의 슬로건을 '봉사와 질서'로 정하여 오늘날 경찰의 역할에 있어서

'경찰봉사상(police service, 警察奉仕象)'의 기초를 마련한 것이다. 이것은 1948년 제헌헌법이 지방자치단체와 지방의회 등 지방자치 관련 조항을 명시적으로 두었던 점과 그 맥을 같이하는 것이었다.

2. 자치경찰제 논의의 역사적 과정

1990년을 전환점으로 하여 지방자치는 풀뿌리 민주주의의 씨앗을 뿌리는 약진을 가져왔다. 지방자치에 대한 국민적 관심이 폭주하는 가운데 1949년에 제정되었던 「지방자치법」이 오랜 침묵 끝에 사실상 부활되었고, 1991년에는 지방의회 선거와 1995년에는 지방자치단체장 선거를 실시하게 됨으로써 사실상 지방자치 시대의 서막을 열게 되었다. 하지만 경찰부문에 대한 자치경찰 논의는 1998년 국민의 정부를 출범시킨 김대중 대통령이 자치경찰제를 대통령 선거공약으로 제시하면서부터 본격화되었다. 이후 2003년 노무현 대통령이 지역균형발전과 지방분권의 가치를 제시하고 이러한 가치추구의 중요한 제도적 변화로 기초단위부터의 자치경찰제가 구체적으로 논의되었다.

첫 결실은 2006년 제주특별자치도에서 제주자치경찰단이 출범하는 것으로 나타났다. 「지방자치법」은 "지방자치단체는 그 소관 사무의 범위 안에서 필요하면 대통령령이나 대통령령으로 정하는 바에 따라 지방자치단체의 조례로 자치경찰기관(제주특별자치도에 한한다), 소방기관, 교육훈련기관, 보건진료기관, 시험연구기관 및 중소기업지도기관 등을 직속기관으로 설치할 수 있다."라고 규정함으로써 제주특별자치도에 제주자치경찰단을 설치·운영할 수 있는 근거를 마련하였던 것이다(동법 제113조). 이때 제주자치경찰 사무는 기초질서와 일부 교통질서

유지를 위한 계도기능에 국한되었지만 자치경찰제의 맹아가 되어, 지난 15년간 수많은 경찰개혁과 제도혁신의 기폭제(trigger)로서의 역할을 다해왔다. 2021년부터 시행된 국가 및 자치경찰법은 「지방자치법」의 특별법적 성격을 지니는데, 제헌헌법의 정신을 면면히 이어오면서 보다 다원화된 민주주의와 소통을 통한 국민중심의 치안제도를 구현하려는 우리 국민들의 염원이 이루어낸 커다란 성과라고 하겠다.

3. 자치경찰제 설계와 3원적 지휘·감독 체계

국가 및 자치경찰법에 의한 우리나라 자치경찰제도의 시행은 자치경찰의 취지인 분권성을 일부 지향하면서도 국가경찰의 개입 여지를 비교적 광범위하게 허용하는 쪽으로 설계되었다. 소위 '일원적 자치경찰제' 모형을 채택함으로써 국가경찰사무와 자치경찰사무를 수행하는 경찰관을 모두 단일 국가경찰 공무원 신분으로 인적 구성을 하였고, 경찰조직 역시 종래의 국가경찰체제를 대부분 그대로 유지하는 가운데 시·도에 시·도자치경찰위원회를 두었다. 종래 '지방경찰청'은 그 명칭을 달리하여 '시·도경찰청'으로 변경하였으며(예를 들어 서울지방경찰청은 서울특별시경찰청(서울경찰청)으로 명칭을 변경하였음), 시·도경찰청에는 자치경찰차·부장(서울경찰청의 경우에는 자치경찰차장으로, 다른 경찰청의 경우에는 자치경찰부장으로 보함)의 직제를 두었다. 사무는 기존 경찰사무를 국가경찰사무와 자치경찰사무로 대별하고, 국가경찰사무는 경찰청장이, 수사사무는 국가수사본부장이, 그리고 자치경찰사무는 시·도자치경찰위원회에서 각각 지휘·감독하는 3원적 지휘·감독체계를 갖추고 있다.

4. 시·도자치경찰위원회의 독립성과 전문성

그동안 국가경찰체제에서는 시국치안과 민생치안의 경계선에서 치안행정의 우선순위가 주로 어디에 있는가에 대한 질문의 답은 경찰조직이나 우리 국민들이 누구보다도 잘 알고 있다고 할 수 있다. 남북대치상황 등 국가체제와 국법질서의 회복이라는 목적으로 응당 시국치안에 치안정책의 우선순위가 집중되어 왔던 것이다.

이제 국가 및 자치경찰법의 시행에 따라 자치경찰제가 도입됨으로써 국가경찰사무와 자치경찰사무의 구분이 이루어졌다. 경찰조직에 대한 지휘·감독체계를 3개로 나누어, 국가경찰사무는 경찰청장이 지휘·감독하도록 하고, 자치경찰사무는 시·도지사 소속 시·도자치경찰위원회가 지휘·감독하도록 하였다. 더불어 경찰청에 국가수사본부를 두어 국가수사본부장이 「형사소송법」에 따른 경찰수사에 관하여 각 시·도경찰청장과 경찰서장 및 수사본부 소속 공무원을 지휘·감독하도록 하였다. 국가경찰사무와 자치경찰사무로 나누어져 있는 수사사무 모두를 국가수사본부장이 총괄하도록 한 것이다. 이러한 경찰사무에 대한 3원적 지휘·감독체계는 무엇보다 경찰행정의 민주적 관리와 국가경찰과 자치경찰의 상생·협력을 통하여 민생치안(民生治安)을 확립하도록 하자는 취지이다. 따라서 시·도자치경찰위원회를 중심으로 이루어지는 자치경찰사무에 있어서는 자치와 분권의 제도적 취지를 구현하고 지방행정과 치안행정의 연계성을 강화하는데 주안점을 둘 수 있어야 한다.

이러한 자치경찰제의 성공적 안착을 위해서는 세부적으로 자치경찰사무를 설계하고 심의·의결하는 합의제 행정기관인 시·도자치경찰위원회와, 시·도자치경찰위원회의 사무를 처리하기 위하여 설치하는 사무국의 독립성과 전문성 확보가 중요하게 되었다. 그동안 경찰행정 분야는 국가사무여서 국가가 주도하는 것으로만 여겨왔던 시·도 등 광역지방자치단체의 입장으로서는 경찰행정에 대한 전문성이 아직까지는 다소 미흡한 것도 사실이다. 이를 보완·지원하기 위하여 국가 및 자치경찰법에서는 시·도자치경찰위원회의 사무를 처리하기 위하여 시·도자치경찰위원회에 필요한 사무기구를 두고, 사무기구에는 대통령령으로 정하는 바에 따라 경찰공무원을 최소 3명을 두어야 하도록 하는 강제규정을 두고 있다(동법 제27조 제1항 및 제2항). 이에 따라 세종특별자치시자치경찰위원회를 제외한 16개 시·도자치경찰위원회의 사무기구에는 총 48명의 총경 이하 경찰공무원을 두게 되었다.

이러한 위원회와 사무국의 독립성과 전문성의 확보는 자치경찰제의 핵심요소이다. 왜냐하면 제도적 변혁기에 주민들이 불안해할 수 있는 치안공백을 최소화하고 제도개혁 이전의 치안수준을 유지하는 것은 물론 향후 그 수준의 향상을 보장하여야하기 때문이다. 소위 '치안총량'의 확보를 도모하기 위하여 사회적 치안자원을 총동원할 수 있어야 한다. 법적·제도적 개혁에 앞서 개방적이고 혁신적인 사고가 가능한 자치경찰 조직환경의 조성과 구성원의 인식 개선이 전제되어야만 치안 현장의 괄목할만한 변화와 더불어 자치경찰제의 성공적 안착에 주마가편(走馬加鞭)의 효과가 나타날 것이다.

Ⅲ. 자치사무 배분의 원칙과 자치경찰의 사무범위

「지방자치분권 및 지방행정체제개편에 관한 특별법(약칭: 지방분권법)」에서는 사무배분의 원칙을 명시적 규정으로 제시하고 있다(동법 제9조). 동 원칙은 네 가지로 분류할 수 있으며 상술하면 다음과 같다. 첫째는 사무중복금지의 원칙, 둘째는 시·군·구 사무 배분 우선의 원칙, 셋째는 포괄배분의 원칙, 그리고 넷째는 민간부문 참여 확대의 원칙을 말한다(이상훈, 2019b: 248-249).

1. 지방분권법상 사무배분의 원칙

1) 사무중복금지의 원칙

사무중복금지의 원칙은 지방자치단체가 행정을 종합적·자율적으로 수행할 수 있도록 국가와 지방자치단체 간 또는 지방자치단체 상호 간의 사무를 주민의 편익증진, 집행의 효과 등을 고려하여 서로 중복되지 아니하도록 배분하여야 한다(동법 제9조 제1항)는 자치사무 배분에 있어서의 국가의 의무를 말한다. 이번 자치경찰제의 시행에 따라 기존의 경찰사무를 국가경찰사무와 자치경찰사무로 구분함에 있어서 자치경찰사무는 주로 생활안전, 교통, 지역경비, 그리고 가정폭력이나 학교폭력 등 민생사건에 대한 수사 사무를 중심으로 편성한 것도 지방자치단체가 지역주민을 중심으로 주민의 편익 증진과 자치경찰사무 집행의 효과를 고려한 입법으로 해석된다. 광역단위 지방자치단체 간에도 자치경찰의 사무관할이 행정구역 단위로 자연스럽게 나누어지게 됨으로써 사무중복을 피할 수 있게 되었다.

2) 시·군·구 사무 배분 우선의 원칙

시·군·구 사무 배분 우선의 원칙은 사무를 배분하는 경우 지역주민생활과 밀접한 관련이 있는 사무는 원칙적으로 시·군 및 자치구(이하 "시·군·구"라 한다)의 사무로, 시·군·구가 처리하기 어려운 사무는 특별시·광역시·특별자치시·도 및 특별자치도(이하 "시·도"라 한다)의 사무로, 시·도가 처리하기 어려운 사무는 국가의 사무로 각각 배분하여야 한다(동법 제9조 제2항)는 자치사무 배분상의 국가의 의무를 말한다.

이 원칙에 따르면 광역단위 자치경찰제보다는 기초단위 자치경찰제를 통하여 시·군·구에 자치경찰사무를 우선적으로 배분하는 것이 옳지 않았을까 하는 측면도 없지 않다. 다만, 광역단위 자치경찰제 하에서도 시·도자치경찰위원회 위원추천위원회를 구성함에 있어서 시·군·자치구의회의 의장 전부가 참가하는 지역협의체(시·군·자치구의회의장협의회) 및 시장·군수·자치구의 구청장 전부가 참가하는 지역협의체(시장·군수·구청장협의회)로 하여금 각각 1명의 위원추천위원회 위원 추천을 하도록 규정을 두어 지역주민생활과 밀접한 관련이 있는 시·군·구의 입장을 시·도자치경찰위원회 구성에서 대변할 수 있도록 하고 있다. 자치경찰사무 배분에 있어서 간접적 간여방식을 취하고 있는 것으로 해석된다(자치경찰사무와 시도자치경찰위원회의 조직 및 운영 등에 관한 규정 제5조 참조).

3) 포괄배분의 원칙

포괄배분의 원칙은 지방자치단체에 사무를 배분하거나 지방자치단

체가 사무를 다른 지방자치단체에 재배분하는 때에는 사무를 배분 또
는 재배분 받는 지방자치단체가 그 사무를 자기의 책임 하에 종합적으
로 처리할 수 있도록 관련 사무를 포괄적으로 배분하여야 한다(동법 제
9조 제3항)는 자치사무 배분상의 국가의 의무를 말한다. 국가 및 자치경
찰법은 자치경찰사무의 배분에 있어서 광역단위 지방자치단체가 자
기의 책임 하에 종합적으로 경찰행정을 할 수 있도록 행정구역 단위
로 배분하는, 소위 연방제적 자치경찰제를 도입하기 보다는 경찰사무
와 기능을 중심으로 구분하는 입법태도를 취하고 있다. 국가경찰조직
을 중심으로 국가경찰사무와 자치경찰사무로 경찰사무를 나누는 일원
적 자치경찰제 하에서의 불가피한 선택으로 해석된다. 하지만 지역주
민과 가까운 민생치안에 관한한 시·도가 자치경찰사무를 자기의 책임
하에 종합적으로 처리할 수 있도록 자치경찰 운영의 묘를 찾아가는 지
혜를 발휘할 수 있어야 할 것이다.

4) 민간부문 참여 확대의 원칙

민간부문 참여 확대의 원칙은 사무를 배분하는 때에는 민간부문의
자율성을 존중하여 국가 또는 지방자치단체의 관여를 최소화하여야
하며, 민간의 행정참여 기회를 확대하여야 한다(동법 제9조 제4항)는 자
치사무 배분상의 국가의 의무를 말한다. 국가 및 자치경찰법에서는 자
치경찰사무의 수행에 있어서 민간부문 참여를 언급한 곳은 없다. 입법
의 불비다. 하지만 기존의 국가경찰조직을 그대로 유지하는 것을 내용
하는 자치경찰제 구조에 비추어 불가피한 결과였을 것으로 본다. 향후
조직과 인사의 분리를 통한 이원적 자치경찰제로 자치경찰제가 확대
실시 되는 경우에는 지방자치단체를 중심으로 보다 넓은 민간부문의

참여가 확대될 수 있을 것으로 기대한다.

자치경찰활동에 민간부문의 참여를 확대하는 것은 재정상태가 열악한 광역단위 지방자치단체에 있어서 자치경찰 추진의 새로운 추진 동력을 얻을 수 있는 방편이 될 수 있어서 의미가 있다. 국가·사회가 가지고 있는 치안자원에는 민간의 자본과 기술이 커다란 비중을 차지하고 있기 때문이다. 민간과의 협업을 통한 창의와 혁신의 접근방식도 민간부문이 자치경찰의 성공적 안착과 발전에 기여할 수 있는 중요한 요소가 될 것이다.

2. 자치경찰의 역할과 지역사회 경찰활동

전국 17개 시·도에 걸쳐 자치경찰제를 전면 실시하는 이유는 지방 자치에 관한 헌법상의 제도적 보장을 구현하고, 지역주민에게 최적화된 치안서비스를 제공하고자 하는 것이다. 자치경찰은 지역사회와 주민의 안전을 확보하는 것을 최선의 목표로 하며 지방자치단체는 국가와 함께 지역의 치안확보에 대한 공동 책무를 진다(국가 및 자치경찰법 제2조 참조).

자치경찰은 지역치안업무를 수행하는 기관으로 그 업무 범위에 관해서는 자치경찰 관련 법률에서 그 구체적인 내용을 명확히 규정하고 있다. 특히 자치경찰사무와 국가경찰사무와의 관계에서 치안업무에 대한 상호관계 설정을 명확히 하기 위하여 국가 및 자치경찰법에서 보다 안전한 지역공동체의 치안을 확보하고자 사무구분에 관한 세부사항을 규정하고 있다. 자치경찰제는 그 제도적 취지에서도 알 수 있듯이, 지방자치단체가 터 잡고 있으면서 공감대적 가치를 공유하는 지역적 기반이라는 공간적 장점과 지역주민에 대한 진정성과 책임성, 그리고 중앙정부를 중심으로 하는 전체 국가적 차원의 정책목표 수립과 실행을 우선하기보다는 지역 단위로 나누어진 풀뿌리 주민공동체를 중심으로 민주적 의사소통구조를 잘 활용할 수 있다는 점에서 유리하게 작용하는 경찰시스템이다.

자치경찰제 시행에 있어서 지역사회를 기반으로 하고 있는 주민공동체 차원의 범죄예방활동과 지역사회 경찰활동은 양자 모두 범죄발생의 현상만을 보고 대증적 대응책을 마련하여 왔던 종전까지의 사후적 경찰활동 방식에서 벗어나고자 한다. 범죄문제 이전에 범죄발생을 가져온 근본적인 사회·경제적 원인과 더불어 범죄문제로 발현될 수 있는 지역사회의 제반 문제점(problems)의 중심에 있는 사회·경제적 문제에 대한 관심과 개선 노력에 중점을 두고 양자를 병행한다는 데 장점이 있다.

여기서 가장 중요한 점은 주민들의 관심과 능동적이고 적극적인 참여이다. 자치경찰의 역할도 단순한 법집행에 머물기 보다는 지역사회와 협력을 바탕으로 지역사회가 가지고 있는 다양한 문제해결을 위한 '다자간 융합적 거버넌스'의 조력자(facilitator)가 되어야 한다. 국가경찰제로만 운영되어 온 기존 치안시스템이 오랜 논의와 검토를 거쳐 자치경찰제로 시행되기까지는 지역사회 경찰활동이 범죄와 무질서라는 문제해결에 실질적인 해법이 된다는 점에서 비롯된바 크다고 하겠다.

3. 국가 및 자치경찰법상 자치경찰의 사무범위

1) 자치경찰사무의 범위와 시·도 조례의 제정 기준

전국적으로 일관되고 통일적인 사무를 중시하는 국가경찰사무와는 달리 자치경찰의 사무는 지역적 특수성과 자치단체의 여건을 감안한 형태로 그 범주가 개별적으로 정해지게 된다. 따라서 시·도 등 지방자치단체는 자신의 치안환경과 치안수요 등 치안여건을 우선적으로 분석하고, 이에 필요한 업무를 정한 후, 이러한 업무에 필요한 적정한 인력을 파악하여 재분배하거나 증원 등의 인력구조를 재설계할 필요가 있다.

이때 자치경찰제의 시행에 따라 새롭게 편성된 자치경찰사무에 있어서 그 중심이 되는 사무는 생활안전, 여성, 청소년, 노인, 교통, 그리고 지역경비업무가 될 것이다. 이러한 업무는 경찰서의 조직 편제에 따를 경우, 대개 생활안전과, 여성청소년과, 그리고 경비교통과(경찰서에 따라 명칭이 다를 수 있음)에서 담당하게 된다. 자치경찰사무에 관한 구체적인 사항 및 범위 등은 대통령령으로 정하는 기준에 따라 시·도 조례로 정하도록 하고 있기 때문에, 중앙정부에 제정한 표준 조례안에 대해서도 시·도가 자치입법권을 행사하는 가운데 비로소 확정된다(동법 제4조 제2항). 다만, 자치경찰의 수사사무에 관하여는 구체적인 사항 및 범위 등을 대통령령으로 정하기로 하여서 별도의 자치입법권은 제한되고 있다(동법 제4조 제3항).

나아가 동법은 시행령에서 특별시·광역시·특별자치시·도·특별자치도(이하 "시·도"라 한다)의 조례로 정하는 경우도 미리 일정한 한계를 두어 조례 제정권 등 자치입법권의 일부를 다시 제한하고 있다(생활안전·교통·경비 관련 자치사무 범위를 시·도의 조례로 정하는 경우 지켜야 하는 기준, 자치경찰사무와 시도자치경찰위원회의 조직 및 운영 등에 관한 규정 제2조).

【생활안전·교통·경비사무 관련 시·도 조례의 제정 기준】
(자치경찰사무와 시도자치경찰위원회의 조직 및 운영 등에 관한
규정 제2조)

1. 법 제3조에 따른 경찰의 임무 범위와 대통령령으로 제시한 기준에 따른 생활안전, 교통, 경비 관련 자치경찰사무의 범위를 준수할 것
2. 관할 지역의 인구, 범죄발생 빈도 등 치안 여건과 보유 인력·장비 등을 고려하여 자치경찰사무를 적정한 규모로 정할 것
3. 기관 간 협의체 구성, 상호협력·지원 및 중복감사 방지 등 자치경찰사무가 국가경찰사무와 유기적으로 연계되고 균형이 이루어지도록 하는 사항을 포함할 것
4. 자치경찰 사무의 내용은 국민의 생명·신체 및 재산을 보호하고 공공의 안녕과 질서를 유지하는 데 효율적인 것으로 정할 것

---

2) 국가 및 자치경찰법상 자치경찰사무의 내용

국가 및 자치경찰법에서는 경찰의 사무를 국가경찰사무와 자치경찰사무로 구분하고 있다. 먼저 자치경찰사무는 동법에서 정한 경찰의 임무(제3조)[1] 「국가경찰과 자치경찰의 조직 및 운영에 관한 법률」 제3조(경찰의 임무)에서 정하고 있는 경찰의 임무는 다음 각 호와 같다.

---

1 「국가경찰과 자치경찰의 조직 및 운영에 관한 법률」 제3조(경찰의 임무)에서 정하고 있는 경찰의 임무는 다음 각 호와 같다.
1. 국민의 생명·신체 및 재산의 보호, 2. 범죄의 예방·진압 및 수사, 3. 범죄피해자 보호, 4. 경비·요인경호 및 대간첩·대테러 작전 수행, 5. 공공안녕에 대한 위험의 예방과 대응을 위한 정보의 수집·작성 및 배포, 6. 교통의 단속과 위해의 방지, 7. 외국 정부기관 및 국제기구와의 국제협력, 8. 그 밖에 공공의 안녕과 질서유지

(1) 지역 내 주민의 생활안전 활동에 관한 사무

가) 생활안전을 위한 순찰 및 시설의 운영
나) 주민참여 방범활동의 지원 및 지도
다) 안전사고 및 재해·재난 시 긴급구조지원
라) 아동·청소년·노인·여성·장애인 등 사회적 보호가 필요한 사람에 대
　한 보호 업무 및 가정폭력·학교폭력·성폭력 등의 예방
마) 주민의 일상생활과 관련된 사회질서의 유지 및 그 위반행위의 지도·
　단속. 다만, 지방자치단체 등 다른 행정청의 사무는 제외한다.
바) 그 밖에 지역주민의 생활안전에 관한 사무

가) 생활안전을 위한 순찰 및 시설의 운영에 관한 자치경찰사무의
세부 사무범위는 ① 지역주민 안전을 위한 범죄예방시설 설치·
운영, ② 지역주민 안전을 위한 범죄예방진단, ③ 지역주민 안전
을 위한 순찰과 범죄예방활동 시행·관리이다.

나) 주민참여 방범활동의 지원 및 지도에 관한 자치경찰사무의 세
부 사무범위는 ① 범죄예방을 위한 주민 참여 지역협의체 구
성·운영, ② 주민 참여형 범죄예방활동 시행·관리이다.

다) 안전사고 및 재해·재난 시 긴급구조지원에 관한 자치경찰사무
의 세부 사무범위는 ① 재난이 발생할 우려가 현저하거나 재난
이 발생한 경우 주민의 생명·신체 및 재산을 보호하기 위한 긴
급구조지원, ② 재해 발생 시 지역의 사회질서 유지 및 교통관리
등, ③ 그 밖에 긴급구조지원기관으로서의 긴급구조지원 활동
등이다.

라) 아동·청소년·노인·여성·장애인 등 사회적 보호가 필요한 사람
에 대한 보호 업무 및 가정폭력·학교폭력·성폭력 등의 예방에

관한 자치경찰사무의 세부 사무범위는 ① 아동·노인·장애인 학
대 예방과 피해 아동·노인·장애인에 대한 보호활동, ② 아동·
청소년·노인·여성·장애인 등 사회적 보호가 필요한 사람의 실
종 예방·대응 활동, ③ 아동 대상 범죄예방 및 아동안전 보호활
동, ④ 청소년 비행방지 등 선도·보호 활동, ⑤ 가정폭력범죄 예
방과 피해자 등 보호 활동, ⑥ 학교폭력의 근절·예방과 가해학
생 선도 및 피해학생 보호 활동, ⑦ 성폭력 예방과 성폭력 피해
자 등 보호 활동, ⑧ 그 밖에 관련 법령에 경찰의 사무로 규정된
아동·청소년·노인·여성·장애인 등 사회적 보호가 필요한 사람
에 대한 보호 및 가정폭력·학교폭력·성폭력 등 예방 업무이다.

마) 주민의 일상생활과 관련된 사회질서의 유지 및 그 위반행위의
지도·단속과 관련된 자치경찰의 세부 사무범위는 ① 경범죄 위
반행위 지도·단속 등 공공질서 유지, ② 공공질서에 반하는 풍
속·성매매사범 및 사행행위 지도·단속, ③ 그 밖에 관련 법령에
경찰의 사무로 규정된 주민의 일상생활과 관련된 사회질서의
유지 및 그 위반행위의 지도·단속 업무이다. 다만, 지방자치단
체 등 다른 행정청의 사무는 제외한다.자치경찰제 도입에 따라
지방자치단체의 허드렛일을 자치경찰에 떠넘길 것이라는 현장
경찰관들의 우려를 감안한 입법적 조치이다. 지방행정과 지안행
정의 연계서비스 역시 그 경계선을 보다 명확히 하는 가운데, 보
다 긴밀한 지원과 협조가 이루어질 수 있도록 연계절차에 관한
세부사항을 보다 구체화할 필요가 있다.

바) 그 밖에 지역주민의 생활안전에 관한 사무와 관련된 자치경찰
사무의 세부 사무범위는 ① 지역주민의 생활안전 관련 112신

고(일반신고를 포함한다) 처리, ② 지하철, 내수면 등 일반적인 출동이 어려운 특정 지역에서 주민의 생명·신체·재산의 보호를 위한 경찰대 운영, ③ 유실물 보관·반환·매각·국고귀속 등 유실물 관리, ④「경찰관 직무집행법」제4조에 따른 응급구호대상자에 대한 보호조치 및 유관기관 협력, ⑤ 그 밖에 관련 법령에 경찰의 사무로 규정된 지역주민의 생활안전에 관한 사무이다.

(2) 지역 내 교통활동에 관한 사무

> 가) 교통법규 위반에 대한 지도 · 단속
> 나) 교통안전시설 및 무인 교통단속용 장비의 심의·설치·관리
> 다) 교통안전에 대한 교육 및 홍보
> 라) 주민참여 지역 교통활동의 지원 및 지도
> 마) 통행 허가, 어린이 통학버스의 신고, 긴급자동차의 지정 신청 등
>   각종 허가 및 신고에 관한 사무
> 바) 그 밖에 지역 내의 교통안전 및 소통에 관한 사무

가) 교통법규 위반에 대한 지도·단속에 관한 사무와 관련된 자치경찰사무의 세부 사무범위는 ① 교통법규 위반 지도·단속, 공익신고 처리 등, ② 음주단속 장비 등 교통경찰용 장비 보급·관리·운영 등이다.

나) 교통안전시설 및 무인 교통단속용 장비의 심의·설치·관리에 관한 사무와 관련된 자치경찰사무의 세부 사무범위는 ① 교통사고 예방, 교통소통을 위한 교통안전시설 설치·관리·운영, ② 도로교통 규제 관련 지역 교통안전시설 심의위원회 설치 및 운영, ③ 무인 교통단속용 장비의 심의·설치·관리·운영이다.

다) 교통안전에 대한 교육 및 홍보에 관한 사무와 관련된 자치경찰 사무의 세부 사무범위는 ① 교통안전에 대한 교육, ② 교통안전에 대한 홍보이다.

라) 주민참여 지역 교통활동의 지원 및 지도에 관한 사무와 관련된 자치경찰사무의 세부 사무범위는 ① 교통활동 지원 협력단체에 대한 운영·관리, ② 주민참여형 교통안전활동 지원 및 지도이다.

마) 통행 허가, 어린이 통학버스의 신고, 긴급자동차의 지정 신청 등 각종 허가 및 신고에 관한 사무와 관련된 자치경찰사무의 세부 사무범위는 ① 차마(車馬)의 안전기준 초과 승차, 안전기준 초과 적재 및 차로 폭 초과 차 통행허가 처리, ② 도로공사 신고접수, 현장점검 및 지도·감독 등, ③ 어린이통학버스 관련 신고접수·관리 및 관계 기관 합동 점검, ④ 긴급자동차의 지정 신청·관리, ⑤ 버스전용차로 통행 지정신청 처리, ⑥ 주·정차 위반차량 견인대행법인 등 지정이다.

바) 그 밖에 지역 내의 교통안전 및 소통에 관한 사무와 관련된 자치경찰사무의 세부 사무범위는 ① 지역주민의 교통안전 관련 112신고(일반신고를 포함한다) 처리, ② 운전면허 관련 민원 업무, ③ 지역교통정보센터 운영 및 교통정보 연계, ④ 정체 해소 등 소통 및 안전 확보를 위한 교통관리, ⑤ 지역 내 교통안전대책 수립·시행, ⑥ 교통안전 관련 기관 협의 등이다.

(3) 지역 내 다중운집 행사 관련 혼잡 교통 및 안전 관리

관련된 자치경찰사무의 세부 사무범위는 ① 지역 내 다중운집 행사 등의 교통질서 확보 및 교통안전 관리 지원, ② 지역 내 다중운집 행사안전 관리 지원이다.

(4) 다음의 어느 하나에 해당하는 수사사무

가) 학교폭력 등 소년범죄

가) 학교폭력 등 소년범죄
나) 가정폭력, 아동학대 범죄
다) 교통사고 및 교통 관련 범죄
라) 「형법」제245조에 따른 공연음란 및 「성폭력범죄의 처벌 등에 관한 특
    례법」 제12조에 따른 성적 목적을 위한 다중이용장소 침입행위에 관
    한 범죄
마) 경범죄 및 기초질서 관련 범죄
바) 가출인 및 「실종아동등의 보호 및 지원에 관한 법률」 제2조제2호에 따
    른 실종아동등 관련 수색 및 범죄

학교폭력 등 소년범죄와 관련하여 구성요건에 있어서 행위자의 나
이는 19세 미만이어야 한다. 다만 행위자가 19세 미만의 소년일지라
도 해당 사건에서 19세 이상인 사람과 「형법」 제30조부터 제32조까
지의 규정에 따른 공범(공동정범, 교사범, 종범) 관계에 있는 경우는 국가
경찰사무로 전환된다(자치경찰사무와 시도자치경찰위원회의 조직 및 운영 등에
관한 규정 제3조 제1호).

① 「형법」 제225조(공문서등의 위조·변조), 제229조(제225조의 죄에 의하
   여 만들어진 문서 또는 도화의 행사죄로 한정한다. 따라서 문서 및 도화가 아닌
   전자기록 등 특수매체기록, 공정증서원본, 면허증, 허가증, 등록증 또는 여권을
   소년이 행사한 경우에는 국가경찰사무에 해당된다), 제230조(공문서 등의 부

정행사) 및 제235조(제225조[공문서 등의 위조·변조], 제229조[위조 등 공문서의 행사] 또는 제230조[공문서 등의 부정행사]의 미수범으로 한정한다.)의 범죄

② 「형법」 제257조(상해, 존속상해), 제258조(중상해, 존속중상해), 제258조의2(특수상해) 및 제260조부터 제264조까지(폭행, 존속폭행, 특수폭행, 폭행치사상, 동시범, 상습범)의 범죄

③ 「형법」 제266조(과실치상)의 범죄

④ 「형법」 제276조부터 제281조까지(체포, 감금, 존속체포, 존속감금, 중체포, 중감금, 존속중체포, 존속중감금, 특수체포, 특수감금, 상습범, 미수범, 체포감금등의 치사상)의 범죄

⑤ 「형법」 제283조부터 제286조까지(협박, 존속협박, 특수협박, 상습범, 미수범)의 범죄

⑥ 「형법」 제287조(미성년자의 약취, 유인), 제294조(제287조의 미수범으로 한정한다) 및 제296조(제287조의 예비 또는 음모로 한정한다)의 범죄

⑦ 「형법」 제307조부터 제309조까지(명예훼손, 사자의 명예훼손, 출판물 등에 의한 명예훼손) 및 제311조(모욕)의 범죄

⑧ 「형법」 제319조(주거침입), 제320조(특수주거침입), 제322조(제319조 또는 제320조의 미수범으로 한정한다)의 범죄

⑨ 「형법」 제324조(강요) 및 제324조의5(제324조의 미수범으로 한정한다)의 범죄

⑩ 「형법」 제329조부터 제331조까지(절도, 야간주거침입절도, 특수절도), 제331조의2(자동차 등 불법사용) 및 제342조(제329조부터 제331조까지 또는 제331조2의 미수범으로 한정한다)의 범죄. 다만, 같은 소년이 본문에 규정된 죄를 3회 이상 범한 사건은 제외한다.

⑪「형법」제347조(사기), 제350조(공갈), 제350조의2(특수공갈), 제351조(제347조, 제350조 또는 제350조의2의 상습범으로 한정한다) 및 제352조(제347조, 제350조, 제350조의2 또는 제351조의 미수범으로 한정한다)의 범죄

⑫「형법」제360조(점유이탈물횡령)의 범죄

⑬「형법」제366조(재물손괴), 제368조(제366조의 죄를 범하여 사람의 생명 또는 신체에 대하여 위험을 발생하게 하거나 사람을 상해에 이르게 한 경우로 한정한다), 제369조 제1항(특수손괴) 및 제371조(제366조 또는 제369조 제1항의 미수범으로 한정한다)의 범죄

⑭「정보통신망 이용촉진 및 정보보호 등에 관한 법률」제70조 제1항(통신망을 이용한 명예훼손)·제2항(거짓의 사실을 통신망을 이용하여 명예훼손) 및 제74조 제1항제2호(음란한 영상물 등을 배포·판매·임대·공연·전시행위)·제3호(공포심 유발영상 등을 반복적으로 상대방에게 도달하게 하는 행위)의 범죄

⑮ 위의 모든 범죄로서 다른 법률에 따라 가중 처벌되는 범죄

나) 가정폭력, 아동학대 범죄

①「가정폭력범죄의 처벌 등에 관한 특례법」제2조 제3호(가정폭력으로서 상해·폭행·유기·학대·체포·감금·협박·약취·유인·강간·추행·주거침입·사기·공갈·손괴·카메라 등을 이용한 촬영 등)에 따른 가정폭력범죄

②「아동학대범죄의 처벌 등에 관한 특례법」제2조 제4호(보호자에 의한 아동학대로서 상해·폭행·유기·학대·체포·감금·협박·약취·유인·강간·추행·주거침입·사기·공갈·손괴 등)에 따른 아동학대범죄

다) 교통사고 및 교통 관련 범죄

① 「교통사고처리 특례법」 제3조제1항의 범죄. 다만, 차의 운전자가 같은 항의 죄를 범하고도 피해자를 구호하는 등 「도로교통법」 제54조제1항에 따른 조치를 하지 않고 도주하거나 피해자를 사고 장소로부터 옮겨 유기하고 도주한 경우는 제외한다.

② 「도로교통법」 제148조(「특정범죄 가중처벌 등에 관한 법률」 제5조의3이 적용되는 죄를 범한 경우는 제외한다), 제148조의2, 제151조, 제151조의 2제2호, 제152조 제1호, 제153조 제2항 제2호 및 제154조부터 제157조까지의 범죄

③ 「자동차손해배상보장법」 제46조 제2항(보험 또는 공제에의 가입 의무 면제기간 중에 자동차를 운행한 자동차보유자, 의무보험에 가입되어 있지 아니한 자동차를 운행한 자동차보유자)의 범죄

④ 「특정범죄 가중처벌 등에 관한 법률」 제5조의11(위험운전 등 치사상) 및 제5조의13(어린이 보호구역에서 어린이 치사상의 가중처벌)의 범죄로 13세 미만의 어린이에게 형법 제268조(업무상과실 또는 중과실 치사상)의 죄를 범한 경우

라) 「형법」 제245조(공연음란)의 범죄 및 「성폭력범죄의 처벌 등에 관한 특례법」 제12조(성적 목적을 위한 다중이용장소 침입행위)의 범죄

마) 경범죄 및 기초질서 관련 범죄

「경범죄처벌법」 제3조(빈집 등에의 침입, 흉기의 은닉휴대, 물품강매·호객행위, 쓰레기 등 투기, 노상방뇨, 자연훼손, 구걸행위, 인근소란 등, 무임승차 및 무전취식, 관공서에서의 주취소란, 거짓신고 등)에 따른 경범죄

바) 가출인 및 「실종아동 등의 보호 및 지원에 관한 법률」 제2조 제
    2호에 따른 실종아동 등 관련 수색 및 범죄

① 가출인 또는 실종아동 등의 조속한 발견을 위한 수색. 다만, 상기
   한 수사 관련 자치경찰사무의 범위 내 또는 아래 제17조와 제18
   조의 범죄가 아닌 범죄로 인해 실종된 경우는 제외한다.

② 「실종아동 등의 보호 및 지원에 관한 법률」 제17조(정당한 사유 없
   이 실종아동 등을 보호하거나) 및 제18조(개인위치정보 등을 실종아동 등을
   찾기 위한 목적 외의 용도로 이용한)의 범죄

4. 비상사태 발생과 경찰청장의 직접 지휘·명령권

국가 및 자치경찰법에서는 자치경찰의 독립성과 다양성을 존중하
는 가운데 비상사태 등이 발생하였거나 발생할 우려가 있을 경우 전국
적 치안유지를 위하여 긴급하고 총체적인 조치를 취할 수 있도록 경찰
청장으로 하여금 자치경찰사무를 수행하는 경찰공무원을 직접 지휘·
명령할 수 있도록 하고 있다. 경찰청장은 법령이 정한 일정한 사유가
발생한 경우에는 소정의 절차에 따라 자치경찰사무를 수행하는 경찰
공무원(제주특별자치도의 자치경찰공무원을 포함)을 직접 지휘·명령할 수 있
도록 한 것이다(동법 제32조 제1항). 제주특별자치도경찰청의 관할구역
에서 경찰청장은 이러한 지휘·명령권을 제주특별자치도경찰청장에게
위임할 수 있다(동조 제8항).

1) 지휘·명령권 발동 사유

(1) 국가 비상사태, 대규모 테러, 소요사태 발생 시

전시·사변, 천재지변, 그 밖에 이에 준하는 국가 비상사태, 대규모의 테러 또는 소요사태가 발생하였거나 발생할 우려가 있어 전국적인 치안유지를 위하여 긴급한 조치가 필요하다고 인정할 만한 충분한 사유가 있는 경우

(2) 다수 시·도에 적용되는 국민안전 정책 시행 시

국민안전에 중대한 영향을 미치는 사안에 대하여 다수의 시·도에 동일하게 적용되는 치안정책을 시행할 필요가 있다고 인정할 만한 충분한 사유가 있는 경우

(3) 해당 시·도 경찰력으로 안전 유지가 어려울 시

자치경찰사무와 관련하여 해당 시·도의 경찰력으로는 국민의 생명·신체·재산의 보호 및 공공의 안녕과 질서유지가 어려워 경찰청장의 지원·조정이 필요하다고 인정할 만한 충분한 사유가 있는 경우에 해당한다. 이러한 사유에 해당하는 경우에는 시·도자치경찰위원회는 의결로 지원·조정의 범위·기간 등을 정하여 경찰청장에게 지원·조정을 요청할 수 있다(제7항).

2) 경찰청장의 직접 지휘·명령권 발동 사유 및 절차

경찰청장은 비상사태 등 전국적 치안유지를 위한 경찰청장의 지휘·명령 조치가 필요한 경우에는 시·도자치경찰위원회에 자치경찰사

무를 담당하는 경찰공무원을 직접 지휘·명령할 수 있다. 이때는 직접 지휘·명령하려는 사유 및 내용 등을 구체적으로 제시하여 통보하여야 한다(제2항). 이러한 직접 지휘·명령 통보를 받은 시·도자치경찰위원회는 정당한 사유가 없으면 즉시 자치경찰사무를 담당하는 경찰공무원에게 경찰청장의 지휘·명령을 받을 것을 명하여야 한다. 그러나 통보내용이 비상사태 등 전국적 치안유지를 위한 경찰청장의 지휘·명령권 발동 사유에 해당하지 아니한다고 인정하면 시·도자치경찰위원회의 의결을 거쳐 경찰청장에게 그 지휘·명령의 중단을 요청할 수 있다(제3항).

경찰청장이 자치경찰사무를 담당하는 경찰공무원을 지휘·명령을 하는 경우에는 국가경찰위원회에 즉시 보고하여야 한다. 다만, 자치경찰사무와 관련하여 해당 시·도의 경찰력으로는 국민의 생명·신체·재산의 보호 및 공공의 안녕과 질서유지가 어려워 경찰청장의 지원·조정이 필요하다고 인정할 만한 충분한 사유가 있어서 지휘·명령을 하게 되는 경우에는 미리 국가경찰위원회의 의결을 거쳐야 하며 긴급한 경우에는 우선 조치 후 지체 없이 국가경찰위원회의 의결을 거쳐야 한다(제4항). 지휘·명령권 발동에 관한 보고를 받은 국가경찰위원회는 지휘·명령권 발동 사유에 해당하지 아니한다고 인정하면 그 지휘·명령을 중단할 것을 의결하여 경찰청장에게 통보할 수 있다(제5항).

Ⅳ. 자치경찰사무의 성격과 자치경찰의 역할

1. 자치경찰사무와 독립성

국가 및 자치경찰법은 자치경찰제 시행을 위한 입법방식에 있어서 중앙정부와 지방자치단체 간의 자치와 분권을 지향하면서도 자치경찰사무의 독립성과 정치적 중립성에 대한 현실적 필요성을 감안하여 관련 규정을 두고 있다.

원칙적으로 시·도지사는 시·도경찰청장에 대하여 구체적인 사건에 대한 직접적인 지휘·감독권이나 조직고권 및 인사권을 행사하지 못하도록 하였다. 다만 자치경찰사무를 담당하는 경찰공무원 중 경정의 전보·파견·휴직·직위해제 및 복직에 관한 권한과 경감 이하의 경찰공무원 임용권(신규채용 및 면직에 관한 권한은 제외)을 경찰청장이 시·도지사에게 당연 위임하도록 하고 있어서(경찰공무원 임용령 제4조 및 경찰공무원법 제7조 참조), 시·도지사는 제한적이나마 법률로 위임된 일정한 권한행사를 통하여 자신의 관할 지역 내에서 자치경찰사무가 원만하게 시행될 수 있는 자치경찰사무 수행에 관한 인적 환경을 조성할 수 있도록 하고 있다.

시·도자치경찰위원회 역시 원칙적으로는 구체적인 자치경찰사무에 대한 직접적인 지휘·감독권을 행사할 수 없도록 하고 있다. 주로 정책적인 영역에서 ① 자치경찰사무에 관한 목표의 수립 및 평가(1호), ② 자치경찰사무의 인사·예산·장비·통신 등에 관한 주요 정책 및 운영지원(2호), ③ 자치경찰사무 담당 공무원의 부패 방지와 청렴도 향상에 관한 주요 정책 및 인권침해 또는 권한남용 소지가 있는 규칙, 제도, 정책, 관행 등의 개선(4호), ④ 지 방자치단체의 치안에 관한 책무에 따른 시책 수립(5호), ⑤ 자치경찰사무에 관한 규칙의 제정·개정 또는 폐지(12호), ⑥ 지방행정과 치안행정의 업무조정과 그 밖에 필요한 협의·조정(13호), ⑦ 국가경찰사무·자치경찰사무의 협력·조정과 관련하여 경찰청장과 협의(15호), ⑧ 국가경찰위원회에 대한 심의·조정 요청(16호), ⑨ 시·도지사, 시·도경찰청장이 중요하다고 인정하여 시·도자치경찰위원회의 회의에 부친 사항에 대한 심의·의결(17호) 등의 업무를 소관 사무로 규정하고 있기 때문에 이를 통해 당해 시·도의 자치경찰사무를 관장하도록 하고 있다(국가경찰과 자치경찰의 조직 및 운영에 관한 법률 제24조의 해당 각호).

다만, 시·도자치경찰위원회가 행사할 수 있는 소관사무에는 ① 자치경찰사무 담당 공무원의 임용, 평가 및 인사위원회 운영(3호), ② 시·도경찰청장의 임용에 있어서 경찰청장과의 협의(6호 전단), ③ 경찰서장의 자치경찰사무 수행에 관한 평가결과를 경찰청장에게 통보(6호 후단), ④ 자치경찰사무 감사 및 감사의뢰(7호), ⑤ 자치경찰사무 담당 공무원의 주요 비위사건에 대한 감찰요구(8호), ⑥ 자치경찰사무 담당 공무원에 대한 징계요구(9호), ⑦ 자치경찰사무 담당 공무원의 고충심사 및 사기진작(10호), ⑧ 자치경찰사무와 관련된 중요사건·사고 및 현안의 점검(11호), ⑨ 비상사태 등 전국적 치안유지를 위한 경찰청장의 지휘·명령에 관한 사무(14호) 등이 규정되어 있다. 이러한 자치경찰사무 담당 공무원에 대한 인사권의 일부를 시·도자치경찰위원회가 행사하게 됨으로써 자치경찰사무를 실질적·독립적으로 관장할 수 있도록 하고 있다(국가경찰과 자치경찰의 조직 및 운영에 관한 법률 제24조의 해당 각호).

2. 자치경찰사무와 정치적 중립성

경찰은 그 직무를 수행할 때 헌법과 법률에 따라 국민의 자유와 권리 및 모든 개인이 가지는 불가침의 기본적 인권을 보호하고, 국민 전체에 대한 봉사자로서 공정·중립을 지켜야 하며, 부여된 권한을 남용하여서는 아니 된다(국가경찰과 자치경찰의 조직 및 운영에 관한 법률 제5조). 자치경찰의 시행에 있어서 '공정과 중립'은 곧 자치경찰에 대한 주민의 신뢰를 의미한다. 특히 정치적 중립성은 경찰사건 처리와 경찰인사에 대한 외부의 영향력에서 자유로운 경찰행정이 가능하도록 하는 것을 주요 내용으로 한다. 이를 통해 자치경찰사무의 독립성을 보장하여 자치경찰의 공정한 업무 수행을 가능하게 하고 결과적으로 모든 혜택이 주민들에게 돌아가도록 하는 데 그 목적이 있다. 자치경찰사무 수행에 있어서의 정치적 중립성 보장은 보다 양질의 치안서비스가 주민 생활에 집중되게 하려는 자치경찰제가 구현되기 위한 선결과제라고 할 수 있다.

현행 자치경찰제에서는 시·도자치경찰위원회의 구성과 실질적인 운영을 통해 정치적 중립성을 보장하려는 제도적 장치를 마련하고 있는데, 시·도자치경찰위원의 자격요건과 위원회의 구성 및 임명에 있어서 구체성과 투명성을 보장하여 인사에 있어서 자의성이 개입되지 않도록 설계되어 있다.

국가 및 자치경찰법은 자치경찰사무를 관장하게 하기 위하여 시·도자치경찰위원회를 시·도지사 소속으로 두되, 동 위원회는 합의제 행정기관으로서 그 권한에 속하는 업무를 독립적으로 수행하도록 하고 있다(동법 제18조). 시·도자치경찰위원회 위원은 정치적 중립을 지켜

야 하며, 권한을 남용하여서는 아니 된다(동법 제20조 제4항). 시·도지사
는 시·도자치경찰위원회 위원을 임명함에 있어서 시·도지사 스스로
지명하는 1명 외에 시·도의회가 추천하는 2명, 국가경찰위원회가 추
천하는 1명, 해당 시·도 교육감이 추천하는 1명, 시·도자치경찰위원
회 위원추천위원회가 추천하는 2명을 포함하여 임명하도록 하고 있다
(동법 제20조 제1항).

특히 시·도자치경찰위원회 위원이 되고자 하는 경우에도, ① 정당
의 당원이거나 당적을 이탈한 날부터 3년이 지나지 아니한 사람, ②
선거에 의하여 취임하는 공직에 있거나 그 공직에서 퇴직한 날부터 3
년이 지나지 아니한 사람, ③ 경찰, 검찰, 국가정보원 직원 또는 군인의
직에 있거나 그 직에서 퇴직한 날부터 3년이 지나지 아니한 사람, ④
국가 및 지방자치단체의 공무원(국립 또는 공립대학의 조교수 이상의 직에 있
는 사람은 제외함)이거나 공무원이었던 사람으로서 퇴직한 날부터 3년이
지나지 아니한 사람, ⑤ 「지방공무원법」상 공무원 임용 결격사유(동법
제31조)에 해당하는 사람인 경우에는 위원 자격이 없도록 하고 있으며,
위원이 이러한 사유 중 어느 하나에 해당하는 경우에는 당연퇴직(동법
제20조 제7항)하게 함으로써 정치적 중립성 보장을 위한 법적 장치를 두
고 있다.

3. 자치경찰의 역할과 시·도지사의 권한

자치경찰제를 도입·시행함에 있어서 자치와 분권의 취지에 비추어
광역자치단체장의 권한확대가 바람직하다는 주장이 시·도 차원에서
적지 않은 게 사실이다. 하지만 이미 국가경찰사무가 대부분의 법집행

과 질서유지를 위한 경찰권 행사를 법으로 규정하였기도 하거니와, 생활안전, 교통, 지역경비, 일부 수사에만 제한적으로 영역을 걸쳐 있는 자치경찰사무의 기능적 본질에 비추어보더라도 자치경찰사무에 대하여는 종전과는 달리 권력적 차원에서 접근하는 것은 결코 바람직하지 않다. 이것은 자치경찰의 중립성 보장과 자치경찰의 전문성을 획기적으로 향상시키는데 장애가 될 수 있다는 점에서도 좋지 않은 영향을 줄 개연성이 있다. 국가 및 자치경찰법에서도 "시·도지사는 정치적 목적이나 개인적 이익을 위해 시·도자치경찰위원회의 업무와 관련하여 관여하여서는 아니 된다."고 규정하고 있다(동법 제24조 제2항). 더구나 미국 경찰의 경우에서도 1840년대부터 1900년대 초까지 (자치)경찰사무에 대한 정치적 접근은 지역사회와의 바람직하지 못한 친밀감을 형성하여 정치 지도자와 권력의 유착 등을 통한 정치적 부패는 물론, 지역사회에 대한 경찰의 과도한 동질성과 규범성으로 말미암아 이방인 및 규범 위반자에 대한 법집행에 있어서의 차별이라는 바람직하지 못한 결과를 가져오는 경향이 있었다.

다만, 이러한 주장의 배경에는 광역지방자치단체인 시·도의 자치경찰권 행사가 중앙정부와 국가경찰에 의해 과도하게 제약됨으로써 자치경찰제를 시행할 취지를 몰각시킬 수 있다는 점에서 경청할 가치가 있다. 따라서 단순히 시·도지사와 같이 광역지방자치단체장의 지휘·감독 권한이나 인사권한의 강화로만 접근할 것이 아니라, 자치경찰을 통해 지역치안의 책무를 지니게 된 지방자치단체의 개념에 충실할 수 있도록, 또 하나의 지방자치단체의 구성원인 시·도의회의 권한을 확장한다거나, 기타 교육감이나 지역주민의 참여권을 보장하는 차원에서 접근하는 사고방식의 전환도 고려할만하다. 이러한 사고방식과 접근방법의 전환을 통하여 자치경찰제 시행으로 인해 경찰조직 통제의 사각지대가 발생하고 경찰사무 집행의 비능률성을 초래하거나 자치경찰 무용론으로 비화되지 않도록 하는 것이 필요하다.

V. 자치경찰과 재정

1. 자치경찰제 시행과 재정분권

자치경찰제의 시행에 있어서 재정의 자치는 명실상부한 자치경찰제를 정착시키는 선결요건이 된다. 재정분권(fiscal decentralization)은 지방자치단체가 재정적으로 중앙정부로부터 독립할 수 있게 해줌으로써 지방자치단체의 재정적 권한을 강화시키는 결과로 이어진다. 안정적인 재정은 지역주민의 삶 중심의 지방자치를 가능하게 해 주며, 주민의 자율과 창의에 터 잡은 자치경찰 서비스의 강화로 나타나게 된다. 주민에게 공급되는 자치경찰서비스가 지역적 특색을 충실하게 반영할 수 있으며, 보다 다양하고 특화된 자치경찰 활동으로 인하여 공공지출의 효과성을 담보할 수 있다. 세율의 합리화 등을 통한 지방자치단체의 재정적 자립은 공공재인 자치경찰활동의 생산효율성을 높이게 되고 주민의 삶의 질을 향상시키는데 기여할 수 있도록 해준다. 결국 재정분권을 통한 자치경찰의 성공적 안착은 지방자치의 효과성을 높이는 결과를 가져오게 되는 정책 선순환의 구조를 감안한다면 지방자치단체가 재정적으로 자립할 수 있도록 하는 것은 자치경찰은 물론 지방자치의 완성에 반드시 요구된다고 하겠다.

역대 정부가 추진해왔던 자치경찰제 도입 논의가 지리멸렬해진 이유 가운데 하나는 지방자치단체의 부족한 재정문제도 한몫을 하였었다. 역설적으로 치안의 종국적인 책임은 중앙정부라고 보는 입장에서도 중앙정부가 전국의 광역지방자치단체에 기존 국가경찰 체제 하에서의 경찰예산을 포괄적으로 분할하여 넘겨줄 필요가 있다는 재정분권론적 주장은 적극적으로 검토할 필요가 있다. 이러한 전향적인 재정개혁 과정이 전제된다면 현재 국가경찰공무원들이 장차 자치경찰제의 확대에 따라 지방직 공무원으로 신분이 전환되는 것에 따라 갖게 되는 의구심과 불안감을 해소할 수 있을 것이고, 결과적으로 자치경찰조직에서도 우수한 인재선발이 가능해져서 이러한 우수한 인력을 기반으로 하는 자치경찰제 역시 성공적 안착이 기대될 수 있을 것이다.

2. 자치경찰사무를 위한 재원 및 예산

자치경찰 재정에 관한 논의는 대체로 중앙정부와 지방자치단체 간 적정한 재원 분담을 전제하고 있다. 국가경찰사무와 자치경찰사무 간 예산 규모의 합리적인 분배와 지방자치단체 간 자치경찰사무를 위한 예산의 형평성을 위해서는 법·제도적인 자치경찰 재원 확보가 중요하다. 이것은 17개 시·도의 지방자치단체 간 치안서비스가 재정불균형으로 말미암아 격차가 벌어지는 것을 막아서 균형 있는 자치경찰제의 발전을 도모하기 위함이다.

국가 및 자치경찰법에서는 자치경찰사무의 수행에 필요한 예산은 시·도자치경찰위원회의 심의·의결을 거쳐 시·도지사가 수립하도록 하고 있다(동법 제35조). 그러나 자치경찰사무 수행에 필요한 예산 마련

을 위한 재원에 관하여는 별도로 정해진 바가 없다. 국가로 하여금 지
방자치단체가 이관 받은 자치경찰사무를 원활히 수행할 수 있도록 인
력, 장비 등에 소요되는 비용에 대하여 재정적 지원을 하여야 한다는
규정(동법 제34조)만 두고 있을 뿐이다.

현행 자치경찰제는 국가경찰공무원이 중심이 되어 기존의 경찰사
무를 국가경찰사무와 자치경찰사무로 구분하는 것을 주요 내용으로
하고 있다. 따라서 당장에 지방자치단체는 자치경찰사무를 담당하는
경찰공무원에 대한 인건비, 시설, 장비, 시스템, 경상운영비 등에 대한
예산을 별도로 확보할 필요는 없다. 인건비는 국가경찰공무원 신분을
그대로 유지되는 상태여서 경찰청의 기정예산에서 충당하면 된다. 다
만 추가적인 예산이 소요될 수 있는 것은 시·도자치경찰위원회와 동
위원회의 사무국 설치·운영에 소요되는 인건비, 사무실 임대료, 기타
운영비 등이다. 시·도별 맞춤형 자치경찰서비스 제공이나 범죄예방시
스템·교통환경의 개선을 위한 자체시스템 개발 등에 필요한 추가 소
요가 발생할 경우에도 지방자치단체가 이를 부담하는 것을 원칙으로
한다. 이 경우에도 재정효율화를 위하여 지방자치단체와 경찰청이 공
동 개발 및 공동 활용을 사전에 협의하도록 하여야 할 것이다.

자치경찰사무에 필요한 국가의 재정적 지원과 관련하여, 1995년
지방자치의 확대 시행 이래 지방자치단체들 간의 재정력 격차 해소는
제대로 된 지방자치의 완성에 있어서 중요한 과제로 인식되어 왔다.
이하에서는 지방자치단체의 재정자립도와 재정자주도에 관한 논의를
통하여 자치경찰 재원 마련을 위한 우리나라의 지방자치단체의 재정
현황을 살펴본다.

재정자립도(financial independence rate)가 지방자치단체의 자체 재

원조달 면에서의 자립정도를 나타내는 것이라면, 재정자주도(financial autonomy rate)는 지방자치단체의 자주적인 지출능력 즉, 재원사용 면에서의 자율권을 나타내는 지표이다. 먼저 지방재정에 있어서 지방자치단체의 재정자립도[2]와 관련하여, 시·도 단위의 재정자립도는 〈표 3-5〉에서 보는 바와 같이 시·군·자치구의 그것에 비해 대체로 양호한 편으로 나타난다. 다만, 특별시·광역시는 최근까지 60%를 상회하는 수준의 재정자립도를 보이는 반면, 도(道)는 40%에도 미치지 못하고 있다. 지방세와 세외 수입을 제외하면 상당부분을 중앙정부의 재정적 지원에 의존하고 있음을 알 수 있다.

〈표 3-5〉 지방자치단체의 재정자립도 (단위: %)

구분	2014	2015	2016	2017	2018	2019	2020
전국평균(순계규모)	50.3	50.6	52.5	53.7	53.4	51.4	50.4
특·광역시(총계규모)	64.8	65.8	66.6	67.0	65.7	62.7	60.9
도(총계규모)	33.2	34.8	35.9	38.3	39.0	36.9	39.4
시(총계규모)	36.5	35.9	37.4	39.2	37.9	36.8	33.5
군(총계규모)	16.6	17.0	18.0	18.8	18.5	18.3	17.3
자치구(총계규모)	31.1	29.2	29.7	30.8	30.3	29.8	29.0

출처: e-나라지표, 행정안전부 「2020년도 지방자치단체 통합재정 개요」 (당초예산, 일반회계 기준)

이에 비해 지방자치단체의 재정자주도 재정자주도[3]는 지방자치단체가 재량권을 가지고 자주적으로 사용할 수 있는 재원이 지방자치단

---

2 재정자립도 = (지방세 + 세외수입) × 100 / 일반회계 예산규모
3 재정자주도 = (자체수입(지방세 + 세외수입) + 자주재원(지방교부세+조정교부금) × 100) / 일반회계

체 전체 세입 가운데 얼마나 되는가를 나타내는 지표로서, 지방세, 세외수입, 지방교부세 등 지방자치단체 재정수입 가운데 특정 목적이 정해지지 않는 일반 재원 비중을 뜻한다. 지방자치단체의 재정자주도는 〈표 3-6〉에서 보는 바와 같이 특별시·광역시 및 시·군의 재정자주도는 도(道)·자치구의 그것에 비해 상대적으로 높은 편으로 나타난다. 특별시·광역시 및 시·군의 재정자주도는 최근까지 60%-70% 수준인 반면, 도(道)·자치구의 그것은 40% 수준에 머물고 있음을 알 수 있다.

〈표 3-6〉 지방자치단체의 재정자주도 (단위: %)

구분	2014	2015	2016	2017	2018	2019	2020
전국평균(순계규모)	74.7	74.7	74.2	74.9	75.3	74.2	73.9
특·광역시(총계규모)	74.2	74.1	74.4	74.6	73.4	71.8	69.8
도(총계규모)	46.8	46.9	47.3	49.1	50.2	48.9	50.6
시(총계규모)	66.1	65.0	65.9	67.2	66.4	64.8	63.8
군(총계규모)	63.6	62.9	62.9	64.1	65.2	65.3	64.9
자치구(총계규모)	48.2	45.9	47.0	48.1	47.5	46.1	45.5

출처: e-나라지표, 행정안전부 「2020년도 지방자치단체 통합재정 개요」 (당초예산, 일반회계 기준)

이와 같은 지방자치단체의 재정자립도와 재정자주도 추이를 활용하면 일반이전재원 및 지방교부세를 포함한 지방재정 조정제도의 형평화 효과를 통해 지방정부의 재정력 격차를 완화할 수 있을 것으로 기대할 수 있다(주만수, 2014: 119-120 참고).

자치경찰제의 시행은 지방행정과 치안행정의 연계서비스를 통해 주민에게 필요한 공공서비스를 효율적으로 제공한다는 점에서 중요한 의미를 갖고 있기 때문에, 이러한 재정력 격차를 조정해 나가는 것은 연계서비스의 다른 한 축인 지방행정의 대응성을 높일 수 있고 자치경찰과의 연계서비스의 고리를 더욱 강화할 수 있다는 장점이 있다.

그럼에도 불구하고 자치경찰 재원의 성격과 관련하여 지방자치단체의 지방재정 관련지표에서 자치경찰재정은 지표 항목에서 제외하는 방향으로 검토할 필요가 있다. 지방교육세는 비록 세목이 지방세로 분류되지만 지방자치단체가 직접 그 재원을 사용하는 것이 아니라 교육자치단체에 전액 이전할 재원의 징수업무를 대행하는 것으로 보아 제외하는 것과 같은 이유에서이다. 이것은 자치경찰예산은 시·도자치경찰위원회의 심의·의결을 거쳐 시·도지사가 지역의 필요에 부합하도록 수립할 수 있게 일임하되, 자치경찰사무에 투입되는 사용목적 외에 다른 용도로의 전용(轉用)을 엄격히 막아 자치경찰재원의 안정화를 도모하자는 것이다.

3. 자치경찰과 관련된 기능별 예산 사례

1) 경찰서와 지구대 및 파출소 단위 예산 실태

통상 경찰서는 총경(4급) 계급의 경찰서장이 지휘하는데, 치안 수요가 많은 지역에서는 특별히 총경보다 한 계급 높은 경무관(3급)을 경찰서장으로 임명하고 있다. 이러한 중심경찰서(中心警察署)는 2021년 3월 현재 전국에 12곳이 지정되어 있는데(서울특별시경찰청 ① 서울송파경찰서와 ② 서울강서경찰서, 경기도남부경찰청 ③ 수원남부경찰서와 ④ 분당경찰서, ⑤ 부천원미경찰서, 충청북도경찰청 ⑥ 청주흥덕경찰서, 전라북도경찰청 ⑦ 전주완산경찰서, 경상남도경찰청 ⑧ 창원중부경찰서, 대구광역시경찰청 ⑨ 대구성서경찰서, 인천광역시경찰청 ⑩ 인천남동경찰서, 광주광역시경찰청 ⑪ 광주광산경찰서, 부산광역시경찰청 ⑫ 부산해운대경찰서), 이들 중심경찰서는 인구가 50만 명 이상인 시·군·자치구 등 기초지방자치단체에 설치되고 있으며, 일종의 '미니 시·도경찰청'이라고 할 수 있다. 자치경찰서비스의 주요 목표가 민생 경찰업무인 것에 비추어 볼 때, 이러한 중심경찰서가 자치경찰의 새로운 구심점이 될 수 있도록 권한위임, 역할조정, 조직정비 등의 후속 조치가 필요하다.

자치경찰의 재원 및 예산과 관련하여 〈표 3-7〉과 같이 중심경찰서인 00경찰서의 예산 내역을 살펴볼 수 있다.[4] 치안현장의 예산규모와 예산항목 등 예산 측면에 있어서 자치경찰의 현실을 이해하는데 도움이 될 수 있다. 다만, 현행 자치경찰제는 현장 경찰관이 국가직 경찰공무원 신분을 그대로 유지하도록 하고 있고, 나아가 인력, 장비 등에 소요되는 비용에 대하여 국가의 재정적 지원을 받을 수 있도록 법으로 정하고 있으므로 시·도 등 지방자치단체의 경우에는 인건비와 장비비 등을 포함한 전체적인 자치경찰사무에 관한 예산의 비중에 주목할 필요가 있다.

예시의 중심경찰서의 경우, 예산은 인건비 및 운영비 중 피복비와 재료비, 보전금과 민간이전 금액을 제외하고 약 50여억 원 정도의 규모이다. 문제는 자치경찰 관련 예산에 있어서는 자치경찰사무 집행의 최 일선이라고 인식되는 지구대와 파출소의 경우에 관련 예산이 6,800만 원 내지 3,600만 원 정도에 불과하다는 점이다. 특히, 주민과

---

4 00경찰서의 전체 정원은 1,040명(2020년)이며 경찰서 본실에 522명, 지구대파출소치안센터 등 본서 외 지역경찰은 518명이 최근 3년 정원이다. 해당 자치구는 인구가 668천여만 명, 세대수는 282천여 세대, 65세 이상 노인인구는 93천여 명, 외국인 수는 15천여 명 수준이다(행정안전부 주민등록 인구통계와 주민등록 인구 및 세대현황은 2020.12. 기준이고, 65세 이상 노인인구와 외국인 수는 KOSIS 국가통계포털, 고령인구 비율과 시군구별 외국인주민 현황을 참조하였으며 2020. 10. 30. 기준임).

항목	세목	생활안전	112	여성청소년	교통	경비	공통	00지구대	00파출소
인건비	인건비	-	-	-	-	수시	-	-	-
운영비	일반수용비	수시	수시	5,813	291	90	26,429	1,351	789
	공공요금 및 제세	수시	-	123	1,249	100	27,696	1,487	857
	피복비	-	-	-	-	수시	수시	-	-
	급식비	-	-	-	-	5,614	-	-	-
	특근매식비	수시	수시	수시	8,700	수시	17,754	2,476	1,061
	일·숙직비	-	-	-	-	-	7,544	-	-
	임차비	-	-	-	-	수시	-	-	-
	유류비	-	-	-	-	-	1,030	-	-
	시설장비유지비	수시	-	수시	수시	수시	11,110	493	272
	재료비	-	-	-	-	-	-	-	-
	관리용역비	-	-	-	-	-	4,300	-	-
	기타운영비	-	-	-	-	수시	5,071	수시	수시
여비	여비	수시	-	2,001	169	109	10,199	643	421
특수활동비	특수활동비	-	-	-	-	-	-	-	-
업무추진비	업무추진비	수시	-	-	-	-	2,525	149	104
직무수행경비	직무수행경비	132,038	4,560	21,624	24,417	수시	2,921	180	96
보전금	보전금	-	-	-	-	수시	-	-	-
민간이전	민간이전	-	-	-	-	-	-	-	-
건설비	건설비	수시	-	-	수시	-	35,064	-	-
유형자산	유형자산	-	-	-	수시	-	8,710	-	-
합 계		132,038	4,560	29,561	34,826	5,913	160,353	6,779	3,600

출처: 서울시경찰청 제공자료, 2021. 1. 25.

의 소통과 협업을 위한 예산으로 볼 수 있는 직무수행경비가 00지구대의 경우 연간 180여만 원이고 00파출소의 경우 연간 90여만 원 정도인 것으로 조사되고 있다. 자치경찰제로의 제도 변화를 주민들이 체감할 수 있으려면 자치경찰사무 수행에 필요한 지구대 및 파출소 등의 치안현장에서의 소통과 협업을 위한 자치경찰예산의 비중이 획기적으로 증가될 필요가 있다(이상훈 외, 2021: 92).

2) 경찰예산의 성질별 분포

경찰예산은 일반회계와 지역발전 특별회계 그리고 책임운영기관 특별회계, 기타 혁신도시건설 특별회계로 대별할 수 있다. 2020년 기준 일반회계는 인건비와 기본경비 그리고 주요 사업비로 구분되어 운영되고 있다. 이 가운데 인건비가 77%로 가장 많은 비중을 차지하고 있으며, 기본경비는 4% 그리고 주요사업비가 19%를 구성한다. 지금까지 경찰예산의 연간 증가율은 5년 평균 약 5% 수준으로 증가하는 경향을 나타내어 왔고, 이에 따른 일반회계 항목인 인건비와 기본경비 그리고 주요사업비도 비슷한 추세로 늘어나고 있다.

문제는 자치경찰제의 시행과 더불어 시·도단위 지방자치단체가 가지게 된 치안책무성으로 말미암아 국가와 지방자치단체의 공동책무로서의 경찰사무로서의 성격으로 변화하면서 재원 마련은 물론 재원의 부담 주체 간에 분담 비중에 대한 논쟁이 가열될 것으로 전망된다는 점이다.

3) 자치경찰 재원 마련을 위한 최근 논의

지금까지 기획재정부, 행정안전부, 경찰청 등 자치경찰의 재정 마련과 관련한 정부부처는 자치경찰제 운영을 위한 재원확보 방안에 대해 다각도로 전문가 의견을 청취하여 왔다. 포괄보조금, 교부세, 또는 지방세 확충 등이 주로 논의되는 가운데, 자치경찰교부금, 자치경찰교부세, 자치경찰보조금, 공동세, 그리고 원천적인 국세와 지방세의 비율 재조정, 자치경찰 교통행정에서 발생하는 과태료와 범칙금을 자치경찰 재원으로 사용하는 방안 등이 광범위하게 논의되고 있다.

이와 같은 자치경찰 재정 관련 논의는 지방자치단체 간의 재정격차에서 오는 치안불균형을 어떻게 하면 해소할 수 있을까 하는 문제의식에서 출발한다. 국가균형발전 특별회계 내 자치경찰 계정을 신설하여 각 지자체별로 지급하는 자치경찰 포괄보조금이나, 각 지방자치단체가 마련한 지방세 확충 재원을 지역상생 발전기금으로 공동 출연한 후 이를 각 지방자치단체 별 자치경찰 소요비용을 산정하여 재배분하는 방식 등도 이러한 배경에서 출발한다. 하지만 아직까지 관련 논의가 구체적인 내용으로까지 진행되고 소정의 결실로 나타난 바는 없다.

일반적으로는 지방자치의 실시와 관련하여 오랫동안 논의되어 온 국세와 지방세의 비율 조정에 관한 논의에서 지방세의 비중을 차츰 늘려가고 있는 현실을 감안한다면 자치경찰의 재원 역시 점진적이나마 안정화의 길을 걷게 될 것으로 전망된다. 이는 국세의 일부를 지방세로 전환하고 당해 지방세 가운데 일부를 자치경찰사무 수행에 필요한 재원으로 활용하는 방안이라고 할 수 있다. 이러한 해법은 중장기적인 국가조세권의 범위문제와 관련하여 국가·사회적 합의가 요구되는 부분이다. 하지만 보조금 성격의 재원은 중앙정부 의존성 때문에 자치경찰제 시행의 상징성과 자치의 본질을 흐려지게 할 우려가 지적된다. 공동세의 경우에도 지역 간 편차가 오히려 확대할 가능성이 있다는 지적이 있다. 중요한 것은 지방자치단체가 자치경찰제와 관련하여 별도의 '자치경찰 특별회계' 방식으로 운영하여 지방자치단체의 다른 예산 사업과 구분하여 관리·운용될 수 있도록 하여야 한다는 점이다.

4) 자치경찰 재원 마련과 주민 정서의 고려

자치경찰사무의 하나인 "교통사무"와 관련하여 「도로교통법」에 따라 부과·징수되는 세외수입으로 과태료와 범칙금이 발생하게 되는데, 자치경찰 재원 마련에 관한 여러 가지 해법 가운데에는 이를 자치경찰사무 수행에 필요한 재원으로 하자는 논의가 있다. 과태료의 유형으로는 주정차위반 과태료(도로교통법위반), 자동차책임보험 미가입 과태료(자동차손해배상법위반), 자동차관리법위반과태료(검사지연포함) 등이 있다.

이와 같은 교통경찰활동에 의해 징수된 수입의 일정부분을 자치경찰사무 수행의 재원으로 활용하는 방안과 더불어 주세(酒稅)의 일정부분을 자치경찰사무에 필요한 재원으로 활용하는 방안도 논의되고 있다. 술이 가져다주는 경제적 기여 외에 범죄와 무질서 유발에 있어서 주요 원인이 될 수 있다는 관점에서 관심을 받기에 충분하기 때문이다. 다만, 과태료와 과징금의 경우에는 지방자치단체의 교통경찰 정책 성향에 좌우되는 준조세(準租稅)적 성격을 일부 가지고 있다는 특성 때문에 주민들에게 부정적으로 비추어질 수 있다는 측면과 일정 부분 주민 저항에 봉착할 수 있다는 점에서 관련 정책수립 및 예산 책정 단계에서 유념할 필요가 있다.

VI. 자치경찰사무의 영역 확장성과 지방행정 연계사무

1. 자치경찰사무의 영역 확장성

지금까지의 국가경찰체제 하에서 지방자치단체는 경찰과의 협업이나 주민안전에 대한 효과적인 서비스 제공이 매우 제한적이었다. 하지만 자치경찰제의 시행으로 종전보다 훨씬 넓은 범주의 협업체계 구축이 가능하게 되었다. 물론 자치경찰제의 도입 논의에 있어서 이 같은 협업체계 구축이 시·도 등 지방행정기관이 담당하여 온 사무를 자치경찰에 전가하려는 불손한 시도로 해석되어 논란을 빚기도 하였다. 현장 경찰관들의 경우에는 자치경찰제 시행으로 자신들은 시·도의 일반행정사무의 보조자로 이용될 것이라는 우려를 표시하기도 하였다. 이러한 우려 표시로 말미암아 법안 심의과정에서 지역 내 노숙인, 주취자, 행려병자에 대한 보호조치, 지방자치단체가 관리하는 공공청사에 대한 경비 등 업무가 자치경찰의 사무 범주에서 삭제되기도 하였다.

지금까지 물리적 강제력 사용을 전제한 국가공권력의 집행자로서의 경찰과 주로 기초질서 위반 사건을 담당하는 지방자치단체의 담당자는 제도적으로 분리되어 운영되어 왔다. 이제 자치경찰제의 시행으로 일각에서는 시·도지사가 경찰력을 단순히 물리적 집행력 동원이 가능한 행정수단으로 활용하려는 경향도 보이고 있어서 우려된다. 하지만 지방행정과 자치경찰 연계서비스는 지방자치단체가 자치경찰을 포함하는 종합행정을 폭넓게 구현할 수 있다는 점에서 자치경찰제 도입·시행의 당연한 귀결로 받아들여진다. 이러한 연계서비스의 개발

과정에서 자치경찰사무는 본질적인 영역 확장성을 가지게 된다.

2. 지방행정과 자치경찰의 연계서비스

1) 연계서비스의 중요성

1991년 지방의회 구성과 1995년 민선 자치단체장의 선출, 2007년 직선제 교육감의 탄생에 이은 2021년 자치경찰제의 시행으로 지방행정-교육행정-경찰행정이 지방자치단체의 책임 하에 이루어지게 되는 이른바 '종합행정'이 가능해지게 되었다. 지방행정과 자치경찰의 연계서비스는 바로 이러한 '종합행정'를 이루고자 하였던 중요한 수단 가운데 하나이며, 종합행정을 통하여 주민의 삶의 질을 향상시키고자 하는 지방자치 시행 취지에 비추어 보아도 논리 필연적 과제라고 하겠다. 하지만 비록 일부이지만 우려의 시선도 적지 않다. 서로 다른 둘 이상의 영역이 협업을 이루는 가운데 힘겨루기에 밀리면 업무 떠넘기기가 발생할 수 있다는 피해의식이 작용하기 때문이다.

하지만 연계서비스 문제는 경찰학에서 경찰활동의 철학 내지 이론적 주류로 자리 잡고 있는 지역사회 경찰활동(community policing) 이론과 문제지향적 경찰활동(problem oriented policing) 이론의 학문적 배경에서 긍정적으로 고찰되어야 한다. 지방자치단체와 자치경찰은 연계서비스를 통하여 범죄와 무질서로 발전할 수 있는 지역사회의 제반 문제에 주민과 함께 접근하는 방식이야말로 범죄와 무질서를 근본적으로 해결하기 위한 종합적 접근방식이자 자치경찰활동의 철학이라고 할 수 있다.

전국 17개 광역 지방자치단체에서는 교육행정, 복지행정, 의료행정 등의 환경과 치안환경이 완전히 동일한 곳은 한 곳도 존재하지 않는다. 따라서 이러한 연계서비스를 개발·적용하더라도 동일한 효과를 가져 오는 경우가 오히려 드물 것으로 예상된다. 연계서비스의 개발에 있어서 지방자치단체의 내부역량과 외부환경에 관한 SWOT 분석이 반드시 선행되어야 하는 이유이다.

2) 교육행정과 자치경찰의 연계서비스

교육행정에 있어서도 이미 2004년 7월 시행된 「학교폭력예방 및 대책에 관한 법률」에서 지방자치단체의 책무가 규정되어 있고, 시·도별 학교폭력대책위원회, 개별 학교의 학교폭력대책위원회, 그리고 학교운영위원회에 지역주민, 학부모 그리고 지역주민의 참여가 이미 시행되고 있다. 따라서 이미 정착단계에 접어든 이러한 제도들이 교육행정과 소년사건 관련 자치경찰과의 통합성·연계성 속에서 연계서비스가 이루어질 수 있도록 지역별로 조례 제정 등이 필요하다. 이를 통하여 다양한 형태의 소년사건이나 학교폭력 사건에 대한 해결방안이 제시될 수 있을 것으로 예상된다. 지방자치단체는 이미 범죄예방과 관련하여 경찰과 함께 학교기반 범죄예방, 학교경찰(SPO), 청소년 선도프로그램, 범죄피해자보호프로그램 등을 함께 협력하여 왔다. 시민경찰학교의 운영이나 자율방범대 등 시민 참여형 범죄예방, 상가번영회 등과의 협력치안, 경찰정책에 관한 시민위원회 운영 등도 같은 맥락에서 이해할 수 있다.

3) 보건행정과 자치경찰의 연계서비스

주취자, 정신질환자, 마약이나 약물 남용자의 경우 경찰에 의한 보호와 제압은 일시적·일면적인 조치에 그치고 있기 때문에, 보다 실효성 있는 대책으로서 의료·보건적 차원에서의 지속적인 통합관리가 필요한 영역이다. 이 분야에 있어서도 자치경찰의 보호조치 등 경찰권 발동과 지방자치단체의 보건의료진을 연계한 서비스를 개발·시행할 필요가 있다. 주취자·정신질환자 등 보건영역에 있어서도 경찰행정은 수사를 통한 범인검거, 타인에게 위해를 야기하는 자에 대한 제압의 관점(use of police force)에서는 전문성이 인정되어 왔으나, 의료적 관점, 심리적 관점에서의 사전적 예방, 사후적 치료 및 관리업무는 지방자치단체의 보건행정을 중심으로 이루어질 수밖에 없는 실정이기 때문이다. 따라서 이 영역의 치안행정-지방보건행정-의료기관 간의 협업적 시스템을 지방자치단체별 조례를 통하여 구체화함으로써 경찰의 진압적 관점과 지방자치단체의 보건적 관점, 그리고 의료기관의 의학적 관점이 원 스톱(one-stop)으로 조화롭게 반영될 수 있어야 한다.

예를 들어, 지방자치단체가 주취자 문제에 대한 보건정책의 일환으로 통합보호센터를 지역의료기관에 설치하는 경우에, 자치경찰은 주취자의 현장 제압 및 보호, 그리고 지역의료기관으로의 인계를 담당하고, 이어서 주취자 입원수속 및 의료적 처방, 그리고 사후 지속적 관리 등의 제반조치는 지방자치단체의 담당부서 및 지역의료기관에서 책임지고 하도록 하면 될 것이다. 비슷한 예로, 자치경찰이 정신질환자로 의심되는 자를 일시 보호하는 경우에 정신질환 의심자가 병원으로 가기를 거부하는 경우에 자치경찰제가 시행되기 전에는 경찰관이 현장에서 정신질환자인지 여부를 확인할 수 없는 경우이어서 대응조치가 미흡한 측면이 많았다. 이제 자치경찰제의 시행으로 자치경찰과 지방자치단체의 협업체계가 가동되면 지역 정신건강복지센터의 의사가 직접 현장에 출장하여 정신질환여부를 판단할 수 있어서 지역사회에 불안해소와 정신질환자의 사회적 보호업무를 효과적으로 수행할 수 있게 된다.

1966년 세계보건기구가 각 나라의 정신보건법 제정을 위해 제시한 원칙에 따라 영미국가의 경우에는 지역사회에서 살아가면서 치료를 제대로 받을 수 있고, 정신질환자들의 인권이 최대한 보장되며, 유사 시 경찰과 지방자치단체 담당부서 공무원들의 도움을 받을 수 있도록 하면서도, 위기 시에는 전 지방자치단체의 부서가 연대하는 경찰 중심 정신건강 위기대응팀(Police-Based Specialized Police Response Team)을 설치하여 운영하고 있다(이상훈 외, 2021: 83)는 점을 적극적으로 검토할 필요가 있다.

4) 교통행정과 자치경찰의 연계서비스

국가 및 자치경찰법에 따라 교통사고 조사를 제외한 대부분의 교통경찰 사무가 자치경찰사무로 분류되면서 자치경찰의 교통기능과 지방자치단체의 교통행정부서의 기능 간 연계사무가 보다 활기를 띠게 될 것으로 예상된다.

국가의 교통사무를 연혁적으로 살펴보면, 경찰이 내무부 치안본부 소속으로 되어 있을 때에는 교통관련 예산편성과 교통경찰 관련 경비 지출에 있어서 시·도지사가 지역적인 요소를 감안하여 국비와 지방비의 편성·지출을 신축성 있게 실행할 수 있었다. 지방경찰조직으로서의 지방경찰국장이 법률상 시·도지사의 보조기관으로서의 지위에 있었기 때문이다. 하지만 1991년 경찰청이 내무부에서 독립하여 외청(外廳)이 된 이후 교통행정에 있어서 교통치안요소 분석과 지방비 투입의 문제가 사실상 이원화되어 운영되어 왔다. 이전까지는 지역의 교통안전시설물 설치를 지방비로 지출하는 것이 큰 문제가 되지 않았으나, 지방경찰청이 실질적으로 경찰청-지방경찰청으로 이어지는 국가경찰조직으로 역할을 함에 따라, 여전히 지역교통안전이 여전히 지방자치단체의 책무라는 점이 인정됨에도 불구하고 지방자치단체는 이를 이유로 교통안전시설물 설치에 지방비를 지출하는 것에 인색하거나 수동적으로 반응하는 현상이 존재하여 왔던 것이다(이상훈 외, 2021: 84).

이제 교통행정 영역이 '자치경찰사무'로 지정되고, 법에 따라 시·도지사가 시·도자치경찰위원회의 심의·의결을 거쳐 예산수립에 관한 권한을 가지게 된 만큼, 과거와 같은 문제가 크게 개선될 수 있을 것으로 기대된다. 즉, 교통관련 치안요소 판단 – 신호기·횡단보도·어린이 교통안전시설물 설치 심의-예산편성-시설물 관리 업무로 이어지는 일련의 절차에 있어서 시·도자치경찰위원회가 중심이 되어 지방자치단체에서 책무성을 가지고 일원적으로 처리될 수 있을 것이기 때문이다.

5) 복지행정과 자치경찰의 연계서비스

우리나라의 성폭력, 가정폭력을 비롯한 범죄피해자보호와 관련해서 「범죄피해자보호기금법」에 따른 연간 950억 원에 이르는 범죄피해자 보호기금이 주로 법무부, 여성가족부 등의 소관으로 되어 있고, 경찰청이 배당받는 비율은 전체 보호기금의 1.4%에 불과한 실정이다. 따라서 피해자에 대한 주거비지원, 의료지원 등이 사건 직후 단계인 경찰단계에서 즉시적으로 이루어지지 못하고 훨씬 이후 단계인 검찰단계에서 이루어진다는 점에서 문제제기가 있어 왔다(뉴스1, 2018.9.2.

기사). 국가 및 자치경찰법의 시행에 따라 성폭력, 가정폭력에 대한 예방과 피해자 보호활동이 자치경찰사무가 된 만큼 지방자치단체와의 보다 적극적인 협업이 가능하게 되었다.

아동학대 피해자의 보호 및 지원에 있어서도 단순히 경찰이 가해부모를 제압하는 것만으로는 아동학대 문제가 해결되지 않고, 가해부모에 대한 교육, 아동을 위한 쉼터 마련, 아동에 대한 정서적 보호 교육 등이 종합적으로 행해져야 할 필요가 있다. 마찬가지로 노인 안전 및 복지의 경우도 그동안 경찰행정과 지방행정이 별개로 운영되다 보니 종합적인 관점에서 업무를 수행할 수 없다는 비판이 있었다. 왜냐하면 도움을 필요로 하는 노인이 어디에 있는지와 같은 정보에 대하여 지방자치단체는 경찰과는 달리 그 내용을 알 수 없었던 경우가 많았던 것이다(이상훈 외, 2021: 84).

6) 주민과 자치경찰의 연계를 통한 공동체 치안

자치경찰은 그 본질이 민생치안(民生治安)과 맞닿아 있다. 주민의 삶의 질 향상을 목표로 하고 있기 때문에 자치경찰의 관심영역은 지역의 범죄발생과 무질서의 증가의 문제뿐만 아니라 지역공동체의 제반 문제점으로 확장되어야 한다. 이러한 논의의 이론적 배경은 바로 '지역사회 경찰활동(community policing)'과 문제지향적 경찰활동(problem oriented policing)에 터 잡고 있다.

지역사회 경찰활동은 주민의 관심과 참여를 통한 지역사회의 문제 해법에 대한 의견수렴을 강조한다. 자치경찰이 지역사회의 다양하고 변화에 주목하고 시민의 기대에 부응하려는 자세를 견지함으로써 자치경찰에 대한 긍정적 태도를 가지게 한다는 점에서 자치경찰의 지역의 사회적 기반을 공고히 하게 해 준다. 자치경찰은 지역사회의 제반 문제에 대한 문제해결사(problem solver)로서 이전보다는 다양하고 광범위한 영역에서 역할기대가 주어진다. 따라서 자치경찰의 업무 우선순위와 성과평가 기준이 종래의 신고에 대한 출동 등 대응에서 예방활동으로 옮겨가게 되고, 성과평가의 요소와 기준 역시 이러한 변화에 맞도록 대폭 조정될 필요가 있다. 한편 문제중심 경찰활동 역시 경찰활동이 사건지향적이기보다는 문제지향적이어야 한다는 점에서 자치경찰사무에 있어서의 문제해결의 실마리로서 작동하게 할 수 있을 것이다.

3. 자치경찰 역할기반 정비와 자치경찰의 역할 강화

생활안전사무, 교통사무, 지역행사 경비사무 등과 관련하여 자치경찰사무의 효율성을 높이기 위해서는 종래 국가경찰 중심체제 하에서의 지구대 파출소 위치 및 인력규모 등에 관한 자치경찰 치안데이터를 종합하고 이를 분석하여 자치경찰의 역량을 갖추어 나갈 필요가 있다. 경찰 행정의 고객을 주민으로 전환하는 것을 골자로 하여 전반적으로 주민중심 공동체 치안시스템으로 재편할 필요가 있다. 국가경찰조직으로 치안활동을 해 온 지도 70여 년이므로 그동안 신도시 출현과 도시 중심영역의 확장, 주요 인구의 이동 등의 변화가 있었으므로 반드시 요구된다. 새로운 여건에서 치안시스템을 다시 짠다는 제로베이스(zero-base) 관점에서 치안환경에 맞는 맞춤형 치안정책을 마련하는 것이 자치경찰의 성공적 안착을 위한 자치경찰 역량의 강화이다.

이러한 자치경찰의 역량 강화는 자치경찰제의 본격적인 시행과 맞물려 보다 과학적이고 체계적인 역량강화 방안으로 발전하여야 한다. 치안전문가적인 관점에서의 지역사회 범죄예방 모니터링 네트워크 구축, 범죄로 발전할 수 있는 제반 지역사회 문제에 대한 종합적·전문적 분석 시스템 정비, 지역사회 관점에서의 통합적 치안업무 평가지표의 개발, 지역사회 경찰활동의 비전에 맞춘 자치경찰의 비전과 목표의 재조정 등은 자치경찰사무의 수행에 관한 치안역량을 한 단계 더 끌어올리는 계기가 될 것이다(황의갑 외, 2019: 18 참조). 자치경찰제 시행 이후 자치경찰제도가 제도적으로 정착되어 감에 따라 점진적으로 치안문제에 대한 지역사회의 책임성 문제가 정책우선 순위에 있어서 중요해지려면 지방자치단체의 치안역량 강화와 여기에서 연유하는 치안행정에 대한 자신감이 전제되어야 할 것이다.

| 참고문헌 |

〈논문·연구보고서〉

신현주·김문주(2018). 4차 산업혁명 시대의 로봇 경찰의 역할에 관한 인문
　　학적 고찰, 「한국범죄정보연구」 4(1): 43-55.
이상훈(2019a). "한국 자치경찰제의 도입 모형: 정부안(홍익표 의원 대표발
　　의안) 검토를 중심으로" 「한국경찰학회보」 21(2): 51-82.
이상훈(2019b). "자치경찰제 도입의 법적 쟁점과 과제", 「경찰학 논총」
　　14(4): 243-274.
이상훈·신원부·박병욱(2021). 서울시 자치경찰의 성공적 안착을 위한 실
　　행방안 연구, 서울특별시 자치경찰정책 연구용역보고서.
주만수(2014). 지방정부의 재정력격차와 재정력역전 분석: 재정자립도와
　　재정자주도 활용, 「경제학 연구」 62(3): 119-145.
황의갑·박현호·김영식·신원부(2019). 지방행정과 치안행정의 효과적 연계
　　방안 연구, 대통령 소속 지방자치분권위원회 연구용역보고서.

〈기타 자료〉

경찰관 직무집행법, 법률 제17689호, 2020. 12. 22., 타법개정.
국가경찰과 자치경찰의 조직 및 운영에 관한 법률, 제17689호, 2020. 12.
　　22., 전부개정.
국정모니터링지표(e-나라지표), 지방자치단체 재정자립도 및 재정자주도
　　통계, 행정안전부 「2020년도 지방자치단체 통합재정 개요」 http://
　　www.index.go.kr/ 2021.3.8. 검색.

시·도자치경찰위원회에 두는 경찰공무원의 정원에 관한 규정, 대통령령 제
    31347호, 2020. 12. 31., 제정.

자치경찰사무와 시도자치경찰위원회의 조직 및 운영 등에 관한 규정, 대통
    령령 제31349호, 2020. 12. 31., 제정.

|부록|

국가경찰과 자치경찰의 조직 및 운영에 관한 법률

[시행 2021. 1. 1] [법률 제17689호, 2020. 12. 22, 전부개정]

제1장 총칙

제1조(목적) 이 법은 경찰의 민주적인 관리·운영과 효율적인 임무수행을 위하여 경찰의 기본조직 및 직무 범위와 그 밖에 필요한 사항을 규정함을 목적으로 한다.

제2조(국가와 지방자치단체의 책무) 국가와 지방자치단체는 국민의 생명·신체 및 재산을 보호하고 공공의 안녕과 질서유지에 필요한 시책을 수립·시행하여야 한다.

제3조(경찰의 임무) 경찰의 임무는 다음 각 호와 같다.

1. 국민의 생명·신체 및 재산의 보호
2. 범죄의 예방·진압 및 수사
3. 범죄피해자 보호
4. 경비·요인경호 및 대간첩·대테러 작전 수행
5. 공공안녕에 대한 위험의 예방과 대응을 위한 정보의 수집·작성 및 배포
6. 교통의 단속과 위해의 방지
7. 외국 정부기관 및 국제기구와의 국제협력
8. 그 밖에 공공의 안녕과 질서유지

제4조(경찰의 사무) ① 경찰의 사무는 다음 각 호와 같이 구분한다.

1. 국가경찰사무: 제3조에서 정한 경찰의 임무를 수행하기 위한 사무. 다만, 제2호의 자치경찰사무는 제외한다.

2. 자치경찰사무: 제3조에서 정한 경찰의 임무 범위에서 관할 지역의 생활안전·교통·경비·수사 등에 관한 다음 각 목의 사무

가. 지역 내 주민의 생활안전 활동에 관한 사무

1) 생활안전을 위한 순찰 및 시설의 운영

2) 주민참여 방범활동의 지원 및 지도

3) 안전사고 및 재해·재난 시 긴급구조지원

4) 아동·청소년·노인·여성·장애인 등 사회적 보호가 필요한 사람에 대한 보호 업무 및 가정폭력·학교폭력·성폭력 등의 예방

5) 주민의 일상생활과 관련된 사회질서의 유지 및 그 위반행위의 지도·단속. 다만, 지방자치단체 등 다른 행정청의 사무는 제외한다.

6) 그 밖에 지역주민의 생활안전에 관한 사무

나. 지역 내 교통활동에 관한 사무

1) 교통법규 위반에 대한 지도·단속

2) 교통안전시설 및 무인 교통단속용 장비의 심의·설치·관리

3) 교통안전에 대한 교육 및 홍보

4) 주민참여 지역 교통활동의 지원 및 지도

5) 통행 허가, 어린이 통학버스의 신고, 긴급자동차의 지정 신청 등 각종 허가 및 신고에 관한 사무

6) 그 밖에 지역 내의 교통안전 및 소통에 관한 사무

다. 지역 내 다중운집 행사 관련 혼잡 교통 및 안전 관리

라. 다음의 어느 하나에 해당하는 수사사무

　1) 학교폭력 등 소년범죄

　2) 가정폭력, 아동학대 범죄

　3) 교통사고 및 교통 관련 범죄

　4) 「형법」 제245조에 따른 공연음란 및 「성폭력범죄의 처벌 등에 관한 특례법」 제12조에 따른 성적 목적을 위한 다중이용 장소 침입행위에 관한 범죄

　5) 경범죄 및 기초질서 관련 범죄

　6) 가출인 및 「실종아동등의 보호 및 지원에 관한 법률」 제2조 제2호에 따른 실종아동등 관련 수색 및 범죄

② 제1항제2호가목부터 다목까지의 자치경찰사무에 관한 구체적인 사항 및 범위 등은 대통령령으로 정하는 기준에 따라 시·도조례로 정한다.

③ 제1항제2호라목의 자치경찰사무에 관한 구체적인 사항 및 범위 등은 대통령령으로 정한다.

제5조(권한남용의 금지) 경찰은 그 직무를 수행할 때 헌법과 법률에 따라 국민의 자유와 권리 및 모든 개인이 가지는 불가침의 기본적 인권을 보호하고, 국민 전체에 대한 봉사자로서 공정·중립을 지켜야 하며, 부여된 권한을 남용하여서는 아니 된다.

제6조(직무수행) ① 경찰공무원은 상관의 지휘·감독을 받아 직무를 수행하고, 그 직무수행에 관하여 서로 협력하여야 한다.

② 경찰공무원은 구체적 사건수사와 관련된 제1항의 지휘·감독의 적법성 또는 정당성에 대하여 이견이 있을 때에는 이의를 제기할

수 있다.

③ 경찰공무원의 직무수행에 필요한 사항은 따로 법률로 정한다.

제2장 국가경찰위원회

제7조(국가경찰위원회의 설치) ① 국가경찰행정에 관하여 제10조제1항 각 호의 사항을 심의·의결하기 위하여 행정안전부에 국가경찰위원회를 둔다.

② 국가경찰위원회는 위원장 1명을 포함한 7명의 위원으로 구성하되, 위원장 및 5명의 위원은 비상임(非常任)으로 하고, 1명의 위원은 상임(常任)으로 한다.

③ 제2항에 따른 위원 중 상임위원은 정무직으로 한다.

제8조(국가경찰위원회 위원의 임명 및 결격사유 등) ① 위원은 행정안전부장관의 제청으로 국무총리를 거쳐 대통령이 임명한다.

② 행정안전부장관은 위원 임명을 제청할 때 경찰의 정치적 중립이 보장되도록 하여야 한다.

③ 위원 중 2명은 법관의 자격이 있는 사람이어야 한다.

④ 위원은 특정 성(性)이 10분의 6을 초과하지 아니하도록 노력하여야 한다.

⑤ 다음 각 호의 어느 하나에 해당하는 사람은 위원이 될 수 없으며, 위원이 다음 각 호의 어느 하나에 해당하는 경우에는 당연퇴직한다.

1. 정당의 당원이거나 당적을 이탈한 날부터 3년이 지나지 아니한 사람

2. 선거에 의하여 취임하는 공직에 있거나 그 공직에서 퇴직한 날부터 3년이 지나지 아니한 사람

3. 경찰, 검찰, 국가정보원 직원 또는 군인의 직에 있거나 그 직에서 퇴직한 날부터 3년이 지나지 아니한 사람

4. 「국가공무원법」 제33조 각 호의 어느 하나에 해당하는 사람. 다만, 「국가공무원법」 제33조제2호 및 제5호에 해당하는 경우에는 같은 법 제69조제1호 단서에 따른다.

⑥ 위원에 대해서는 「국가공무원법」 제60조 및 제65조를 준용한다.

제9조(국가경찰위원회 위원의 임기 및 신분보장) ① 위원의 임기는 3년으로 하며, 연임(連任)할 수 없다. 이 경우 보궐위원의 임기는 전임자 임기의 남은 기간으로 한다.

② 위원은 중대한 신체상 또는 정신상의 장애로 직무를 수행할 수 없게 된 경우를 제외하고는 그 의사에 반하여 면직되지 아니한다.

제10조(국가경찰위원회의 심의·의결 사항 등) ① 다음 각 호의 사항은 국가경찰위원회의 심의·의결을 거쳐야 한다.

1. 국가경찰사무에 관한 인사, 예산, 장비, 통신 등에 관한 주요정책 및 경찰 업무 발전에 관한 사항

2. 국가경찰사무에 관한 인권보호와 관련되는 경찰의 운영·개선에 관한 사항

3. 국가경찰사무 담당 공무원의 부패 방지와 청렴도 향상에 관한 주요 정책사항

4. 국가경찰사무 외에 다른 국가기관으로부터의 업무협조 요청에 관한 사항

5. 제주특별자치도의 자치경찰에 대한 경찰의 지원·협조 및 협약 체결의 조정 등에 관한 주요 정책사항

6. 제18조에 따른 시·도자치경찰위원회 위원 추천, 자치경찰사무에 대한 주요 법령·정책 등에 관한 사항, 제25조제4항에 따른 시·도자치경찰위원회 의결에 대한 재의 요구에 관한 사항

7. 제2조에 따른 시책 수립에 관한 사항

8. 제32조에 따른 비상사태 등 전국적 치안유지를 위한 경찰청장의 지휘·명령에 관한 사항

9. 그 밖에 행정안전부장관 및 경찰청장이 중요하다고 인정하여 국가경찰위원회의 회의에 부친 사항

② 행정안전부장관은 제1항에 따라 심의·의결된 내용이 적정하지 아니하다고 판단할 때에는 재의(再議)를 요구할 수 있다.

제11조(국가경찰위원회의 운영 등) ① 국가경찰위원회의 사무는 경찰청에서 수행한다.

② 국가경찰위원회의 회의는 재적위원 과반수의 출석과 출석위원 과반수의 찬성으로 의결한다.

③ 이 법에 규정된 것 외에 국가경찰위원회의 운영 및 제10조제1항 각 호에 따른 심의·의결 사항의 구체적 범위, 재의 요구 등에 필요한 사항은 대통령령으로 정한다.

제3장 경찰청

제12조(경찰의 조직) 치안에 관한 사무를 관장하게 하기 위하여 행정안전부장관 소속으로 경찰청을 둔다.

제13조(경찰사무의 지역적 분장기관) 경찰의 사무를 지역적으로 분담하여 수행하게 하기 위하여 특별시·광역시·특별자치시·도·특별자치도(이하 "시·도"라 한다)에 시·도경찰청을 두고, 시·도경찰청장 소속으로 경찰서를 둔다. 이 경우 인구, 행정구역, 면적, 지리적 특성, 교통 및 그 밖의 조건을 고려하여 시·도에 2개의 시·도경찰청을 둘 수 있다.

제14조(경찰청장) ① 경찰청에 경찰청장을 두며, 경찰청장은 치안총감(治安總監)으로 보한다.

② 경찰청장은 국가경찰위원회의 동의를 받아 행정안전부장관의 제청으로 국무총리를 거쳐 대통령이 임명한다. 이 경우 국회의 인사청문을 거쳐야 한다.

③ 경찰청장은 국가경찰사무를 총괄하고 경찰청 업무를 관장하며 소속 공무원 및 각급 경찰기관의 장을 지휘·감독한다.

④ 경찰청장의 임기는 2년으로 하고, 중임(重任)할 수 없다.

⑤ 경찰청장이 직무를 집행하면서 헌법이나 법률을 위배하였을 때에는 국회는 탄핵 소추를 의결할 수 있다.

⑥ 경찰청장은 경찰의 수사에 관한 사무의 경우에는 개별 사건의 수사에 대하여 구체적으로 지휘·감독할 수 없다. 다만, 국민의 생명·신체·재산 또는 공공의 안전 등에 중대한 위험을 초래하는 긴급하고 중요한 사건의 수사에 있어서 경찰의 자원을 대규모로 동원하는 등 통합적으로 현장 대응할 필요가 있다고 판단할 만한 상당한 이유가 있는 때에는 제16조에 따른 국가수사본부장을 통하여 개별 사건의 수사에 대하여 구체적으로 지휘·감독할 수 있다.

⑦ 경찰청장은 제6항 단서에 따라 개별 사건의 수사에 대한 구체

적 지휘·감독을 개시한 때에는 이를 국가경찰위원회에 보고하여
야 한다.

⑧ 경찰청장은 제6항 단서의 사유가 해소된 경우에는 개별 사건의
수사에 대한 구체적 지휘·감독을 중단하여야 한다.

⑨ 경찰청장은 제16조에 따른 국가수사본부장이 제6항 단서의 사
유가 해소되었다고 판단하여 개별 사건의 수사에 대한 구체적 지
휘·감독의 중단을 건의하는 경우 특별한 이유가 없으면 이를 승인
하여야 한다.

⑩ 제6항 단서에서 규정하는 긴급하고 중요한 사건의 범위 등 필
요한 사항은 대통령령으로 정한다.

제15조(경찰청 차장) ① 경찰청에 차장을 두며, 차장은 치안정감(治安正
監)으로 보한다.

② 차장은 경찰청장을 보좌하며, 경찰청장이 부득이한 사유로 직
무를 수행할 수 없을 때에는 그 직무를 대행한다.

제16조(국가수사본부장) ① 경찰청에 국가수사본부를 두며, 국가수사
본부장은 치안정감으로 보한다.

② 국가수사본부장은 「형사소송법」에 따른 경찰의 수사에 관하여
각 시·도경찰청장과 경찰서장 및 수사부서 소속 공무원을 지휘·
감독한다.

③ 국가수사본부장의 임기는 2년으로 하며, 중임할 수 없다.

④ 국가수사본부장은 임기가 끝나면 당연히 퇴직한다.

⑤ 국가수사본부장이 직무를 집행하면서 헌법이나 법률을 위배하
였을 때에는 국회는 탄핵 소추를 의결할 수 있다.

⑥ 국가수사본부장을 경찰청 외부를 대상으로 모집하여 임용할 필

요가 있는 때에는 다음 각 호의 자격을 갖춘 사람 중에서 임용한다.

1. 10년 이상 수사업무에 종사한 사람 중에서 「국가공무원법」 제2
   조의2에 따른 고위공무원단에 속하는 공무원, 3급 이상 공무원
   또는 총경 이상 경찰공무원으로 재직한 경력이 있는 사람

2. 판사·검사 또는 변호사의 직에 10년 이상 있었던 사람

3. 변호사 자격이 있는 사람으로서 국가기관, 지방자치단체, 「공공
   기관의 운영에 관한 법률」 제4조에 따른 공공기관(이하 "국가기관
   등"이라 한다)에서 법률에 관한 사무에 10년 이상 종사한 경력이
   있는 사람

4. 대학이나 공인된 연구기관에서 법률학·경찰학 분야에서 조교수
   이상의 직이나 이에 상당하는 직에 10년 이상 있었던 사람

5. 제1호부터 제4호까지의 경력 기간의 합산이 15년 이상인 사람

⑦ 국가수사본부장을 경찰청 외부를 대상으로 모집하여 임용하는
경우 다음 각 호의 어느 하나에 해당하는 사람은 국가수사본부장
이 될 수 없다.

1. 「경찰공무원법」 제8조제2항 각 호의 결격사유에 해당하는 사람

2. 정당의 당원이거나 당적을 이탈한 날부터 3년이 지나지 아니한
   사람

3. 선거에 의하여 취임하는 공직에 있거나 그 공직에서 퇴직한 날
   부터 3년이 지나지 아니한 사람

4. 제6항제1호에 해당하는 공무원 또는 제6항제2호의 판사·검사
   의 직에서 퇴직한 날로부터 1년이 지나지 아니한 사람

5. 제6항제3호에 해당하는 사람으로서 국가기관등에서 퇴직한 날
   로부터 1년이 지나지 아니한 사람

제17조(하부조직) ① 경찰청의 하부조직은 본부·국·부 또는 과로 한다.

② 경찰청장·차장·국가수사본부장·국장 또는 부장 밑에 정책의 기획이나 계획의 입안 및 연구·조사를 통하여 그를 직접 보좌하는 담당관을 둘 수 있다.

③ 경찰청의 하부조직의 명칭 및 분장 사무와 공무원의 정원은 「정부조직법」 제2조제4항 및 제5항을 준용하여 대통령령 또는 행정안전부령으로 정한다.

제4장 시·도자치경찰위원회

제18조(시·도자치경찰위원회의 설치) ① 자치경찰사무를 관장하게 하기 위하여 특별시장·광역시장·특별자치시장·도지사·특별자치도지사(이하 "시·도지사"라 한다) 소속으로 시·도자치경찰위원회를 둔다.

② 시·도자치경찰위원회는 합의제 행정기관으로서 그 권한에 속하는 업무를 독립적으로 수행한다.

제19조(시·도자치경찰위원회의 구성) ① 시·도자치경찰위원회는 위원장 1명을 포함한 7명의 위원으로 구성하되, 위원장과 1명의 위원은 상임으로 하고, 5명의 위원은 비상임으로 한다.

② 위원은 특정 성(性)이 10분의 6을 초과하지 아니하도록 노력하여야 한다.

③ 위원 중 1명은 인권문제에 관하여 전문적인 지식과 경험이 있는 사람이 임명될 수 있도록 노력하여야 한다.

제20조(시·도자치경찰위원회 위원의 임명 및 결격사유) ① 시·도자치경찰위원회 위원은 다음 각 호의 사람을 시·도지사가 임명한다.

1. 시·도의회가 추천하는 2명

2. 국가경찰위원회가 추천하는 1명

3. 해당 시·도 교육감이 추천하는 1명

4. 시·도자치경찰위원회 위원추천위원회가 추천하는 2명

5. 시·도지사가 지명하는 1명

② 시·도자치경찰위원회 위원은 다음 각 호의 어느 하나에 해당하는 자격을 갖추어야 한다.

1. 판사·검사·변호사 또는 경찰의 직에 5년 이상 있었던 사람

2. 변호사 자격이 있는 사람으로서 국가기관등에서 법률에 관한 사무에 5년 이상 종사한 경력이 있는 사람

3. 대학이나 공인된 연구기관에서 법률학·행정학 또는 경찰학 분야의 조교수 이상의 직이나 이에 상당하는 직에 5년 이상 있었던 사람

4. 그 밖에 관할 지역주민 중에서 지방자치행정 또는 경찰행정 등의 분야에 경험이 풍부하고 학식과 덕망을 갖춘 사람

③ 시·도자치경찰위원회 위원장은 위원 중에서 시·도지사가 임명하고, 상임위원은 시·도자치경찰위원회의 의결을 거쳐 위원 중에서 위원장의 제청으로 시·도지사가 임명한다. 이 경우 위원장과 상임위원은 지방자치단체의 공무원으로 한다.

④ 위원은 정치적 중립을 지켜야 하며, 권한을 남용하여서는 아니된다.

⑤ 공무원이 아닌 위원에 대해서는 「지방공무원법」 제52조 및 제57조를 준용한다.

⑥ 공무원이 아닌 위원은 그 소관 사무와 관련하여 형법이나 그 밖

의 법률에 따른 벌칙을 적용할 때에는 공무원으로 본다.

⑦ 다음 각 호의 어느 하나에 해당하는 사람은 위원이 될 수 없다. 위원이 각 호의 어느 하나에 해당한 경우에는 당연퇴직한다.

1. 정당의 당원이거나 당적을 이탈한 날부터 3년이 지나지 아니한 사람

2. 선거에 의하여 취임하는 공직에 있거나 그 공직에서 퇴직한 날부터 3년이 지나지 아니한 사람

3. 경찰, 검찰, 국가정보원 직원 또는 군인의 직에 있거나 그 직에서 퇴직한 날부터 3년이 지나지 아니한 사람

4. 국가 및 지방자치단체의 공무원(국립 또는 공립대학의 조교수 이상의 직에 있는 사람은 제외한다. 이하 이 조에서 같다)이거나 공무원이었던 사람으로서 퇴직한 날부터 3년이 지나지 아니한 사람. 다만, 제20조제3항 후단에 따라 위원장과 상임위원이 지방자치단체의 공무원이 된 경우에는 당연퇴직하지 아니한다.

5. 「지방공무원법」 제31조 각 호의 어느 하나에 해당하는 사람. 다만, 「지방공무원법」 제31조제2호 및 제5호에 해당하는 경우에는 같은 법 제61조제1호 단서에 따른다.

⑧ 그 밖에 위원의 임명방법 등에 관하여 필요한 사항은 대통령령으로 정하는 기준에 따라 시·도조례로 정한다.

제21조(시·도자치경찰위원회 위원추천위원회) ① 시·도자치경찰위원회 위원 추천을 위하여 시·도지사 소속으로 시·도자치경찰위원회 위원추천위원회를 둔다.

② 시·도지사는 시·도자치경찰위원회 위원추천위원회에 각계각층의 관할 지역주민의 의견이 수렴될 수 있도록 위원을 구성하여

야 한다.

③ 시·도자치경찰위원회 위원추천위원회 위원의 수, 자격, 구성, 위원회 운영 등에 관하여 필요한 사항은 대통령령으로 정한다.

제22조(시·도자치경찰위원회 위원장의 직무) ① 시·도자치경찰위원회 위원장은 시·도자치경찰위원회를 대표하고 회의를 주재하며 시·도자치경찰위원회의 의결을 거쳐 업무를 수행한다.

② 시·도자치경찰위원회 위원장이 부득이한 사유로 직무를 수행할 수 없을 때에는 상임위원, 시·도자치경찰위원회 위원 중 연장자순으로 그 직무를 대행한다.

제23조(시·도자치경찰위원회 위원의 임기 및 신분보장) ① 시·도자치경찰위원회 위원장과 위원의 임기는 3년으로 하며, 연임할 수 없다.

② 보궐위원의 임기는 전임자 임기의 남은 기간으로 하되, 전임자의 남은 임기가 1년 미만인 경우 그 보궐위원은 제1항에도 불구하고 한 차례만 연임할 수 있다.

③ 위원은 중대한 신체상 또는 정신상의 장애로 직무를 수행할 수 없게 된 경우를 제외하고는 그 의사에 반하여 면직되지 아니한다.

제24조(시·도자치경찰위원회의 소관 사무) ① 시·도자치경찰위원회의 소관 사무는 다음 각 호로 한다.

1. 자치경찰사무에 관한 목표의 수립 및 평가
2. 자치경찰사무에 관한 인사, 예산, 장비, 통신 등에 관한 주요정책 및 그 운영지원
3. 자치경찰사무 담당 공무원의 임용, 평가 및 인사위원회 운영
4. 자치경찰사무 담당 공무원의 부패 방지와 청렴도 향상에 관한 주요 정책 및 인권침해 또는 권한남용 소지가 있는 규칙, 제도,

정책, 관행 등의 개선

5. 제2조에 따른 시책 수립

6. 제28조제2항에 따른 시·도경찰청장의 임용과 관련한 경찰청장
과의 협의, 제30조제4항에 따른 평가 및 결과 통보

7. 자치경찰사무 감사 및 감사의뢰

8. 자치경찰사무 담당 공무원의 주요 비위사건에 대한 감찰요구

9. 자치경찰사무 담당 공무원에 대한 징계요구

10. 자치경찰사무 담당 공무원의 고충심사 및 사기진작

11. 자치경찰사무와 관련된 중요사건·사고 및 현안의 점검

12. 자치경찰사무에 관한 규칙의 제정·개정 또는 폐지

13. 지방행정과 치안행정의 업무조정과 그 밖에 필요한 협의·조정

14. 제32조에 따른 비상사태 등 전국적 치안유지를 위한 경찰청장
의 지휘·명령에 관한 사무

15. 국가경찰사무·자치경찰사무의 협력·조정과 관련하여 경찰청
장과 협의

16. 국가경찰위원회에 대한 심의·조정 요청

17. 그 밖에 시·도지사, 시·도경찰청장이 중요하다고 인정하여
시·도자치경찰위원회의 회의에 부친 사항에 대한 심의·의결

② 시·도자치경찰위원회의 업무와 관련하여 시·도지사는 정치적
목적이나 개인적 이익을 위해 관여하여서는 아니 된다.

제25조(시·도자치경찰위원회의 심의·의결사항 등) ① 시·도자치경찰위원
회는 제24조의 사무에 대하여 심의·의결한다.

② 시·도자치경찰위원회의 회의는 재적위원 과반수의 출석과 출
석위원 과반수의 찬성으로 의결한다.

③ 시·도지사는 제1항에 관한 시·도자치경찰위원회의 의결이 적정하지 아니하다고 판단할 때에는 재의를 요구할 수 있다.

④ 위원회의 의결이 법령에 위반되거나 공익을 현저히 해친다고 판단되면 행정안전부장관은 미리 경찰청장의 의견을 들어 국가경찰위원회를 거쳐 시·도지사에게 제3항의 재의를 요구하게 할 수 있고, 경찰청장은 국가경찰위원회와 행정안전부장관을 거쳐 시·도지사에게 재의를 요구하게 할 수 있다.

⑤ 시·도자치경찰위원회의 위원장은 재의요구를 받은 날부터 7일 이내에 회의를 소집하여 재의결하여야 한다. 이 경우 재적위원 과반수의 출석과 출석위원 3분의 2 이상의 찬성으로 전과 같은 의결을 하면 그 의결사항은 확정된다.

제26조(시·도자치경찰위원회의 운영 등) ① 시·도자치경찰위원회의 회의는 정기적으로 개최하여야 한다. 다만 위원장이 필요하다고 인정하는 경우, 위원 2명 이상이 요구하는 경우 및 시·도지사가 필요하다고 인정하는 경우에는 임시회의를 개최할 수 있다.

② 시·도자치경찰위원회는 회의 안건과 관련된 이해관계인이 있는 경우 그 의견을 듣거나 회의에 참석하게 할 수 있다.

③ 시·도자치경찰위원회의 위원 중 공무원이 아닌 위원에게는 예산의 범위에서 직무활동에 필요한 비용 등을 지급할 수 있다.

④ 그 밖에 시·도자치경찰위원회의 운영 등에 필요한 사항은 대통령령으로 정하는 기준에 따라 시·도조례로 정한다.

제27조(사무기구) ① 시·도자치경찰위원회의 사무를 처리하기 위하여 시·도자치경찰위원회에 필요한 사무기구를 둔다.

② 사무기구에는 「지방자치단체에 두는 국가공무원의 정원에 관

한 법률」에도 불구하고 대통령령으로 정하는 바에 따라 경찰공무원을 두어야 한다.

③ 제주특별자치도에는「제주특별자치도 설치 및 국제자유도시 조성을 위한 특별법」제44조제3항에도 불구하고 같은 법 제6조제1항 단서에 따라 이 법 제27조제2항을 우선하여 적용한다.

④ 사무기구의 조직·정원·운영 등에 관하여 필요한 사항은 경찰청장의 의견을 들어 대통령령으로 정하는 기준에 따라 시·도조례로 정한다.

제5장 시·도경찰청 및 경찰서 등

제28조(시·도경찰청장) ① 시·도경찰청에 시·도경찰청장을 두며, 시·도경찰청장은 치안정감·치안감(治安監) 또는 경무관(警務官)으로 보한다.

②「경찰공무원법」제7조에도 불구하고 시·도경찰청장은 경찰청장이 시·도자치경찰위원회와 협의하여 추천한 사람 중에서 행정안전부장관의 제청으로 국무총리를 거쳐 대통령이 임용한다.

③ 시·도경찰청장은 국가경찰사무에 대해서는 경찰청장의 지휘·감독을, 자치경찰사무에 대해서는 시·도자치경찰위원회의 지휘·감독을 받아 관할구역의 소관 사무를 관장하고 소속 공무원 및 소속 경찰기관의 장을 지휘·감독한다. 다만, 수사에 관한 사무에 대해서는 국가수사본부장의 지휘·감독을 받아 관할구역의 소관 사무를 관장하고 소속 공무원 및 소속 경찰기관의 장을 지휘·감독한다.

④ 제3항 본문의 경우 시·도자치경찰위원회는 자치경찰사무에 대해 심의·의결을 통하여 시·도경찰청장을 지휘·감독한다. 다만, 시·도자치경찰위원회가 심의·의결할 시간적 여유가 없거나 심의·의결이 곤란한 경우 대통령령으로 정하는 바에 따라 시·도자치경찰위원회의 지휘·감독권을 시·도경찰청장에게 위임한 것으로 본다.

제29조(시·도경찰청 차장) ① 시·도경찰청에 차장을 둘 수 있다.

② 차장은 시·도경찰청장을 보좌하여 소관 사무를 처리하고 시·도경찰청장이 부득이한 사유로 직무를 수행할 수 없을 때에는 그 직무를 대행한다.

제30조(경찰서장) ① 경찰서에 경찰서장을 두며, 경찰서장은 경무관, 총경(總警) 또는 경정(警正)으로 보한다.

② 경찰서장은 시·도경찰청장의 지휘·감독을 받아 관할구역의 소관 사무를 관장하고 소속 공무원을 지휘·감독한다.

③ 경찰서장 소속으로 지구대 또는 파출소를 두고, 그 설치기준은 치안수요·교통·지리 등 관할구역의 특성을 고려하여 행정안전부령으로 정한다. 다만, 필요한 경우에는 출장소를 둘 수 있다.

④ 시·도자치경찰위원회는 정기적으로 경찰서장의 자치경찰사무 수행에 관한 평가결과를 경찰청장에게 통보하여야 하며 경찰청장은 이를 반영하여야 한다.

제31조(직제) 시·도경찰청 및 경찰서의 명칭, 위치, 관할구역, 하부조직, 공무원의 정원, 그 밖에 필요한 사항은 「정부조직법」 제2조제4항 및 제5항을 준용하여 대통령령 또는 행정안전부령으로 정한다.

제6장 비상사태 등 전국적 치안유지를 위한 경찰청장의 지휘·명령

제32조(비상사태 등 전국적 치안유지를 위한 경찰청장의 지휘·명령) ① 경찰청장은 다음 각 호의 경우에는 제2항에 따라 자치경찰사무를 수행하는 경찰공무원(제주특별자치도의 자치경찰공무원을 포함한다)을 직접 지휘·명령할 수 있다.

1. 전시·사변, 천재지변, 그 밖에 이에 준하는 국가 비상사태, 대규모의 테러 또는 소요사태가 발생하였거나 발생할 우려가 있어 전국적인 치안유지를 위하여 긴급한 조치가 필요하다고 인정할 만한 충분한 사유가 있는 경우

2. 국민안전에 중대한 영향을 미치는 사안에 대하여 다수의 시·도에 동일하게 적용되는 치안정책을 시행할 필요가 있다고 인정할 만한 충분한 사유가 있는 경우

3. 자치경찰사무와 관련하여 해당 시·도의 경찰력으로는 국민의 생명·신체·재산의 보호 및 공공의 안녕과 질서유지가 어려워 경찰청장의 지원·조정이 필요하다고 인정할 만한 충분한 사유가 있는 경우

② 경찰청장은 제1항에 따른 조치가 필요한 경우에는 시·도자치경찰위원회에 자치경찰사무를 담당하는 경찰공무원을 직접 지휘·명령하려는 사유 및 내용 등을 구체적으로 제시하여 통보하여야 한다.

③ 제2항에 따른 통보를 받은 시·도자치경찰위원회는 정당한 사유가 없으면 즉시 자치경찰사무를 담당하는 경찰공무원에게 경찰청장의 지휘·명령을 받을 것을 명하여야 하며, 제1항에 규정된 사

유에 해당하지 아니한다고 인정하면 시·도자치경찰위원회의 의결을 거쳐 경찰청장에게 그 지휘·명령의 중단을 요청할 수 있다.

④ 경찰청장이 제1항에 따라 지휘·명령을 하는 경우에는 국가경찰위원회에 즉시 보고하여야 한다. 다만, 제1항제3호의 경우에는 미리 국가경찰위원회의 의결을 거쳐야 하며 긴급한 경우에는 우선 조치 후 지체 없이 국가경찰위원회의 의결을 거쳐야 한다.

⑤ 제4항에 따라 보고를 받은 국가경찰위원회는 제1항에 규정된 사유에 해당하지 아니한다고 인정하면 그 지휘·명령을 중단할 것을 의결하여 경찰청장에게 통보할 수 있다.

⑥ 경찰청장은 제1항에 따라 지휘·명령할 수 있는 사유가 해소된 때에는 경찰공무원에 대한 지휘·명령을 즉시 중단하여야 한다.

⑦ 시·도자치경찰위원회는 제1항제3호에 해당하는 경우 의결로 지원·조정의 범위·기간 등을 정하여 경찰청장에게 지원·조정을 요청할 수 있다.

⑧ 경찰청장은 제주특별자치도경찰청의 관할구역에서 제1항의 지휘·명령권을 제주특별자치도경찰청장에게 위임할 수 있다.

제7장 치안분야의 과학기술진흥

제33조(치안에 필요한 연구개발의 지원 등) ① 경찰청장은 치안에 필요한 연구·실험·조사·기술개발(이하 "연구개발사업"이라 한다) 및 전문인력 양성 등 치안분야의 과학기술진흥을 위한 시책을 마련하여 추진하여야 한다.

② 경찰청장은 연구개발사업을 효율적으로 추진하기 위하여 다음

각 호의 어느 하나에 해당하는 기관 또는 단체 등과 협약을 맺어 연구개발사업을 실시하게 할 수 있다.

1. 국공립 연구기관
2. 「특정연구기관 육성법」 제2조에 따른 특정연구기관
3. 「과학기술분야 정부출연연구기관 등의 설립·운영 및 육성에 관한 법률」에 따라 설립된 과학기술분야 정부출연연구기관
4. 「고등교육법」에 따른 대학·산업대학·전문대학 및 기술대학
5. 「민법」이나 다른 법률에 따라 설립된 법인으로서 치안분야 연구기관 또는 법인 부설 연구소
6. 「기초연구진흥 및 기술개발지원에 관한 법률」 제14조의2제1항에 따라 인정받은 기업부설연구소 또는 기업의 연구개발전담부서
7. 그 밖에 대통령령으로 정하는 치안분야 관련 연구·조사·기술개발 등을 수행하는 기관 또는 단체

③ 경찰청장은 제2항 각 호의 기관 또는 단체 등에 대하여 연구개발사업을 실시하는 데 필요한 경비의 전부 또는 일부를 출연하거나 보조할 수 있다.

④ 제2항에 따른 연구개발사업의 실시와 제3항에 따른 출연금의 지급·사용 및 관리 등에 필요한 사항은 대통령령으로 정한다.

제8장 보 칙

제34조(자치경찰사무에 대한 재정적 지원) 국가는 지방자치단체가 이관받은 사무를 원활히 수행할 수 있도록 인력, 장비 등에 소요되는

비용에 대하여 재정적 지원을 하여야 한다.

제35조(예산) ① 자치경찰사무의 수행에 필요한 예산은 시·도자치
경찰위원회의 심의·의결을 거쳐 시·도지사가 수립한다. 이 경우
시·도자치경찰위원회는 경찰청장의 의견을 들어야 한다.

② 시·도지사는 자치경찰사무 담당 공무원에게 조례에서 정하는
예산의 범위에서 재정적 지원 등을 할 수 있다.

③ 시·도의회는 관련 예산의 효율적인 관리를 위하여 의결로써 자
치경찰사무에 대해 시·도자치경찰위원장의 출석 및 자료 제출을
요구할 수 있다.

제36조(세종특별자치시자치경찰위원회에 대한 특례) ① 세종특별자치시
자치경찰위원회에 대해서는 제19조제1항 및 제20조제3항에도 불
구하고 위원장 및 상임위원을 비상임으로 할 수 있다.

② 제27조에도 불구하고 세종특별자치시자치경찰위원회에는 사
무기구를 두지 아니하며 세종특별자치시자치경찰위원회의 사무
는 세종특별자치시경찰청에서 처리한다.

부칙 〈제17689호, 2020. 12. 22.〉

제1조(시행일) 이 법은 2021년 1월 1일부터 시행한다.

제2조(이 법의 시행을 위한 준비행위 등) 국가수사본부와 시·도자치경찰
위원회의 구성 및 자치경찰사무의 처리에 필요한 인력·시설·장비
의 확보 등 자치경찰사무 수행에 필요한 준비행위 및 시범운영은
이 법 시행 전부터 할 수 있다.

제3조(자치경찰사무 수행에 관한 시범운영 특례) ① 시·도경찰청장과

시·도자치경찰위원회는 협의하여 이 법에 따른 자치경찰사무의 수행에 관하여 시범운영을 실시할 수 있다.

② 제1항에 따른 자치경찰사무 수행에 필요한 시범운영은 2021년 6월 30일까지 완료하여야 한다.

③ 제1항에 따른 자치경찰사무 수행에 필요한 시범운영과 관련된 구체적 사항은 대통령령으로 정한다.

제4조(경찰위원회 등에 관한 경과조치) ① 이 법 시행 당시의 경찰위원회, 경찰위원회 위원장 및 위원(이하 이 조에서 "경찰위원회등"이라 한다)은 이 법에 따른 국가경찰위원회, 국가경찰위원회 위원장 및 위원(이하 이 조에서 "국가경찰위원회등"이라 한다)으로 본다. 이 경우 해당 위원장 및 위원의 임기는 잔여기간으로 한다.

② 이 법 시행 당시 종전의 규정에 따른 경찰위원회등의 행위 또는 경찰위원회등에 대한 행위는 이 법에 따른 국가경찰위원회등의 행위 또는 국가경찰위원회등에 대한 행위로 본다.

제5조(지방경찰청 등에 관한 경과조치) ① 이 법 시행 당시의 지방경찰청 및 지방경찰청장(이하 이 조에서 "지방경찰청등"이라고 한다)은 이 법에 따른 시·도경찰청 및 시·도경찰청장(이하 이 조에서 "시·도경찰청등"이라 한다)으로 본다.

② 이 법 시행 당시 종전의 규정에 따른 지방경찰청등의 행위 또는 지방경찰청등에 대한 행위는 이 법에 따른 시·도경찰청등의 행위 또는 시·도경찰청등에 대한 행위로 본다.

제6조(행정처분등에 관한 경과조치) 법률 제4369호 경찰법 시행 당시 종전의 규정에 따라 내무부장관·서울특별시장·직할시장 또는 도지사등 행정기관이 행한 행정처분 기타 행정기관의 행위 또는 각종

신고 기타 행정기관에 대한 행위는 그에 해당하는 이 법에 의한 행정기관의 행위 또는 행정기관에 대한 행위로 본다.

제7조(다른 법률의 개정) ① 가족관계의 등록 등에 관한 법률 일부를 다음과 같이 개정한다.

제52조제1항, 제90조제1항 및 같은 조 제2항 중 "국가경찰공무원"을 각각 "경찰공무원"으로 한다.

② 감염병의 예방에 관한 법률 일부를 다음과 같이 개정한다.

제60조제4항 및 제60조의2제5항 중 "「경찰법」 제2조"를 각각 "「국가경찰과 자치경찰의 조직 및 운영에 관한 법률」 제12조 및 제13조"로 한다.

제76조의2제2항 전단 중 "「경찰법」 제2조에 따른 경찰청, 지방경찰청 및 경찰서"를 "「국가경찰과 자치경찰의 조직 및 운영에 관한 법률」에 따른 경찰청, 시·도경찰청 및 경찰서"로 한다.

③ 경비업법 일부를 다음과 같이 개정한다.

제4조제1항 전단 및 같은 조 제3항 각 호 외의 부분, 제14조제3항 전단 및 같은 조 제4항 전단, 제16조제1항, 같은 조 제3항 및 제4항, 제16조의3제2항, 같은 조 제3항 및 제4항, 제17조제1항부터 제4항까지, 제19조제2항제1호, 제20조제2항제2호, 제21조 각 호 외의 부분, 제24조제1항부터 제4항까지, 제25조, 제27조제1항, 제28조제4항제6호, 제31조제3항 중 "지방경찰청장"을 각각 "시·도경찰청장"으로 한다.

④ 경찰공제회법 일부를 다음과 같이 개정한다.

제7조제1항제1호 중 "국가경찰공무원"을 "경찰공무원"으로 한다.

⑤ 경찰관 직무집행법 일부를 다음과 같이 개정한다.

제1조제1항 중 "경찰관(국가경찰공무원만 해당한다. 이하 같다)"을 "경찰관(경찰공무원만 해당한다. 이하 같다)"으로 한다.

제11조의2제4항 및 제6항, 제11조의3제1항 각 호 외의 부분, 같은 조 제2항 및 제4항부터 제6항까지 중 "지방경찰청장"을 각각 "시·도경찰청장"으로 한다.

제11조의2제5항 전단 및 후단 중 "경찰위원회"를 각각 "국가경찰위원회"로 한다.

⑥ 경찰대학 설치법 일부를 다음과 같이 개정한다.

제10조제1항 전단 중 "국가경찰공무원"을 "경찰공무원"으로, "국가경찰에"를 "경찰에"로 한다.

⑦ 경찰제복 및 경찰장비의 규제에 관한 법률 일부를 다음과 같이 개정한다.

제3조제1항제1호 및 제2호 중 "국가경찰공무원"을 각각 "경찰공무원"으로 한다.

⑧ 경찰직무 응원법 일부를 다음과 같이 개정한다.

제1조제1항 중 "지방경찰청장"을 "시·도경찰청장"으로 한다. 제1조제2항 중 "지방경찰청장"을 "시·도경찰청장"으로, "다른 지방경찰청"을 "다른 시·도경찰청"으로 한다.

제2조 중 "지방경찰청"을 "시·도경찰청"으로 한다.

제3조 중 "지방경찰청장"을 "시·도경찰청장"으로, "다른 지방경찰청"을 "다른 시·도경찰청"으로 한다.

⑨ 공공재정 부정청구 금지 및 부정이익 환수 등에 관한 법률 일부를 다음과 같이 개정한다.

제21조제1항 후단 및 같은 조 제3항 중 "관할 지방경찰청장"을 각

각 "관할 시·도경찰청장"으로 한다.

⑩ 공직선거법 일부를 다음과 같이 개정한다.

제9조제2항 중 "국가경찰공무원(檢察搜査官 및 軍司法警察官吏를 포함한다)은"을 "경찰공무원(檢察搜査官 및 軍司法警察官吏를 포함한다)은"으로 한다.

⑪ 공직자윤리법 일부를 다음과 같이 개정한다.

제10조제1항제8호 중 "지방경찰청장"을 "시·도경찰청장"으로 한다.

⑫ 공항시설법 일부를 다음과 같이 개정한다.

제56조제7항 중 "국가경찰공무원(의무경찰을 포함한다) 또는 자치경찰공무원"을 "경찰공무원(의무경찰을 포함한다) 또는 자치경찰공무원"으로 한다.

⑬ 관광진흥법 일부를 다음과 같이 개정한다.

제74조제3항 전단 및 후단 중 "지방경찰청장"을 각각 "시·도경찰청장"으로 한다.

⑭ 관세법 일부를 다음과 같이 개정한다.

제138조제2항 및 제3항, 제219조제2항 및 제3항, 제309조 중 "국가경찰공무원"을 각각 "경찰공무원"으로 한다.

⑮ 교통약자의 이동편의 증진법 일부를 다음과 같이 개정한다.

제18조제4항, 제19조제1항 각 호 외의 부분, 같은 조 제2항 중 "지방경찰청장"을 각각 "시·도경찰청장"으로 한다.

⑯ 국회법 일부를 다음과 같이 개정한다.

제144조제2항 및 제3항, 제150조 본문, 제153조제2항 중 "국가경찰공무원"을 각각 "경찰공무원"으로 한다.

⑰ 규제자유특구 및 지역특화발전특구에 관한 규제특례법 일부를

다음과 같이 개정한다.

제33조제1항 및 제2항, 제69조제1항 전단 및 같은 조 제3항 중 "지방경찰청장"을 각각 "시·도경찰청장"으로 한다.

⑱ 기업도시개발 특별법 일부를 다음과 같이 개정한다.

제34조의2제2항제3호 전단 및 후단 중 "지방경찰청장"을 각각 "시·도경찰청장"으로 한다.

⑲ 도로교통법 일부를 다음과 같이 개정한다.

제2조제32호라목, 제4조의2제1항, 제6조제1항 전단 및 후단, 같은 조 제3항, 제10조제1항, 제12조제4항, 제13조제4항제5호, 제14조제1항 전단 및 후단, 같은 조 제2항 단서, 제15조제1항, 제15조의2제1항, 제16조제1항 각 호 외의 부분 전단, 제17조제2항 각 호 외의 부분 및 같은 항 제2호, 제18조제2항, 제22조제3항제4호, 제25조제2항 단서, 제28조제1항 및 같은 조 제2항 단서, 제31조제1항제5호 및 같은 조 제2항제2호, 제32조제7호, 제33조제2호나목 및 같은 조 제3호, 제34조의2, 제39조제6항, 제41조제3항 본문, 제43조, 제49조제1항제13호, 제68조제3항제7호, 제73조제3항 각 호 외의 부분, 제74조제1항, 같은 조 제2항 각 호 외의 부분, 같은 조 제3항 및 제4항, 제76조제5항, 제77조제2항, 제78조, 제79조제1항 각 호 외의 부분 본문, 같은 조 제2항, 제80조제1항 본문, 같은 조 제2항 각 호 외의 부분 전단, 같은 조 제3항 및 제4항, 제83조제1항 각 호 외의 부분 단서, 제84조의2제1항, 제85조제2항, 같은 조 제3항 및 제4항, 제86조, 제87조제1항 각 호 외의 부분, 제87조의2제1항, 같은 조 제2항 및 제3항, 제91조제1항 각 호 외의 부분 본문, 제93조제1항 각 호 외의 부분 본문, 같은 항 제20

호, 같은 조 제2항, 같은 조 제3항 및 제4항 본문, 제94조제1항 및 제2항, 제95조제1항 각 호 외의 부분 및 같은 조 제3항, 제97조제1항 각 호 외의 부분, 같은 조 제2항 및 제3항, 제98조제1항, 제98조의2 본문, 제99조 전단, 제100조제1항 및 제2항, 제104조제1항 각 호 외의 부분, 같은 조 제2항 각 호 외의 부분 및 제3항, 제106조제4항 각 호 외의 부분 본문, 제107조제4항 각 호 외의 부분 본문, 제108조제1항, 제109조제1항 각 호 외의 부분 전단, 제110조제4항, 제112조, 제113조제1항 각 호 외의 부분 본문, 같은 조 제2항 각 호 외의 부분, 같은 조 제3항 각 호 외의 부분 및 같은 조 제4항, 제114조, 제115조제1항 각 호 외의 부분, 제137조제2항, 같은 조 제3항 및 제4항, 제137조의2제1항 및 제2항, 제139조제1항 각 호 외의 부분 단서, 제141조제1항, 같은 조 제2항 각 호 외의 부분 전단 및 후단, 같은 조 제4항제3호, 제145조의2, 제147조제1항, 같은 조 제3항, 같은 조 제4항 및 제5항, 제156조제5호, 제161조제1항제1호, 같은 조 제2항 중 "지방경찰청장"을 각각 "시·도경찰청장"으로 한다.

제5조제1항제1호 중 "국가경찰공무원"을 "경찰공무원"으로 하고, 같은 항 제2호 중 "국가경찰공무원 및 자치경찰공무원(이하 "경찰공무원"이라 한다)"를 "경찰공무원(자치경찰공무원을 포함한다. 이하 같다)"로 하고, 같은 조 제2항 중 "국가경찰공무원·자치경찰공무원"을 "경찰공무원"으로 한다.

⑳ 도로법 일부를 다음과 같이 개정한다.

제48조제3항제2호 중 "관할 지방경찰청장"을 "관할 시·도경찰청장"으로 한다.

㉑ 도시 및 주거환경정비법 일부를 다음과 같이 개정한다.

제130조제2항 각 호 외의 부분 중 "관할 지방경찰청장"을 "관할 시·도경찰청장"으로 한다.

㉒도시재정비 촉진을 위한 특별법 일부를 다음과 같이 개정한다.

제30조의3 각 호 외의 부분 중 "관할 지방경찰청장"을 "관할 시·도경찰청장"으로 한다.

㉓ 물류정책기본법 일부를 다음과 같이 개정한다.

제29조제2항제5호 중 "지방경찰청장"을 "시·도경찰청장"으로 한다.

㉔ 민사소송법 일부를 다음과 같이 개정한다.

제176조제3항, 제342조제2항 및 제366조제3항 후단 중 "국가경찰공무원에게"를 각각 "경찰공무원에게"로 한다.

제311조제4항 중 "국가경찰공무원이"를 "경찰공무원이"로 한다.

㉕ 법원조직법 일부를 다음과 같이 개정한다.

제60조 제목, 같은 조 제1항 및 제2항 중 "국가경찰공무원"을 각각 "경찰공무원"으로 한다.

제61조제2항 중 "국가경찰공무원으로"를 "경찰공무원으로"로 한다.

㉖ 보행안전 및 편의증진에 관한 법률 일부를 다음과 같이 개정한다.

제15조제2항제1호, 제16조제3항 중 "지방경찰청장 또는 경찰서장"을 각각 "시·도경찰청장 또는 경찰서장"으로 한다.

㉗ 부패방지 및 국민권익위원회의 설치와 운영에 관한 법률 일부를 다음과 같이 개정한다.

제64조의2제1항 후단 및 같은 조 제2항 중 "지방경찰청장"을 각각 "시·도경찰청장"으로 한다.

㉘ 빈집 및 소규모주택 정비에 관한 특례법 일부를 다음과 같이 개

정한다.

제4조제7항 및 제15조제5항 후단 중 "지방경찰청장"을 각각 "시·도경찰청장"으로 한다.

㉙ 사격 및 사격장 안전관리에 관한 법률 일부를 다음과 같이 개정한다.

제6조제1항 각 호 외의 부분 전단 및 같은 항 제2호, 제24조제3항 중 "지방경찰청장"을 각각 "시·도경찰청장"으로 한다.

㉚ 사행행위 등 규제 및 처벌 특례법 일부를 다음과 같이 개정한다.

제4조제1항 본문 및 같은 조 제2항, 제5조제1항 각 호 외의 부분, 제6조 각 호 외의 부분, 제8조제1항 및 제2항, 제9조제3항, 제18조제1항 전단, 제19조제1항 및 같은 조 제2항 각 호 외의 부분, 제20조, 제21조제1항 전단 및 같은 조 제2항, 제24조제1항 각 호 외의 부분, 제27조, 제29조제1항 중 "지방경찰청장"을 각각 "시·도경찰청장"으로 한다.

㉛ 사회보장급여의 이용·제공 및 수급권자 발굴에 관한 법률 일부를 다음과 같이 개정한다.

제11조제1항제6호 중 "「경찰법」 제2조에 따른 경찰서"를 "「국가경찰과 자치경찰의 조직 및 운영에 관한 법률」 제13조에 따른 경찰서"로 한다.

㉜ 소방기본법 일부를 다음과 같이 개정한다.

제32조 제목 및 제1항 중 "국가경찰공무원"을 각각 "경찰공무원"으로 한다.

㉝ 소음·진동관리법 일부를 다음과 같이 개정한다.

제25조 전단 및 후단, 제28조 전단 및 후단 중 "지방경찰청장"을

각각 "시·도경찰청장"으로 한다.

㉞ 아동·청소년의 성보호에 관한 법률 일부를 다음과 같이 개정한다.

제60조제4항 중 "지방경찰청장"을 "시·도경찰청장"으로 한다.

㉟ 여객자동차 운수사업법 일부를 다음과 같이 개정한다.

　제34조의2제2항제1호 중 "지방경찰청장"을 "시·도경찰청장"으로 한다.

㊱ 여권법 일부를 다음과 같이 개정한다.

제13조제2항 중 "국가경찰공무원"을 "경찰공무원"으로 한다.

　제21조제3항제2호 중 "국가경찰공무원이나 자치경찰공무원"을 "경찰공무원이나 자치경찰공무원"으로 한다.

㊲ 위치정보의 보호 및 이용 등에 관한 법률 일부를 다음과 같이 개정한다.

　제29조제2항 본문 중 "「경찰법」 제2조에 따른 경찰청·지방경찰청·경찰서(이하 "경찰관서"라 한다)"를 "「국가경찰과 자치경찰의 조직 및 운영에 관한 법률」에 따른 경찰청·시·도경찰청·경찰서(이하 "경찰관서"라 한다)"로 한다.

㊳위험물안전관리법 일부를 다음과 같이 개정한다.

제22조제2항 전단 및 후단 중 "국가경찰공무원"을 각각 "경찰공무원"으로 한다.

㊴ 응급의료에 관한 법률 일부를 다음과 같이 개정한다.

제20조제2항제1호, 제45조제3항 전단 및 후단 중 "지방경찰청장"을 각각 "시·도경찰청장"으로 한다.

㊵ 의무경찰대 설치 및 운영에 관한 법률 일부를 다음과 같이 개정한다.

제1조제1항 중 "지방경찰청장"을 "시·도경찰청장"으로 한다.

제2조제1항, 제4조제1항 및 제3항 중 "국가경찰공무원"을 각각 "경찰공무원"으로 한다.

㊶ 자율주행자동차 상용화 촉진 및 지원에 관한 법률 일부를 다음과 같이 개정한다.

제6조제2항 전단 및 같은 조 제3항 중 "지방경찰청"을 각각 "시·도경찰청"으로 한다.

제8조제2항 전단 중 "지방경찰청장"을 "시·도경찰청장"으로 한다.

㊷ 자전거 이용 활성화에 관한 법률 일부를 다음과 같이 개정한다.

제5조제1항 전단 중 "지방경찰청장·경찰서장"을 "시·도경찰청장·경찰서장"으로 한다.

제7조의2제2항제2호 중 "관할 지방경찰청장"을 "관할 시·도경찰청장"으로 한다.

제10조제2항 중 "관할 지방경찰청장 또는 경찰서장"을 "관할 시·도경찰청장 또는 경찰서장"으로 한다.

㊸ 장애인활동 지원에 관한 법률 일부를 다음과 같이 개정한다.

제29조의2제1항 및 제2항 중 "지방경찰청장 또는 경찰서장"을 각각 "시·도경찰청장 또는 경찰서장"으로 한다.

㊹ 재해위험 개선사업 및 이주대책에 관한 특례법 일부를 다음과 같이 개정한다.

제22조제2항제2호 가목 및 나목 중 "지방경찰청장 또는 경찰서장"을 각각 "시·도경찰청장 또는 경찰서장"으로 한다.

㊺ 제주특별자치도 설치 및 국제자유도시 조성을 위한 특별법 일부를 다음과 같이 개정한다.

제89조제3항제2호, 제98조제2항, 제99조, 제108조제3항, 제110조제2항제1호 및 제2호, 같은 조 제4항 중 "국가경찰공무원"을 각각 "경찰공무원"으로 한다.

제91조제1항 전단, 같은 조 제4항 후단, 제97조제1항 및 제2항, 제98조제1항 본문, 제100조제3항 전단 및 후단, 제101조, 제102조, 제105조, 제111조제3항 후단, 제114조제1항, 제434조제5항, 제6항 본문 및 단서, 제435조제4항 각 호 외의 부분 후단 및 같은 항 제5호, 같은 조 제5항 중 "제주자치도 지방경찰청장"을 각각 "제주자치도경찰청장"으로 한다.

제91조제2항 본문 중 "「경찰법」 제5조에 따른 경찰위원회(이하 "경찰위원회"라 한다)"를 "「국가경찰과 자치경찰의 조직 및 운영에 관한 법률」 제7조에 따른 국가경찰위원회(이하 "국가경찰위원회"라 한다)"로 한다.

제91조제2항 단서, 제104조제1항 및 제2항 중 "경찰위원회"를 각각 "국가경찰위원회"로 한다.

제432조제2항, 제434조제1항 및 같은 조 제4항 각 호 외의 부분 중 "지방경찰청장"을 각각 "시·도경찰청장"으로 한다.

㊻ 집회 및 시위에 관한 법률 일부를 다음과 같이 개정한다.

제2조제5호, 제6조제1항 각 호 외의 부분 단서, 같은 조 제2항 및 제26조제2항 중 "지방경찰청장"을 각각 "시·도경찰청장"으로 한다.

제6조제1항 각 호 외의 부분 단서 중 "지방경찰청"을 "시·도경찰청"으로 한다.

㊼ 청원경찰법 일부를 다음과 같이 개정한다.

제4조제1항, 제2항 및 제3항, 제5조제1항, 제8조제2항, 제9조의3

제2항, 제10조의3, 제10조의4제2항, 제10조의5제2항, 제12조제1
항제1호 및 같은 조 제2항 중 "지방경찰청장"을 각각 "시·도경찰
청장"으로 한다.

㊽ 총포·도검·화약류 등의 안전관리에 관한 법률 일부를 다음과
같이 개정한다.

제3조의2제1항 전단 중 "「경찰법」 제5조에 따른 경찰위원회"를
"「국가경찰과 자치경찰의 조직 및 운영에 관한 법률」 제7조에 따
른 국가경찰위원회"로 한다.

제4조제2항 전단 및 같은 조 제4항, 제4조의2제3항 및 제4항, 제6
조제1항 전단 및 같은 조 제3항, 제6조의2제1항 전단 및 같은 조
제3항, 제6조의3 후단, 제9조제2항 및 같은 조 제4항 본문, 제12
조제1항제1호 및 같은 조 제3항 전단, 제13조제2항 및 제3항, 제
14조제1항 및 제2항, 제22조제1항 각 호 외의 부분 본문, 같은 조
제2항 및 제3항, 제25조제1항 전단, 같은 조 제2항 및 제4항, 제25
조의2 후단, 제28조, 제30조제1항 각 호 외의 부분 본문, 제32조
제2항 및 제3항, 같은 조 제4항 본문 및 단서, 제35조제2항 전단,
같은 조 제4항 및 제5항, 제38조제1항 전단, 같은 조 제2항 및 제
3항, 제39조제1항 전단, 같은 조 제2항 및 제4항 본문, 제40조제3
항, 제42조제6항, 제67조제2항, 제68조, 제74조제2항 중 "지방경
찰청장"을 각각 "시·도경찰청장"으로 한다.

제23조 중 "국가경찰공무원(의무경찰을 포함한다)"을 "경찰공무원(의
무경찰을 포함한다)"으로 한다.

㊾ 통합방위법 일부를 다음과 같이 개정한다.

제2조제4호 중 "지방경찰청장(이하 "작전지휘관"이라 한다)"을 "시·도

경찰청장(이하 "작전지휘관"이라 한다)"으로 한다.

제2조제8호, 제12조제4항, 제14조제6항, 제15조제2항 각 호 외의 부분 본문 및 같은 항 제1호, 제18조제1항 본문, 제21조제1항 후단 및 같은 조 제2항 중 "지방경찰청장"을 각각 "시·도경찰청장"으로 한다.

(50) 풍속영업의 규제에 관한 법률 일부를 다음과 같이 개정한다.

제9조제1항 중 "경찰서장은 특별히 필요한 경우 국가경찰공무원에게"를 "경찰서장은 특별히 필요한 경우 경찰공무원에게"로 한다.

제9조제2항 중 "국가경찰공무원은"을 "경찰공무원은"으로 한다.

(51) 학교폭력예방 및 대책에 관한 법률 일부를 다음과 같이 개정한다.

제10조제2항 중 "교육감 및 지방경찰청장"을 "교육감 및 시·도경찰청장"으로 한다.

제11조의3제1항 및 제2항 중 "지방경찰청장, 관할 경찰서장"을 각각 "시·도경찰청장, 관할 경찰서장"으로 한다.

(52) 해양경찰법 일부를 다음과 같이 개정한다.

제12조, 제13조제1항 및 제2항 중 "국가경찰공무원"을 각각 "경찰공무원"으로 한다.

(53) 해양사고의 조사 및 심판에 관한 법률 일부를 다음과 같이 개정한다.

제31조제1항 중 "국가경찰공무원"을 "경찰공무원"으로 한다.

제8조(다른 법령과의 관계) 이 법 시행 당시 다른 법령에서 종전의 「경찰법」 또는 그 규정을 인용한 경우에 이 법 가운데 그에 해당하는 규정이 있을 때에는 종전의 규정을 갈음하여 이 법의 해당 규정을 인용한 것으로 본다.

경찰공무원법

[시행 2021. 1. 1] [법률 제17687호, 2020. 12. 22, 전부개정]

제1조(목적) 이 법은 경찰공무원의 책임 및 직무의 중요성과 신분 및 근무조건의 특수성에 비추어 그 임용, 교육훈련, 복무(服務), 신분보장 등에 관하여 「국가공무원법」에 대한 특례를 규정함을 목적으로 한다.

제2조(정의) 이 법에서 사용하는 용어의 정의는 다음과 같다.

1. "임용"이란 신규채용·승진·전보·파견·휴직·직위해제·정직·강등·복직·면직·해임 및 파면을 말한다.

2. "전보"란 경찰공무원의 동일 직위 및 자격 내에서의 근무기관이나 부서를 달리하는 임용을 말한다.

3. "복직"이란 휴직·직위해제 또는 정직(강등에 따른 정직을 포함한다) 중에 있는 경찰공무원을 직위에 복귀시키는 것을 말한다.

제3조(계급 구분) 경찰공무원의 계급은 다음과 같이 구분한다.

치안총감(治安總監)

치안정감(治安正監)

치안감(治安監)

경무관(警務官)

총　경(總警)

경　정(警正)

경 감(警監)

경 위(警衛)

경 사(警査)

경 장(警長)

순 경(巡警)

제4조(경과 구분) ① 경찰공무원은 그 직무의 종류에 따라 경과(警科)에 의하여 구분할 수 있다.

② 경과의 구분에 필요한 사항은 대통령령으로 정한다.

제5조(경찰공무원인사위원회의 설치) ① 경찰공무원의 인사(人事)에 관한 중요 사항에 대하여 경찰청장 또는 해양경찰청장의 자문에 응하게 하기 위하여 경찰청과 해양경찰청에 경찰공무원인사위원회 (이하 "인사위원회"라 한다)를 둔다.

② 인사위원회의 구성 및 운영에 필요한 사항은 대통령령으로 정한다.

제6조(인사위원회의 기능) 인사위원회는 다음 각 호의 사항을 심의한다.

1. 경찰공무원의 인사행정에 관한 방침과 기준 및 기본계획

2. 경찰공무원의 인사에 관한 법령의 제정·개정 또는 폐지에 관한 사항

3. 그 밖에 경찰청장 또는 해양경찰청장이 인사위원회의 회의에 부치는 사항

제7조(임용권자) ① 총경 이상 경찰공무원은 경찰청장 또는 해양경찰청장의 추천을 받아 행정안전부장관 또는 해양수산부장관의 제청으로 국무총리를 거쳐 대통령이 임용한다. 다만, 총경의 전보, 휴직, 직위해제, 강등, 정직 및 복직은 경찰청장 또는 해양경찰청장

이 한다.

② 경정 이하의 경찰공무원은 경찰청장 또는 해양경찰청장이 임용한다. 다만, 경정으로의 신규채용, 승진임용 및 면직은 경찰청장 또는 해양경찰청장의 제청으로 국무총리를 거쳐 대통령이 한다.

③ 경찰청장은 대통령령으로 정하는 바에 따라 경찰공무원의 임용에 관한 권한의 일부를 특별시장·광역시장·도지사·특별자치시장 또는 특별자치도시자(이하 "시·도지사"라 한다), 국가수사본부장, 소속 기관의 장, 시·도경찰청장에게 위임할 수 있다. 이 경우 시·도지사는 위임받은 권한의 일부를 대통령령으로 정하는 바에 따라 「국가경찰과 자치경찰의 조직 및 운영에 관한 법률」 제18조에 따른 시·도자치경찰위원회(이하 "시·도자치경찰위원회"라 한다), 시·도경찰청장에게 다시 위임할 수 있다.

④ 해양경찰청장은 대통령령으로 정하는 바에 따라 경찰공무원의 임용에 관한 권한의 일부를 소속 기관의 장, 지방해양경찰관서의 장에게 위임할 수 있다.

⑤ 경찰청장, 해양경찰청장 또는 제3항 및 제4항에 따라 임용권을 위임받은 자는 행정안전부령 또는 해양수산부령으로 정하는 바에 따라 소속 경찰공무원의 인사기록을 작성·보관하여야 한다.

제8조(임용자격 및 결격사유) ① 경찰공무원은 신체 및 사상이 건전하고 품행이 방정(方正)한 사람 중에서 임용한다.

② 다음 각 호의 어느 하나에 해당하는 사람은 경찰공무원으로 임용될 수 없다.

1. 대한민국 국적을 가지지 아니한 사람

2. 「국적법」 제11조의2제1항에 따른 복수국적자

3. 피성년후견인 또는 피한정후견인

4. 파산선고를 받고 복권되지 아니한 사람

5. 자격정지 이상의 형(刑)을 선고받은 사람

6. 자격정지 이상의 형의 선고유예를 선고받고 그 유예기간 중에 있는 사람

7. 공무원으로 재직기간 중 직무와 관련하여 「형법」 제355조 및 제356조에 규정된 죄를 범한 자로서 300만원 이상의 벌금형을 선고받고 그 형이 확정된 후 2년이 지나지 아니한 사람

8. 「성폭력범죄의 처벌 등에 관한 특례법」 제2조에 규정된 죄를 범한 사람으로서 100만원 이상의 벌금형을 선고받고 그 형이 확정된 후 3년이 지나지 아니한 사람

9. 미성년자에 대한 다음 각 목의 어느 하나에 해당하는 죄를 저질러 형 또는 치료감호가 확정된 사람(집행유예를 선고받은 후 그 집행유예기간이 경과한 사람을 포함한다)

가. 「성폭력범죄의 처벌 등에 관한 특례법」 제2조에 따른 성폭력범죄

나. 「아동·청소년의 성보호에 관한 법률」 제2조제2호에 따른 아동·청소년대상 성범죄

10. 징계에 의하여 파면 또는 해임처분을 받은 사람

제9조(벌금형의 분리선고) 「형법」 제38조에도 불구하고 제8조제2항제7호 또는 제8호에 규정된 죄와 다른 죄의 경합범에 대하여 벌금형을 선고하는 경우에는 이를 분리선고하여야 한다.

제10조(신규채용) ① 경정 및 순경의 신규채용은 공개경쟁시험으로 한다.

② 경위의 신규채용은 경찰대학을 졸업한 사람 및 대통령령으로

정하는 자격을 갖추고 공개경쟁시험으로 선발된 사람(이하 "경찰간부후보생"이라 한다)으로서 교육훈련을 마치고 정하여진 시험에 합격한 사람 중에서 한다.

③ 다음 각 호의 어느 하나에 해당하는 경우에는 경력 등 응시요건을 정하여 같은 사유에 해당하는 다수인을 대상으로 경쟁의 방법으로 채용하는 시험(이하 "경력경쟁채용시험"이라 한다)으로 경찰공무원을 신규채용할 수 있다. 다만, 다수인을 대상으로 시험을 실시하는 것이 적당하지 아니하여 대통령령으로 정하는 경우에는 다수인을 대상으로 하지 아니한 시험으로 경찰공무원을 채용할 수 있다.

1. 「국가공무원법」 제70조제1항제3호의 사유로 퇴직하거나 같은 법 제71조제1항제1호의 휴직 기간 만료로 퇴직한 경찰공무원을 퇴직한 날부터 3년(「공무원 재해보상법」에 따른 공무상 질병 또는 부상으로 인한 휴직의 경우에는 5년) 이내에 퇴직 시에 재직한 계급의 경찰공무원으로 재임용하는 경우

2. 공개경쟁시험으로 임용하는 것이 부적당한 경우에 임용예정 직무에 관련된 자격증 소지자를 임용하는 경우

3. 임용예정직에 상응하는 근무실적 또는 연구실적이 있거나 전문지식을 가진 사람을 임용하는 경우

4. 「국가공무원법」에 따른 5급 공무원의 공개경쟁채용시험이나 「사법시험법」(2009년 5월 28일 법률 제9747호로 폐지되기 전의 것을 말한다)에 따른 사법시험에 합격한 사람을 경정 이하의 경찰공무원으로 임용하는 경우

5. 섬, 외딴곳 등 특수지역에서 근무할 사람을 임용하는 경우

6. 외국어에 능통한 사람을 임용하는 경우

7. 제주특별자치도의 자치경찰공무원(이하 "자치경찰공무원"이라 한다)을 그 계급에 상응하는 경찰공무원으로 임용하는 경우

8. 「국가경찰과 자치경찰의 조직 및 운영에 관한 법률」 제16조에 따라 경찰청 외부를 대상으로 모집하여 국가수사본부장을 임용하는 경우

④ 제2항에 따른 경찰간부후보생의 교육훈련, 경력경쟁채용시험 및 제3항 각 호 외의 부분 단서에 따른 채용시험(이하 "경력경쟁채용시험등"이라 한다)을 통하여 채용할 수 있는 경찰공무원의 계급, 임용예정직에 관련된 자격증의 구분, 근무실적 또는 연구실적, 전보 제한 등에 관한 사항은 대통령령으로 정한다.

제11조(부정행위자에 대한 제재) 경찰청장 또는 해양경찰청장은 경찰공무원의 채용시험 또는 경찰간부후보생 공개경쟁선발시험에서 부정행위를 한 응시자에 대해서는 해당 시험을 정지 또는 무효로 하고, 그 처분이 있은 날부터 5년간 시험응시자격을 정지한다.

제12조(채용후보자 명부 등) ① 경찰청장 또는 해양경찰청장(제7조제3항 및 제4항에 따라 임용권을 위임받은 자를 포함한다)은 신규채용시험에 합격한 사람(경찰대학을 졸업한 사람과 경찰간부후보생을 포함한다, 이하 이 조에서 같다)을 대통령령으로 정하는 바에 따라 성적 순위에 따라 채용후보자 명부에 등재(登載)하여야 한다.

② 경찰공무원의 신규채용은 제1항에 따른 채용후보자 명부의 등재 순위에 따른다. 다만, 채용후보자가 경찰교육기관에서 신임교육을 받은 경우에는 그 교육성적 순위에 따른다.

③ 제1항에 따른 채용후보자 명부의 유효기간은 2년의 범위에서 대통령령으로 정한다. 다만, 경찰청장 또는 해양경찰청장은 필요

에 따라 1년의 범위에서 그 기간을 연장할 수 있다.

④ 신규채용시험에 합격한 사람이 채용후보자 명부에 등재된 이후 그 유효기간 내에 「병역법」에 따른 병역 복무를 위하여 군에 입대한 경우(대학생 군사훈련 과정 이수자를 포함한다)의 의무복무 기간은 제3항에 따른 기간에 넣어 계산하지 아니한다.

⑤ 경찰청장 또는 해양경찰청장은 채용후보자 명부의 유효기간을 연장하기로 결정한 경우에는 그 사실을 공고하여야 한다.

⑥ 제1항에 따른 채용후보자 명부의 작성 및 운영에 필요한 사항은 대통령령으로 정한다.

⑦ 임용권자는 경찰공무원의 결원을 보충할 때 채용후보자 명부 또는 승진후보자 명부에 등재된 후보자 수가 결원 수보다 적고, 인사행정 운영상 특히 필요하다고 인정할 때에는 그 결원된 계급에 관하여 다른 임용권자가 작성한 자치경찰공무원의 신규임용후보자 명부 또는 승진후보자 명부를 해당 기관의 채용후보자 명부 또는 승진후보자 명부로 보아 해당 자치경찰공무원을 임용할 수 있다. 이 경우 임용권자는 그 자치경찰공무원의 임용권자와 협의하여야 한다.

제13조(시보임용) ① 경정 이하의 경찰공무원을 신규 채용할 때에는 1년간 시보(試補)로 임용하고, 그 기간이 만료된 다음 날에 정규 경찰공무원으로 임용한다.

② 휴직기간, 직위해제기간 및 징계에 의한 정직처분 또는 감봉처분을 받은 기간은 제1항에 따른 시보임용기간에 산입하지 아니한다.

③ 시보임용기간 중에 있는 경찰공무원이 근무성적 또는 교육훈련

성적이 불량할 때에는 「국가공무원법」 제68조 및 이 법 제28조에도 불구하고 면직시키거나 면직을 제청할 수 있다.

④ 다음 각 호의 어느 하나에 해당하는 경우에는 시보임용을 거치지 아니한다.

1. 경찰대학을 졸업한 사람 또는 경찰간부후보생으로서 정하여진 교육을 마친 사람을 경위로 임용하는 경우

2. 경찰공무원으로서 대통령령으로 정하는 상위계급으로의 승진에 필요한 자격 요건을 갖추고 임용예정 계급에 상응하는 공개경쟁 채용시험에 합격한 사람을 해당 계급의 경찰공무원으로 임용하는 경우

3. 퇴직한 경찰공무원으로서 퇴직 시에 재직하였던 계급의 채용시험에 합격한 사람을 재임용하는 경우

4. 자치경찰공무원을 그 계급에 상응하는 경찰공무원으로 임용하는 경우

제14조(경찰공무원과 자치경찰공무원 간의 인사 교류) ① 경찰청장은 경찰공무원의 능력을 발전시키고 국가경찰과 제주특별자치도의 자치경찰 사무의 연계성을 높이기 위하여 국가경찰과 자치경찰 간에 긴밀한 인사 교류가 될 수 있도록 노력하여야 한다.

② 제10조제3항제7호에 따라 자치경찰공무원을 경찰공무원으로 채용할 때에는 경력경쟁채용시험등을 거치지 아니할 수 있다.

제15조(승진) ① 경찰공무원은 바로 아래 하위계급에 있는 경찰공무원 중에서 근무성적평정, 경력평정, 그 밖의 능력을 실증(實證)하여 승진임용한다. 다만, 해양경찰청장을 보하는 경우 치안감을 치안총감으로 승진임용할 수 있다.

② 경무관 이하 계급으로의 승진은 승진심사에 의하여 한다. 다만, 경정 이하 계급으로의 승진은 대통령령으로 정하는 비율에 따라 승진시험과 승진심사를 병행할 수 있다.

③ 총경 이하의 경찰공무원에 대해서는 대통령령으로 정하는 바에 따라 계급별로 승진대상자 명부를 작성하여야 한다.

④ 경찰공무원의 승진에 필요한 계급별 최저근무연수, 승진 제한에 관한 사항, 그 밖에 승진에 관하여 필요한 사항은 대통령령으로 정한다.

제16조(근속승진) ① 경찰청장 또는 해양경찰청장은 제15조제2항에도 불구하고 해당 계급에서 다음 각 호의 기간 동안 재직한 사람을 경장, 경사, 경위, 경감으로 각각 근속승진임용할 수 있다. 다만, 인사교류 경력이 있거나 주요 업무의 추진 실적이 우수한 공무원 등 경찰행정 발전에 기여한 공이 크다고 인정되는 경우에는 대통령령으로 정하는 바에 따라 그 기간을 단축할 수 있다.

1. 순경을 경장으로 근속승진임용하려는 경우: 해당 계급에서 4년 이상 근속자

2. 경장을 경사로 근속승진임용하려는 경우: 해당 계급에서 5년 이상 근속자

3. 경사를 경위로 근속승진임용하려는 경우: 해당 계급에서 6년 6개월 이상 근속자

4. 경위를 경감으로 근속승진임용하려는 경우: 해당 계급에서 8년 이상 근속자

② 제1항에 따라 근속승진한 경찰공무원이 근무하는 기간에는 그에 해당하는 직급의 정원이 따로 있는 것으로 보고, 종전 직급의

정원은 감축된 것으로 본다.

③ 제1항에 따른 근속승진임용의 기준 및 절차 등에 관하여 필요한 사항은 대통령령으로 정한다.

제17조(승진심사위원회) ① 제15조제2항에 따른 승진심사를 위하여 경찰청과 해양경찰청에 중앙승진심사위원회를 두고, 경찰청·해양경찰청·시·도경찰청과 대통령령으로 정하는 경찰기관·지방해양경찰관서에 보통승진심사위원회를 둔다.

② 제1항에 따라 설치된 승진심사위원회는 제15조제3항에 따라 작성된 승진대상자 명부의 선순위자(같은 조 제2항 단서에 따른 승진시험에 합격된 승진후보자는 제외한다) 순으로 승진시키려는 결원의 5배수의 범위에 있는 사람 중에서 승진후보자를 심사·선발한다.

③ 승진심사위원회의 구성·관할 및 운영에 필요한 사항은 대통령령으로 정한다.

제18조(승진후보자 명부 등) ① 경찰청장 또는 해양경찰청장(제7조제3항 및 제4항에 따라 임용권을 위임받은 자를 포함한다)은 제15조제2항에 따른 승진시험에 합격한 사람과 제17조제2항에 따라 승진후보자로 선발된 사람을 대통령령으로 정하는 바에 따라 승진후보자 명부에 등재하여야 한다.

② 경무관 이하 계급으로의 승진은 제1항에 따른 승진후보자 명부의 등재 순위에 따른다.

③ 승진후보자 명부의 유효기간과 작성 및 운영에 관하여는 제12조를 준용한다.

제19조(특별유공자 등의 특별승진) ① 경찰공무원으로서 다음 각 호의 어느 하나에 해당되는 사람에 대하여는 제15조에도 불구하고 1계

급 특별승진시킬 수 있다. 다만, 경위 이하의 경찰공무원으로서 모든 경찰공무원의 귀감이 되는 공을 세우고 전사하거나 순직한 사람에 대하여는 2계급 특별승진 시킬 수 있다.

1. 「국가공무원법」 제40조의4제1항제1호부터 제4호까지의 규정 중 어느 하나에 해당되는 사람

2. 전사하거나 순직한 사람

3. 직무 수행 중 현저한 공적을 세운 사람

② 특별승진의 요건과 그 밖에 필요한 사항은 대통령령으로 정한다.

제20조(시험실시기관과 응시자격 등) ① 경찰공무원의 신규채용시험 및 승진시험과 경찰간부후보생 선발시험은 경찰청장 또는 해양경찰청장이 실시한다. 다만, 경찰청장 또는 해양경찰청장이 필요하다고 인정할 때에는 대통령령으로 정하는 바에 따라 그 권한의 일부를 소속 기관의 장, 시·도경찰청장, 지방해양경찰관서의 장에게 위임할 수 있다.

② 제1항에 따른 각종 시험의 응시자격, 시험방법, 그 밖에 시험의 실시에 필요한 사항은 대통령령으로 정한다.

제21조(보훈) 경찰공무원으로서 전투나 그 밖의 직무 수행 또는 교육훈련 중 사망한 사람(공무상 질병으로 사망한 사람을 포함한다) 및 부상(공무상의 질병을 포함한다)을 입고 퇴직한 사람과 그 유족 또는 가족은 「국가유공자 등 예우 및 지원에 관한 법률」 또는 「보훈보상대상자 지원에 관한 법률」에 따라 예우 또는 지원을 받는다.

제22조(교육훈련) ① 경찰청장 또는 해양경찰청장은 모든 경찰공무원에게 균등한 교육훈련의 기회가 주어지도록 교육훈련에 관한 종합적인 기획 및 조정을 하여야 한다.

② 경찰청장 또는 해양경찰청장은 경찰공무원의 교육훈련을 위한 교육훈련기관을 설치·운영할 수 있다.

③ 경찰청장 또는 해양경찰청장은 교육훈련을 위하여 필요하면 대통령령으로 정하는 바에 따라 경찰공무원을 국내외의 교육기관에 위탁하여 일정 기간 교육훈련을 받게 할 수 있다.

④ 제2항에 따른 경찰공무원 교육훈련기관의 설치 및 운영에 필요한 사항과 제3항에 따라 교육훈련을 받은 경찰공무원의 복무에 관한 사항은 대통령령으로 정한다.

제23조(정치 관여 금지) ① 경찰공무원은 정당이나 정치단체에 가입하거나 정치활동에 관여하는 행위를 하여서는 아니 된다.

② 제1항에서 정치활동에 관여하는 행위란 다음 각 호의 어느 하나에 해당하는 행위를 말한다.

1. 정당이나 정치단체의 결성 또는 가입을 지원하거나 방해하는 행위

2. 그 직위를 이용하여 특정 정당이나 특정 정치인에 대하여 지지 또는 반대 의견을 유포하거나, 그러한 여론을 조성할 목적으로 특정 정당이나 특정 정치인에 대하여 찬양하거나 비방하는 내용의 의견 또는 사실을 유포하는 행위

3. 특정 정당이나 특정 정치인을 위하여 기부금 모집을 지원하거나 방해하는 행위 또는 국가·지방자치단체 및 「공공기관의 운영에 관한 법률」에 따른 공공기관의 자금을 이용하거나 이용하게 하는 행위

4. 특정 정당이나 특정인의 선거운동을 하거나 선거 관련 대책회의에 관여하는 행위

5. 「정보통신망 이용촉진 및 정보보호 등에 관한 법률」에 따른 정보

통신망을 이용한 제1호부터 제4호까지의 규정에 해당하는 행위

6. 소속 직원이나 다른 공무원에 대하여 제1호부터 제5호까지의 행위를 하도록 요구하거나 그 행위와 관련한 보상 또는 보복으로서 이익 또는 불이익을 주거나 이를 약속 또는 고지(告知)하는 행위

제24조(거짓 보고 등의 금지) ① 경찰공무원은 직무에 관하여 거짓으로 보고나 통보를 하여서는 아니 된다.

② 경찰공무원은 직무를 게을리하거나 유기(遺棄)해서는 아니 된다.

제25조(지휘권 남용 등의 금지) 전시·사변, 그 밖에 이에 준하는 비상사태이거나 작전수행 중인 경우 또는 많은 인명 손상이나 국가재산 손실의 우려가 있는 위급한 사태가 발생한 경우, 경찰공무원을 지휘·감독하는 사람은 정당한 사유 없이 그 직무 수행을 거부 또는 유기하거나 경찰공무원을 지정된 근무지에서 진출·퇴각 또는 이탈하게 하여서는 아니 된다.

제26조(복제 및 무기 휴대) ① 경찰공무원은 제복을 착용하여야 한다.

② 경찰공무원은 직무 수행을 위하여 필요하면 무기를 휴대할 수 있다.

③ 경찰공무원의 복제(服制)에 관한 사항은 행정안전부령 또는 해양수산부령으로 정한다.

제27조(당연퇴직) 경찰공무원이 제8조제2항 각 호의 어느 하나에 해당하게 된 경우에는 당연히 퇴직한다. 다만, 제8조제2항제4호는 파산선고를 받은 사람으로서 「채무자 회생 및 파산에 관한 법률」에 따라 신청기한 내에 면책신청을 하지 아니하였거나 면책불허가 결정 또는 면책 취소가 확정된 경우만 해당하고, 제8조제2항제

6호는 「형법」 제129조부터 제132조까지, 「성폭력범죄의 처벌 등에 관한 특례법」 제2조, 「아동·청소년의 성보호에 관한 법률」 제2조제2호 및 직무와 관련하여 「형법」 제355조 또는 제356조에 규정된 죄를 범한 사람으로서 자격정지 이상의 형의 선고유예를 받은 경우만 해당한다.

제28조(직권면직) ① 임용권자는 경찰공무원이 다음 각 호의 어느 하나에 해당될 때에는 직권으로 면직시킬 수 있다.

1. 「국가공무원법」 제70조제1항제3호부터 제5호까지의 규정 중 어느 하나에 해당될 때

2. 경찰공무원으로는 부적합할 정도로 직무 수행능력이나 성실성이 현저하게 결여된 사람으로서 대통령령으로 정하는 사유에 해당된다고 인정될 때

3. 직무를 수행하는 데에 위험을 일으킬 우려가 있을 정도의 성격적 또는 도덕적 결함이 있는 사람으로서 대통령령으로 정하는 사유에 해당된다고 인정될 때

4. 해당 경과에서 직무를 수행하는 데 필요한 자격증의 효력이 상실되거나 면허가 취소되어 담당 직무를 수행할 수 없게 되었을 때

② 제1항제2호·제3호 또는 「국가공무원법」 제70조제1항제5호의 사유로 면직시키는 경우에는 제32조에 따른 징계위원회의 동의를 받아야 한다.

③ 「국가공무원법」 제70조제1항제4호의 사유로 인한 직권면직일은 휴직기간의 만료일이나 휴직 사유의 소멸일로 한다.

제29조(실종된 경찰공무원의 휴직기간) ① 「국가공무원법」 제71조제1항제4호의 사유로 인한 경찰공무원의 휴직기간은 같은 법 제72조제

3호에도 불구하고 법원의 실종선고를 받는 날까지로 한다.

② 제1항에 따른 휴직자가 있는 경우에는 그 휴직자의 계급에 해당하는 정원이 따로 있는 것으로 보고, 결원을 보충할 수 있다.

제30조(정년) ① 경찰공무원의 정년은 다음과 같다.

1. 연령정년: 60세

2. 계급정년

   치안감: 4년

   경무관: 6년

   총　경: 11년

   경　정: 14년

② 징계로 인하여 강등(경감으로 강등된 경우를 포함한다)된 경찰공무원의 계급정년은 제1항제2호에도 불구하고 다음 각 호에 따른다.

1. 강등된 계급의 계급정년은 강등되기 전 계급 중 가장 높은 계급의 계급정년으로 한다.

2. 계급정년을 산정할 때에는 강등되기 전 계급의 근무연수와 강등 이후의 근무연수를 합산한다.

③ 수사, 정보, 외사, 보안, 자치경찰사무 등 특수 부문에 근무하는 경찰공무원으로서 대통령령으로 정하는 바에 따라 지정을 받은 사람은 총경 및 경정의 경우에는 4년의 범위에서 대통령령으로 정하는 바에 따라 제1항제2호에 따른 계급정년을 연장할 수 있다.

④ 경찰청장 또는 해양경찰청장은 전시·사변이나 그 밖에 이에 준하는 비상사태에서는 2년의 범위에서 제1항제2호에 따른 계급정년을 연장할 수 있다. 이 경우 경무관 이상의 경찰공무원에 대해서는 행정안전부장관 또는 해양수산부장관과 국무총리를 거쳐 대통

령의 승인을 받아야 하고, 총경·경정의 경찰공무원에 대해서는 국무총리를 거쳐 대통령의 승인을 받아야 한다.

⑤ 경찰공무원은 그 정년이 된 날이 1월에서 6월 사이에 있으면 6월 30일에 당연퇴직하고, 7월에서 12월 사이에 있으면 12월 31일에 당연퇴직한다.

⑥ 제1항제2호에 따른 계급정년을 산정할 때 제주특별자치도의 자치경찰공무원으로 근무한 경력이 있는 경찰공무원의 경우에는 그 계급에 상응하는 자치경찰공무원으로 근무한 연수(年數)를 산입한다.

제31조(고충심사위원회) ① 경찰공무원의 인사상담 및 고충을 심사하기 위하여 경찰청, 해양경찰청, 시·도자치경찰위원회, 시·도경찰청, 대통령령으로 정하는 경찰기관 및 지방해양경찰관서에 경찰공무원 고충심사위원회를 둔다.

② 경찰공무원 고충심사위원회의 심사를 거친 재심청구와 경정 이상의 경찰공무원의 인사상담 및 고충심사는 「국가공무원법」에 따라 설치된 중앙고충심사위원회에서 한다.

③ 경찰공무원 고충심사위원회의 구성, 심사 절차 및 운영에 필요한 사항은 대통령령으로 정한다.

제32조(징계위원회) ① 경무관 이상의 경찰공무원에 대한 징계의결은 「국가공무원법」에 따라 국무총리 소속으로 설치된 징계위원회에서 한다.

② 총경 이하의 경찰공무원에 대한 징계의결을 하기 위하여 대통령령으로 정하는 경찰기관 및 해양경찰관서에 경찰공무원 징계위원회를 둔다.

③ 경찰공무원 징계위원회의 구성·관할·운영, 징계의결의 요구 절차, 그 밖에 필요한 사항은 대통령령으로 정한다.

제33조(징계의 절차) 경찰공무원의 징계는 징계위원회의 의결을 거쳐 징계위원회가 설치된 소속 기관의 장이 하되, 「국가공무원법」에 따라 국무총리 소속으로 설치된 징계위원회에서 의결한 징계는 경찰청장 또는 해양경찰청장이 한다. 다만, 파면·해임·강등 및 정직은 징계위원회의 의결을 거쳐 해당 경찰공무원의 임용권자가 하되, 경무관 이상의 강등 및 정직과 경정 이상의 파면 및 해임은 경찰청장 또는 해양경찰청장의 제청으로 행정안전부장관 또는 해양수산부장관과 국무총리를 거쳐 대통령이 하고, 총경 및 경정의 강등 및 정직은 경찰청장 또는 해양경찰청장이 한다.

제34조(행정소송의 피고) 징계처분, 휴직처분, 면직처분, 그 밖에 의사에 반하는 불리한 처분에 대한 행정소송은 경찰청장 또는 해양경찰청장을 피고로 한다. 다만, 제7조제3항 및 제4항에 따라 임용권을 위임한 경우에는 그 위임을 받은 자를 피고로 한다.

제35조(경찰간부후보생의 보수 등) 교육 중인 경찰간부후보생에게는 대통령령으로 정하는 바에 따라 보수와 그 밖의 실비(實費)를 지급한다.

제36조(「국가공무원법」과의 관계) ① 경찰공무원에 대해서는 「국가공무원법」 제73조의4, 제76조제2항부터 제5항까지의 규정을 적용하지 아니하며, 치안총감과 치안정감에 대해서는 「국가공무원법」 제68조 본문을 적용하지 아니한다.

② 「국가공무원법」을 경찰공무원에게 적용할 때에는 다음 각 호에 따른다.

1. 「국가공무원법」 제32조의5 및 제43조 중 "직급"은 "계급"으로

본다.

2. 「국가공무원법」 제42조제2항, 제85조제1항 및 제2항 중 "인사혁신처장"은 "경찰청장 또는 해양경찰청장"으로 본다.

3. 「국가공무원법」 제67조, 제68조, 제78조제1항제1호 및 같은 조 제2항, 제80조제7항 및 제8항 중 "이 법"은 "이 법 및 「국가공무원법」"으로 본다.

4. 「국가공무원법」 제71조제2항제3호 중 "중앙인사관장기관의 장"은 "경찰청장 또는 해양경찰청장"으로 본다.

제37조(벌칙) ① 경찰공무원으로서 전시·사변, 그 밖에 이에 준하는 비상사태이거나 작전 수행 중인 경우에 제24조제2항 또는 제25조, 「국가공무원법」 제58조제1항을 위반한 사람은 3년 이상의 징역이나 금고에 처하며, 제24조제1항, 「국가공무원법」 제57조를 위반한 사람은 7년 이하의 징역이나 금고에 처한다.

② 제1항의 경우 외에 집단 살상의 위급 사태가 발생한 경우에 제24조 또는 제25조, 「국가공무원법」 제57조 및 제58조제1항을 위반한 사람은 7년 이하의 징역이나 금고에 처한다.

③ 경찰공무원으로서 제23조를 위반하여 정당이나 정치단체에 가입하거나 정치활동에 관여하는 행위를 한 사람은 5년 이하의 징역과 5년 이하의 자격정지에 처하고, 그 죄에 대한 공소시효의 기간은 「형사소송법」 제249조제1항에도 불구하고 10년으로 한다.

④ 경찰공무원으로서 「국가공무원법」 제44조 또는 제45조를 위반한 사람은 1년 이하의 징역 또는 100만원 이하의 벌금에 처하고, 같은 법 제66조를 위반한 사람은 2년 이하의 징역 또는 200만원 이하의 벌금에 처한다.

부칙 〈제17687호, 2020. 12. 22.〉

제1조(시행일) 이 법은 2021년 1월 1일부터 시행한다.

제2조(지방경찰청 등에 관한 경과조치) ① 이 법 시행 당시의 지방경찰청 및 지방경찰청장(이하 이 조에서 "지방경찰청등"이라고 한다)은 이 법에 따른 시·도경찰청 및 시·도경찰청장(이하 이 조에서 "시·도경찰청등"이라 한다)으로 본다.

② 이 법 시행 당시 종전의 규정에 따른 지방경찰청등의 행위 또는 지방경찰청등에 대한 행위는 이 법에 따른 시·도경찰청등의 행위 또는 시·도경찰청등에 대한 행위로 본다.

제3조(형사소송법과의 관계에 관한 경과조치) 법률 제3606호 경찰공무원법 전부개정법률 시행일인 1983년 1월 1일 당시 경정은 법률 제3282호 형사소송법 일부개정법률 제196조의 규정에 의한 사법경찰관으로 경장은 동법 동조의 규정에 의한 사법경찰리로 보며, 경찰청 및 해양경찰청에 근무하였던 경무관은 법률 제3282호 형사소송법 일부개정법률 제196조의 규정의 적용을 받지 아니한다.

제4조(금치산자 등에 관한 경과조치) 법률 제12912호 경찰공무원법 일부개정법률 제7조제2항제3호의 개정규정에도 불구하고 법률 제10429호 민법 일부개정법률 부칙 제2조에 따라 금치산 또는 한정치산 선고의 효력이 유지되는 사람에 대해서는 법률 제12233호 경찰공무원법 일부개정법률 제7조제2항제3호를 따른다.

제5조(장학지원 채용에 관한 경과조치) 이 법 시행 당시 종전의 규정에 따라 장학금 지급 대상이었던 사람에 대해서는 종전의 규정을 적용한다.

제6조(형 또는 치료감호를 받은 사람의 결격사유 및 당연퇴직에 관한 적용례)

제8조제2항제7호부터 제9호까지 및 제27조 단서(파산선고를 받은 사람에 대한 개정부분은 제외한다)의 개정규정은 법률 제16668호 경찰공무원법 일부개정법률의 시행일인 2020년 6월 4일 이후 최초로 저지른 죄로 형 또는 치료감호를 받은 사람부터 적용한다.

제7조(파산선고를 받은 사람의 당연퇴직에 관한 적용례) 제27조 단서(파산선고를 받은 사람에 대한 부분만 해당한다)의 개정규정은 법률 제16668호 경찰공무원법 일부개정법률의 시행일인 2020년 6월 4일 이후 최초로 저지른 죄로 형 또는 치료감호를 받은 사람부터 적용한다.

제8조(다른 법률의 개정) ① 경찰공무원 보건안전 및 복지 기본법 일부를 다음과 같이 개정한다.

제2조제1호 중 "「경찰공무원법」 제2조에 따른 국가경찰공무원"을 "「경찰공무원법」 제3조에 따른 경찰공무원"으로 한다.

② 의무경찰대 설치 및 운영에 관한 법률 일부를 다음과 같이 개정한다.

제2조제1항 중 "「경찰공무원법」에 따른 국가경찰공무원"을 "「경찰공무원법」에 따른 경찰공무원"으로 한다.

제4조제1항 중 "「경찰공무원법」 제10조, 제16조, 제21조, 제22조 및 제24조"를 "「경찰공무원법」 제13조, 제21조, 제27조, 제28조 및 제30조"로 한다.

③ 제주특별자치도 설치 및 국제자유도시 조성을 위한 특별법 일부를 다음과 같이 개정한다.

제119조제1항 중 "「경찰공무원법」 제7조, 제8조의2, 제9조, 제10조, 제13조, 제14조, 제16조, 제18조, 제19조, 제21조 및 제23조"

를 "「경찰공무원법」 제8조, 제11조, 제12조, 제13조, 제18조, 제19
조, 제21조, 제24조, 제25조, 제27조 및 제29조"로 한다.

제119조제2항 중 "같은 법 제10조제3항"을 "같은 법 제13조제3
항"으로, "같은 법 제14조제1항제1호"를 "같은 법 제19조제1항제
1호"로, "같은 법 제23조제1항"을 "같은 법 제29조제1항"으로 한다.

제468조제1항 중 "「경찰공무원법」 제18조제2항, 제19조"를 "「경찰
공무원법」 제24조제2항, 제25조"로 하고, "「경찰공무원법」 제18
조제1항"을 "「경찰공무원법」 제24조제1항"으로 한다.

제468조제2항 중 "「경찰공무원법」 제18조, 제19조"를 "「경찰공무
원법」 제24조, 제25조"로 한다.

④ 청원경찰법 일부를 다음과 같이 개정한다.

제5조제4항 중 "「경찰공무원법」 제18조"를 "「경찰공무원법」 제24
조"로 한다.

제9조(다른 법령과의 관계) 이 법 시행 당시 다른 법령에서 종전의 「경
찰공무원법」 또는 그 규정을 인용한 경우에 이 법 가운데 그에 해
당하는 규정이 있을 때에는 종전의 규정을 갈음하여 이 법의 해당
규정을 인용한 것으로 본다.

자치경찰사무와 시도자치경찰위원회의 조직 및 운영 등에 관한 규정

[시행 2021. 1. 1] [대통령령 제31349호, 2020. 12. 31, 제정]

제1조(목적) 이 영은 「국가경찰과 자치경찰의 조직 및 운영에 관한 법률」 제4조, 제20조, 제21조 및 제26조부터 제28조까지의 규정에서 위임된 사항과 그 시행에 필요한 사항을 규정함을 목적으로 한다.

제2조(생활안전·교통·경비 관련 자치경찰사무의 범위 등) 「국가경찰과 자치경찰의 조직 및 운영에 관한 법률」(이하 "법"이라 한다) 제4조제1항제2호가목부터 다목까지의 규정에 따른 자치경찰사무에 관한 구체적인 사항 및 범위 등을 같은 조 제2항에 따라 특별시·광역시·특별자치시·도·특별자치도(이하 "시·도"라 한다)의 조례로 정하는 경우 지켜야 하는 기준은 다음 각 호와 같다.

1. 법 제3조에 따른 경찰의 임무 범위와 별표에 따른 생활안전, 교통, 경비 관련 자치경찰사무의 범위를 준수할 것

2. 관할 지역의 인구, 범죄발생 빈도 등 치안 여건과 보유 인력·장비 등을 고려하여 자치경찰사무를 적정한 규모로 정할 것

3. 기관 간 협의체 구성, 상호협력·지원 및 중복감사 방지 등 자치경찰사무가 국가경찰사무와 유기적으로 연계되고 균형이 이루어지도록 하는 사항을 포함할 것

4. 자치경찰 사무의 내용은 국민의 생명·신체 및 재산을 보호하고

공공의 안녕과 질서를 유지하는 데 효율적인 것으로 정할 것

제3조(수사 관련 자치경찰사무의 범위 등) 법 제4조제1항제2호라목에 따른 자치경찰사무에 관한 구체적인 사항 및 범위는 다음 각 호와 같다.

1. 학교폭력 등 소년범죄: 소년(19세 미만인 사람을 말한다. 이하 이 조에서 같다)이 한 다음 각 목의 범죄. 다만, 그 소년이 해당 사건에서 19세 이상인 사람과 「형법」 제30조부터 제32조까지의 규정에 따른 공범관계에 있는 경우는 제외한다.

   가. 「형법」 제225조, 제229조(제225조의 죄에 의하여 만들어진 문서 또는 도화의 행사죄로 한정한다), 제230조 및 제235조(제225조, 제229조 또는 제230조의 미수범으로 한정한다)의 범죄

   나. 「형법」 제257조, 제258조, 제258조의2 및 제260조부터 제264조까지(제262조는 같은 조의 죄를 범하여 사람을 상해에 이르게 한 경우로 한정한다)의 범죄

   다. 「형법」 제266조의 범죄

   라. 「형법」 제276조부터 제281조까지(제281조는 같은 조의 죄를 범하여 사람을 상해에 이르게 한 경우로 한정한다)의 범죄

   마. 「형법」 제283조부터 제286조까지의 범죄

   바. 「형법」 제287조, 제294조(제287조의 미수범으로 한정한다) 및 제296조(제287조의 예비 또는 음모로 한정한다)의 범죄

   사. 「형법」 제307조부터 제309조까지 및 제311조의 범죄

   아. 「형법」 제319조, 제320조, 제322조(제319조 또는 제320조의 미수범으로 한정한다)의 범죄

   자. 「형법」 제324조 및 제324조의5(제324조의 미수범으로 한정한다)

의 범죄

차.「형법」제329조부터 제331조까지, 제331조의2 및 제342조(제329조부터 제331조까지 또는 제331조2의 미수범으로 한정한다)의 범죄. 다만, 같은 소년이 본문에 규정된 죄를 3회 이상 범한 사건은 제외한다.

카.「형법」제347조, 제350조, 제350조의2, 제351조(제347조, 제350조 또는 제350조의2의 상습범으로 한정한다) 및 제352조(제347조, 제350조, 제350조의2 또는 제351조의 미수범으로 한정한다)의 범죄

타.「형법」제360조의 범죄

파.「형법」제366조, 제368조(제366조의 죄를 범하여 사람의 생명 또는 신체에 대하여 위험을 발생하게 하거나 사람을 상해에 이르게 한 경우로 한정한다), 제369조제1항 및 제371조(제366조 또는 제369조제1항의 미수범으로 한정한다)의 범죄

하.「정보통신망 이용촉진 및 정보보호 등에 관한 법률」제70조 제1항·제2항 및 제74조제1항제2호·제3호의 범죄

거. 가목부터 하목까지의 범죄로서 다른 법률에 따라 가중처벌되는 범죄

2. 가정폭력 및 아동학대 범죄: 다음 각 목의 범죄

가.「가정폭력범죄의 처벌 등에 관한 특례법」제2조제3호에 따른 가정폭력범죄

나.「아동학대범죄의 처벌 등에 관한 특례법」제2조제4호에 따른 아동학대범죄

3. 교통사고 및 교통 관련 범죄: 다음 각 목의 범죄. 다만,「도로교통법」제2조제3호의 고속도로에서 발생한 교통사고 및 교통 관

런 범죄는 제외한다.

가.「교통사고처리 특례법」제3조제1항의 범죄. 다만, 차의 운전
자가 같은 항의 죄를 범하고도 피해자를 구호하는 등「도로교
통법」제54조제1항에 따른 조치를 하지 않고 도주하거나 피
해자를 사고 장소로부터 옮겨 유기하고 도주한 경우는 제외
한다.

나.「도로교통법」제148조(「특정범죄 가중처벌 등에 관한 법률」제5조의
3이 적용되는 죄를 범한 경우는 제외한다), 제148조의2, 제151조, 제
151조의2제2호, 제152조제1호, 제153조제2항제2호 및 제
154조부터 제157조까지의 범죄

다.「자동차손해배상보장법」제46조제2항의 범죄

라.「특정범죄 가중처벌 등에 관한 법률」제5조의11 및 제5조의
13의 범죄

4.「형법」제245조의 범죄 및「성폭력범죄의 처벌 등에 관한 특례
법」제12조의 범죄

5. 경범죄 및 기초질서 관련 범죄:「경범죄처벌법」제3조에 따른
경범죄

6. 가출인 및「실종아동등의 보호 및 지원에 관한 법률」제2조제2
호에 따른 실종아동등 관련 수색 및 범죄: 가목의 수색 및 나목
의 범죄

가. 가출인 또는 실종아동등의 조속한 발견을 위한 수색. 다만, 제
1호부터 제5호까지 또는 나목의 범죄가 아닌 범죄로 인해 실
종된 경우는 제외한다.

나.「실종아동등의 보호 및 지원에 관한 법률」제17조 및 제18조

의 범죄

제4조(시·도자치경찰위원회 위원의 임명방법 및 절차 등) ① 특별시장·광역시장·특별자치시장·도지사·특별자치도지사(이하 "시·도지사"라 한다)는 법 제18조제1항에 따른 시·도자치경찰위원회(이하 "시·도자치경찰위원회"라 한다)의 위원을 임명하기 위하여 법 제20조제1항제1호부터 제4호까지의 규정에 따른 위원 추천권자(이하 이 조에서 "추천권자"라 한다)에게 위원으로 임명할 사람의 추천을 요청해야 한다.

② 시·도지사는 시·도자치경찰위원회 위원의 임기가 만료되는 경우에는 그 임기 만료 30일 전까지 추천권자에게 위원으로 임명할 사람의 추천을 요청해야 한다.

③ 시·도지사는 시·도자치경찰위원회 위원 중 결원이 생겼을 때에는 지체 없이 결원된 위원을 추천한 추천권자에게 위원으로 임명할 사람의 추천을 요청해야 한다.

④ 시·도자치경찰위원회 위원장 및 상임위원의 신분과 직급은 「지방자치단체의 행정기구와 정원 기준 등에 관한 규정」에 따르며, 위원의 임명절차 등에 관한 구체적인 사항은 시·도의 조례로 정한다.

제5조(시·도자치경찰위원회 위원추천위원회의 구성) ① 법 제21조제1항에 따른 시·도자치경찰위원회 위원추천위원회(이하 "추천위원회"라 한다)는 시·도자치경찰위원회 위원을 추천할 때마다 위원장 1명을 포함하여 5명의 위원으로 구성한다.

② 추천위원회 위원(이하 "추천위원"이라 한다)은 시·도지사가 다음 각 호에 해당하는 사람을 임명하거나 위촉하며, 추천위원회 위원장은 추천위원 중에서 호선(互選)한다.

1. 「지방자치법 시행령」 제102조제3항에 따라 각 시·도별로 두는 시·군·자치구의회의 의장 전부가 참가하는 지역협의체가 추천하는 1명

2. 「지방자치법 시행령」 제102조제3항에 따라 각 시·도별로 두는 시장·군수·자치구의 구청장 전부가 참가하는 지역협의체가 추천하는 1명

3. 재직 중인 경찰공무원이 아닌 사람 중에서 경찰청장이 추천하는 1명

4. 시·도경찰청(경기도의 경우에는 경기도남부경찰청을 말한다)의 소재지를 관할하는 지방법원장이 추천하는 1명

5. 시·도 본청 소속 기획조정실장

③ 제2항제1호 및 제2호에도 불구하고 세종특별자치시와 제주특별자치도의 추천위원은 해당 시·도 의회 및 해당 시·도 교육감이 각각 1명씩 추천한다.

제6조(추천위원의 제척 및 회피) ① 추천위원은 자기 또는 자기의 친족이 심사대상자가 되거나 그 밖에 해당 안건의 심사·의결에 공정을 기할 수 없는 현저한 사유가 있는 경우에는 그 심사·의결에 관여할 수 없다.

② 추천위원회는 추천위원에게 제1항의 사유가 있다고 인정하는 경우에는 의결로 해당 추천위원의 제척(除斥) 결정을 해야 한다.

③ 추천위원은 제1항의 사유가 있는 경우 추천위원회 위원장의 허가를 받아 추천위원회 심사 참여를 회피할 수 있다.

제7조(추천위원회 위원장) ① 추천위원회 위원장은 추천위원회를 대표하고, 추천위원회의 업무를 총괄한다.

② 추천위원회 위원장이 부득이한 사유로 직무를 수행할 수 없을 때에는 시·도지사가 지명하는 추천위원이 그 직무를 대행한다.

제8조(추천위원회의 회의) ① 추천위원회 위원장은 시·도지사 또는 추천위원 3분의 1 이상이 요청하거나 추천위원회 위원장이 필요하다고 인정하는 경우 추천위원회의 회의를 소집하고 그 의장이 된다.

② 추천위원회는 재적위원 과반수의 찬성으로 의결한다.

③ 추천위원회 위원장은 회의를 소집하려면 회의 개최 3일 전까지 회의의 일시·장소 및 안건 등을 각 추천위원에게 알려야 한다. 다만, 긴급한 사정이나 그 밖의 부득이한 사유가 있는 경우에는 그렇지 않다.

④ 추천위원회의 회의는 공개하지 않는다.

제9조(추천위원회의 추천) ① 추천위원회는 법 제20조제1항제4호에 따른 시·도자치경찰위원회 위원 추천을 위한 심사를 한다.

② 추천위원은 시·도자치경찰위원회 위원으로 적합하다고 판단되는 사람을 추천위원회에 심사대상자로 제시한다.

③ 제2항에 따라 각 추천위원이 제시하는 심사대상자의 수는 추천위원회에서 의결로 정한다.

④ 추천위원회는 심사대상자에게 자격요건 충족 여부 및 결격사유 유무 등의 심사에 필요한 자료의 제출을 요구할 수 있다.

⑤ 추천위원회는 심사를 거쳐 법 제20조제2항에 따른 자격을 갖추고 같은 조 제7항 각 호에 따른 결격사유가 없는 심사대상자 중 가장 적합하다고 인정하는 사람을 시·도지사에게 서면으로 추천해야 한다.

⑥ 추천위원회는 제5항에 따라 위원을 추천하였을 때에는 그 결과

를 즉시 시·도자치경찰위원회에 통보해야 한다.

⑦ 추천위원회는 제5항에 따른 추천과 제6항에 따른 통보를 완료한 때에 해산된 것으로 본다.

제10조(비밀엄수의 의무 등) ① 추천위원 또는 추천위원이었던 사람은 직무상 알게 된 비밀을 누설하거나 심사와 관련된 개인 의견을 외부에 공표해서는 안 된다.

② 추천위원회는 제9조제7항에 따라 해산되는 경우에는 지체 없이 심사대상자의 개인정보 등 신상자료를 폐기해야 한다.

제11조(추천위원의 수당 등) 시·도지사는 추천위원회에 참석한 위원에게 예산의 범위에서 수당과 여비를 지급할 수 있다.

제12조(추천위원회 운영 세칙) 이 영에서 규정한 사항 외에 추천위원회의 운영 등에 필요한 사항은 추천위원회의 의결로 정한다.

제13조(시·도자치경찰위원회의 회의) ① 시·도자치경찰위원회 위원장은 법 제26조제1항에 따라 정기회의와 임시회의를 소집·개최한다. 이 경우 정기회의는 특별한 사유가 있는 경우를 제외하고는 월 1회 이상 소집·개최한다.

② 시·도자치경찰위원회 위원장은 회의를 소집하려면 회의 개최 3일 전까지 회의의 일시·장소 및 안건 등을 위원에게 알려야 한다. 다만, 긴급한 사정이나 그 밖의 부득이한 사유가 있는 경우에는 그렇지 않다.

③ 시·도자치경찰위원회는 회의록을 작성하고, 회의의 내용 및 결과와 출석한 위원의 성명을 적어야 한다.

④ 제3항의 회의록에는 위원장과 출석한 위원이 서명·날인해야 한다.

제14조(의견 청취 등) ① 시·도자치경찰위원회 위원장은 시·도자치경찰위원회의 심의를 위하여 필요한 경우에는 관계 공무원 또는 관계 전문가의 출석·발언이나 자료의 제출을 요구할 수 있다.

② 시·도자치경찰위원회에 출석한 관계 공무원 또는 관계 전문가에 대하여는 예산의 범위에서 수당과 여비를 지급할 수 있다. 다만, 공무원이 소관 업무와 직접적으로 관련되어 출석하는 경우에는 지급하지 않는다.

제15조(실무협의회) ① 시·도자치경찰위원회는 자치경찰사무의 원활한 수행, 국가경찰사무·자치경찰사무의 협력·조정 및 그 밖에 필요한 사항을 협의하기 위하여 경찰청 등 관계 기관과 실무협의회를 구성·운영할 수 있다.

② 제1항에서 규정한 사항 외에 실무협의회 운영 등에 필요한 사항은 시·도의 조례로 정한다.

제16조(위원의 수당 등) ① 시·도자치경찰위원회에 출석한 공무원이 아닌 위원에게는 법 제26조제3항에 따라 예산의 범위에서 상임위원에 준하여 수당과 여비, 그 밖에 필요한 경비를 지급할 수 있다.

② 제1항에 따른 수당 등의 지급기준은 시·도의 조례로 정한다.

제17조(운영규정) 이 영에서 정한 사항 외에 시·도자치경찰위원회의 운영 등에 필요한 사항은 시·도의 조례로 정한다.

제18조(사무기구) ① 법 제27조제1항에 따른 시·도자치경찰위원회 사무기구의 조직에 관한 사항은 「지방자치단체의 행정기구와 정원기준 등에 관한 규정」에 따른다.

② 사무기구의 장은 시·도자치경찰위원회 위원장의 명을 받아 소관 사무를 처리하고 소속 직원을 지휘·감독한다.

③ 법 제27조제2항에 따라 사무기구에 두는 경찰공무원의 시·도별 정원과 계급별 정원은 「시·도자치경찰위원회에 두는 경찰공무원의 정원에 관한 규정」에 따르며, 사무기구에 두는 경찰공무원은 경찰청 소속 공무원으로 충원해야 한다.

제19조(자치경찰사무 지휘·감독권의 위임) 법 제28조제4항 단서에 따라 시·도자치경찰위원회는 자치경찰사무에 대한 지휘·감독이 실시간으로 이루어질 수 있도록 미리 경찰청장과 협의하여 시·도경찰청장에게 위임되는 자치경찰사무 지휘·감독권의 범위 및 위임 절차 등을 시·도자치경찰위원회의 의결을 거쳐 정해야 한다.

부칙 〈제31349호, 2020. 12. 31.〉

제1조(시행일) 이 영은 2021년 1월 1일부터 시행한다.

제2조(자치경찰사무 수행에 관한 시범운영) ① 경찰청장과 시·도지사는 법률 제17689호 경찰법 전부개정법률 부칙 제3조제1항에 따른 자치경찰사무 수행에 관한 시범운영(이하 이 조에서 "시범운영"이라 한다)을 위한 시·도자치경찰위원회의 구성 및 자치경찰사무의 처리에 필요한 인력·시설·장비의 확보 등 준비행위를 신속히 마쳐야 한다.

② 시범운영의 계획 및 실시 등에 필요한 사항은 시·도자치경찰위원회와 시·도경찰청장이 협의하여 정한다.

③ 시범운영의 준비가 완료된 시·도는 시·도자치경찰위원회와 시·도경찰청장이 협의하여 시범운영을 실시한다.

제3조(다른 법령의 폐지) 「치안행정협의회규정」은 폐지한다.

제4조(다른 법령의 개정) ① 경비업법 시행령 일부를 다음과 같이 개정한다.

제3조제1항 전단 및 후단, 같은 조 제2항 단서, 제4조제1항·제2항, 같은 조 제3항 각 호 외의 부분, 제5조제1항 전단·후단, 같은 조 제2항 전단, 제6조제1항·제2항, 제20조제1항, 제23조제1항·제2항, 제28조제5항, 제29조, 제30조, 제31조제1항 각 호 외의 부분, 제31조의2 각 호 외의 부분, 제32조제2항 본문, 별표 4 제2호가목 및 별표 5 제2호 중 "지방경찰청장"을 각각 "시·도경찰청장"으로 한다.

제3조제1항 전단, 제4조제3항 각 호 외의 부분 및 제5조제1항 전단·제2항 전단 중 "해당 지방경찰청"을 각각 "해당 시·도경찰청"으로 한다.

제11조제3항, 별표 3 제1호가목 본문 및 같은 표 제3호 전단 중 "지방경찰청"을 "시·도경찰청"으로 한다.

별표 3 제3호 후단 중 "인천지방경찰청"을 "인천광역시경찰청"으로, "서울지방경찰청"을 "서울특별시경찰청"으로 한다.

② 경찰공무원 교육훈련규정 일부를 다음과 같이 개정한다.

제2조제2호가목 중 "지방경찰청"을 "시·도경찰청"으로 한다.

③ 경찰공무원 징계령 일부를 다음과 같이 개정한다.

제3조제2항 및 제5조제3항 중 "지방경찰청"을 각각 "시·도경찰청"으로 한다.

④ 경찰관 직무집행법 시행령 일부를 다음과 같이 개정한다.

제2조, 제5조, 제7조 각 호 외의 부분 및 제8조 중 "국가경찰공무원"을 각각 "경찰공무원"으로 한다.

제10조제2항, 제11조제1항, 제17조의3제1항 및 제19조제2항 전단·후단 중 "지방경찰청"을 각각 "시·도경찰청"으로 한다.

제17조의2제1항 각 호 외의 부분, 같은 조 제2항, 제19조제2항 후단, 제21조제1항·제3항, 제21조의2제1항 각 호 외의 부분 및 같은 조 제2항 중 "지방경찰청장"을 각각 "시·도경찰청장"으로 한다.

제17조의3의 제목 및 같은 조 제1항·제2항 중 "경찰위원회"를 각각 "국가경찰위원회"로 한다.

⑤ 경찰위원회규정 일부를 다음과 같이 개정한다.

제명 "경찰위원회규정"을 "국가경찰위원회 규정"으로 한다.

제1조 중 "경찰법(이하 "법"이라 한다) 제10조제3항의 규정에 의하여 경찰위원회"를 「국가경찰과 자치경찰의 조직 및 운영에 관한 법률」(이하 "법"이라 한다) 제11조제3항에 따라 국가경찰위원회"로 한다.

제4조제1항 중 "법 제7조제3항의 규정에 의하여"를 "법 제9조제2항에 따라"로 한다.

제5조제1항 각 호 외의 부분 중 "법 제9조제1항제1호"를 "법 제10조제1항제1호"로 하고, 같은 항 제8호 중 "국가경찰"을 "경찰"로 하며, 같은 조 제2항 각 호 외의 부분 중 "법 제9조제1항제2호"를 "법 제10조제1항제2호"로 한다.

제6조제1항 중 "법 제9조제2항의 규정에 의하여"를 "법 제10조제2항에 따라"로 한다.

제8조제1항 중 "기획담당관"을 "혁신기획조정담당관"으로 한다.

별표의 제목 중 "경찰위원회"를 "국가경찰위원회"로 한다.

⑥ 경찰제복 및 경찰장비의 규제에 관한 법률 시행령 일부를 다음과 같이 개정한다.

제9조제1항 각 호 외의 부분 중 "지방경찰청장"을 "시·도경찰청장"으로 한다.

⑦ 공공재정 부정청구 금지 및 부정이익 환수 등에 관한 법률 시행령 일부를 다음과 같이 개정한다.

제17조제2항부터 제4항까지 중 "지방경찰청장"을 각각 "시·도경찰청장"으로 한다.

⑧ 공무원연금법 시행령 일부를 다음과 같이 개정한다.

별표 2 제3호다목 중 "지방경찰청장"을 "시·도경찰청장"으로 한다.

⑨ 공직자윤리법 시행령 일부를 다음과 같이 개정한다.

제3조제4항제6호 중 "국가경찰공무원"을 "경찰공무원"으로 한다.

제4조의3제2항제4호 중 "지방경찰청"을 각각 "시·도경찰청"으로 한다.

⑩ 과세자료의 제출 및 관리에 관한 법률 시행령 일부를 다음과 같이 개정한다.

별표 제24호의 과세자료제출기관란 중 "지방경찰청"을 "시·도경찰청"으로 한다.

⑪ 교원의 지위 향상 및 교육활동 보호를 위한 특별법 시행령 일부를 다음과 같이 개정한다.

제12조제2항제7호 중 "「경찰법」 제2조제2항에 따른 지방경찰청의 학교폭력 담당 부서 소속 국가경찰공무원"을 "「국가경찰과 자치경찰의 조직 및 운영에 관한 법률」 제13조에 따른 시·도경찰청의 학교폭력 담당 부서 소속 경찰공무원"으로 한다.

제15조제2항제5호 중 "「경찰법」 제2조제2항에 따른 경찰서에 소속된 국가경찰공무원"을 "「국가경찰과 자치경찰의 조직 및 운영

에 관한 법률」 제13조에 따른 경찰서에 소속된 경찰공무원"으로
한다.

⑫ 국가기술자격법 시행령 일부를 다음과 같이 개정한다.

별표 6 경찰청의 수임기관란 중 "지방경찰청"을 "시·도경찰청장"
으로 한다.

⑬ 기부금품의 모집 및 사용에 관한 법률 시행령 일부를 다음과 같
이 개정한다.

제15조제1항제2호 중 "지방경찰청"을 "시·도경찰청"으로 한다.

⑭ 대부업정책협의회 등의 구성 및 운영에 관한 규정 일부를 다음
과 같이 개정한다.

제6조제3항제1호나목 중 "지방경찰청"을 "시·도경찰청"으로 한다.

⑮ 도로교통법 시행령 일부를 다음과 같이 개정한다.

제2조제1항 각 호 외의 부분 단서, 제5조제3항 후단, 제11조제1항
제3호, 제12조제3항, 제19조제1항제5호·제2항제4호, 제20조제
2항 단서, 제24조제2항, 제25조제1항·제2항·제4항, 제26조제1
항, 제43조제2항 단서, 제44조 단서, 제53조제1항, 제54조제2항,
제55조제1항 각 호 외의 부분, 같은 조 제2항, 제60조제1항 각 호
외의 부분, 같은 조 제4항, 제61조제2항·제3항, 제62조제1항부터
제5항까지, 제64조제4항제6호, 제66조제1항·제2항, 제70조제1
항·제3항, 제70조의2제1항부터 제3항까지, 제83조제4항, 제85조
제2항, 제86조제1항 각 호 외의 부분 본문·단서, 같은 조 제3항 각
호 외의 부분, 같은 조 제4항, 같은 조 제5항 각 호 외의 부분, 제87
조의3제1항 각 호 외의 부분, 제88조제1항 전단, 제88조제8항 전
단, 제88조의2 각 호 외의 부분, 같은 조 제1호다목, 제94조제3항,

제98조제3항, 제99조제3항, 제100조제1항 각 호 외의 부분, 같은 조 제2항 및 별표 1 제1호마목1)부터 3)까지 외의 부분, 별표 5 제9호다목1) 단서 및 별표 6 제2호의2나목 중 "지방경찰청장"을 각각 "시·도경찰청장"으로 한다.

제11조제2항제1호가목을 다음과 같이 하고, 같은 호 다목 중 "국가경찰공무원 또는 자치경찰공무원(이하 "경찰공무원"이라 한다)"을 "경찰공무원(자치경찰공무원을 포함한다. 이하 같다)"으로 한다.

가. 경찰공무원(의무경찰을 포함한다)

제24조제1항·제2항 및 제32조 각 호 외의 부분 본문 중 "국가경찰공무원"을 각각 "경찰공무원(자치경찰공무원은 제외한다)"으로 한다.

별표 8 제55호 중 "지방경찰청"을 "시·도경찰청"으로 한다.

⑯ 도시공원 및 녹지 등에 관한 법률 시행령 일부를 다음과 같이 개정한다.

제15조의2 및 제15조의3 중 "지방경찰청장"을 각각 "시·도경찰청장"으로 한다.

⑰ 민·군기술협력사업 촉진법 시행령 일부를 다음과 같이 개정한다.

제3조제2항제9호 중 "「경찰법」 제26조제1항"을 "「국가경찰과 자치경찰의 조직 및 운영에 관한 법률」 제33조제1항"으로 한다.

⑱ 변호사법 시행령 일부를 다음과 같이 개정한다.

제7조의2제2항제5호 중 "「경찰법」 제2조에 따른 경찰청, 지방경찰청"을 "「국가경찰과 자치경찰의 조직 및 운영에 관한 법률」 제12조 및 제13조에 따른 경찰청, 시·도경찰청"으로 한다.

제8조제2호다목 중 "「경찰법」 제2조제1항에 따른 경찰청과 같은 조 제2항에 따른 지방경찰청,"을 "「국가경찰과 자치경찰의 조직

및 운영에 관한 법률」 제12조 및 제13조에 따른 경찰청, 시·도경찰청 및"으로 한다.

⑲ 병역법 시행령 일부를 다음과 같이 개정한다.

제169조의2제2항제3호를 다음과 같이 한다.

3. 시·도경찰청 수사담당 부장(서울특별시 지방병무사범방지대책위원회의 경우에는 서울특별시경찰청 2차장)

제169조의4제2항 중 "지방경찰청장"을 "시·도경찰청장"으로 한다.

⑳ 보행안전 및 편의증진에 관한 법률 시행령 일부를 다음과 같이 개정한다.

제15조제2항제2호 중 "지방경찰청"을 "시·도경찰청"으로 한다.

㉑ 부패방지 및 국민권익위원회의 설치와 운영에 관한 법률 시행령 일부를 다음과 같이 개정한다.

제70조제2항부터 제4항까지 중 "지방경찰청장"을 각각 "시·도경찰청장"으로 한다.

㉒ 사격 및 사격장 안전관리에 관한 법률 시행령 일부를 다음과 같이 개정한다.

제4조제1항 각 호 외의 부분 본문, 같은 조 제2항, 제12조 각 호 외의 부분, 제14조제2항 본문, 별표 1의2의 보유부지의 구조·설비란 제2호 전단, 별표 2의 보유부지의 구조·설비란 제2호 전단, 별표 3의 사옥의 구조·설비란 제3호 전단, 같은 표 탄알받이의 구조·설비란 제3호 전단, 별표 4의 사옥의 구조·설비란 제6호 전단, 같은 표 사격선과 표적 간의 측벽 및 방탄벽(방탄벽은 사선에서 가까운 것부터 차례대로 번호를 붙여 호칭한다)의 구조·설비란 제11호 전단, 별표 5의 보유부지의 구조·설비란 제3호 전단, 별표 6의 사옥의 구

조·설비란 제3호 전단, 같은 표 탄알받이의 구조·설비란 제3호 전단, 별표 7의 사옥의 구조·설비란 제5호 전단, 같은 표 사격선과 표적 간의 측벽 및 방탄벽(방탄벽은 사선에서 가까운 것부터 순차로 번호를 붙여 호칭한다)의 구조·설비란 제9호 전단, 같은 표 탄알받이의 구조·설비란의 제4호 전단, 별표 9의 보유부지의 구조·설비란 제3호 전단 및 별표 15의 보유부지의 구조·설비란 제1호 중 "지방경찰청장"을 각각 "시·도경찰청장"으로 한다.

㉓ 사행행위 등 규제 및 처벌 특례법 시행령 일부를 다음과 같이 개정한다.

제5조제2항, 제15조제1항 및 제16조 각 호 외의 부분 중 "지방경찰청장"을 각각 "시·도경찰청장"으로 한다.

㉔ 아동·청소년의 성보호에 관한 법률 시행령 일부를 다음과 같이 개정한다.

제33조제7항 및 제39조제1항 각 호 외의 부분 중 "지방경찰청장"을 각각 "시·도경찰청장"으로 한다.

㉕ 여성폭력방지기본법 시행령 일부를 다음과 같이 개정한다.

제10조제1항제3호 중 "지방경찰청"을 "시·도경찰청"으로 한다.

㉖ 옥외광고물 등의 관리와 옥외광고산업 진흥에 관한 법률 시행령 일부를 다음과 같이 개정한다.

제16조제3항 후단 중 "지방경찰청장"을 "시·도경찰청장"으로 한다.

㉗ 원자력시설 등의 방호 및 방사능 방재 대책법 시행령 일부를 다음과 같이 개정한다.

제7조제4항제1호 중 "지방경찰청"을 "시·도경찰청"으로 한다.

㉘ 위치정보의 보호 및 이용 등에 관한 법률 시행령 일부를 다음과

같이 개정한다.

제28조 각 호 외의 부분 중 "「경찰법」 제2조에 따른 경찰청·지방경찰청·경찰서"를 "「국가경찰과 자치경찰의 조직 및 운영에 관한 법률」 제12조 및 제13조에 따른 경찰청 및 시·도경찰청, 경찰서"로 한다.

㉙ 위해성 경찰장비의 사용기준 등에 관한 규정 일부를 다음과 같이 개정한다.

제1조 중 "국가경찰공무원"을 "경찰공무원"으로 한다.

제4조 중 "(국가경찰공무원에 한한다. 이하 같다)"를 "(경찰공무원으로 한정한다. 이하 같다)"로 한다.

제5조 후단, 제13조의2제1항 각 호 외의 부분 및 제13조의2제3항 전단 중 "지방경찰청장"을 각각 "시·도경찰청장"으로 한다.

㉚ 유실물법 시행령 일부를 다음과 같이 개정한다.

제13조 중 "지방경찰청장"을 "시·도경찰청장"으로 한다.

㉛ 의무경찰대 설치 및 운영에 관한 법률 시행령 일부를 다음과 같이 개정한다.

제2조제2호, 같은 조 제3호가목, 제3조제1항, 제3조의2제1항·제2항, 별지 제2호서식 작성방법란 제2호 및 별지 제2호의2서식 작성방법란 제1호 중 "지방경찰청"을 각각 "시·도경찰청"으로 한다.

제35조제2항 중 "국가경찰공무원"을 각각 "경찰공무원"으로 한다.

㉜ 자동차손해배상 보장법 시행령 일부를 다음과 같이 개정한다.

제12조의3제1항 각 호 외의 부분 중 "국가경찰공무원"을 "경찰공무원"으로 한다.

제33조제1항 중 "지방경찰청장"을 "시·도경찰청장"으로 한다.

㉝ 자율주행자동차 상용화 촉진 및 지원에 관한 법률 시행령 일부를 다음과 같이 개정한다.

제7조제2항제4호 중 "지방경찰청장"을 "시·도경찰청장"으로 한다.

㉞ 자전거 이용 활성화에 관한 법률 시행령 일부를 다음과 같이 개정한다.

제2조의2 각 호 외의 부분 단서 및 제3조 중 "지방경찰청장"을 각각 "시·도경찰청장"으로 한다.

㉟ 장애인활동 지원에 관한 법률 시행령 일부를 다음과 같이 개정한다.

제20조의2제1항 전단 및 같은 조 제2항 중 "지방경찰청장"을 각각 "시·도경찰청장"으로 한다.

㊱ 정신건강증진 및 정신질환자 복지서비스 지원에 관한 법률 시행령 일부를 다음과 같이 개정한다.

제8조제1항제1호 중 「경찰법」 제2조"를 「국가경찰과 자치경찰의 조직 및 운영에 관한 법률」 제13조"로 한다.

㊲ 제주특별자치도 설치 및 국제자유도시 조성을 위한 특별법 시행령 일부를 다음과 같이 개정한다.

제13조 후단, 제15조제1항 및 같은 조 제2항 중 "국가경찰공무원"을 각각 "경찰공무원"으로 한다.

제38조제2항 및 제3항 중 "국가경찰·자치경찰 공무원"을 각각 "경찰공무원·자치경찰공무원"으로 한다.

㊳ 지방세기본법 시행령 일부를 다음과 같이 개정한다.

별표 3 제18호, 제80호, 제125호, 제126호, 제259호 및 제296호 중 "지방경찰청"을 각각 "시·도경찰청"으로 한다.

㊴ 집회 및 시위에 관한 법률 시행령 일부를 다음과 같이 개정한다.

제3조 각 호 외의 부분 중 "지방경찰청장"을 "시·도경찰청장"으로 한다.

제5조 전단, 제13조제2항 단서 및 제17조 각 호 외의 부분 본문 중 "국가경찰공무원"을 각각 "경찰공무원"으로 한다.

㊵ 청소년복지 지원법 시행령 일부를 다음과 같이 개정한다.

제4조제1항제7호 중 "「경찰법」 제2조제2항에 따른 지방경찰청"을 "「국가경찰과 자치경찰의 조직 및 운영에 관한 법률」 제13조에 따른 시·도경찰청"으로 한다.

㊶ 청원경찰법 시행령 일부를 다음과 같이 개정한다.

제2조 각 호 외의 부분 전단·후단, 제4조제1항, 같은 조 제2항 전단, 제8조제5항 전단, 같은 조 제6항, 제14조제3항, 제16조제1항·제2항, 제20조 각 호 외의 부분, 제20조의2 각 호 외의 부분, 제21조제2항 및 별표 2 제1호 각 목 외의 부분·제2호 각 목 외의 부분·제4호 각 목 외의 부분 중 "지방경찰청장"을 각각 "시·도경찰청장"으로 한다.

㊷ 초·중등교육법 시행령 일부를 다음과 같이 개정한다.

제31조의3제2항제2호 중 "지방경찰청"을 "시·도경찰청"으로 한다.

㊸ 총포·도검·화약류 등의 안전관리에 관한 법률 시행령 일부를 다음과 같이 개정한다.

제12조제1항제6호, 제26조제3항 각 호 외의 부분 본문, 제26조의2제1항 각 호 외의 부분 본문, 제28조제1항 각 호 외의 부분, 제82조 본문, 제83조제1항 각 호 외의 부분, 같은 조 제2항 전단·후단, 같은 조 제3항 전단·후단, 제83조의2 각 호 외의 부분 및 제84조

제2항 본문 중 "지방경찰청장"을 각각 "시·도경찰청장"으로 한다.

㊹ 치안분야 과학기술 진흥에 관한 규정 일부를 다음과 같이 개정한다.

제1조 중 "「경찰법」 제26조"를 "「국가경찰과 자치경찰의 조직 및 운영에 관한 법률」 제33조"로 한다.

제3조제1항 중 "「경찰법」^(이하 "법"이라 한다) 제26조제1항"을 "「국가경찰과 자치경찰의 조직 및 운영에 관한 법률」^(이하 "법"이라 한다) 제33조제1항"으로 한다.

제4조제1항 중 "법 제26조제2항"을 "법 제33조제2항"으로 한다.

제5조 각 호 외의 부분 중 "법 제26조제2항제7호"를 "법 제33조제2항제7호"로 한다.

제6조제1항 중 "법 제26조제3항"을 "법 제33조제3항"으로 한다.

㊺ 통합방위법 시행령 일부를 다음과 같이 개정한다.

제2조제2항, 제3조제2항제5호, 같은 조 제5항, 제8조제1항제5호, 제19조제1항, 제20조제2항, 제23조제1항제1호·제2호, 같은 조 제3항, 제25조제1항제3호가목, 같은 조 제2항·제4항, 제32조 각 호 외의 부분, 같은 조 제2호 전단 및 제34조제2항 중 "지방경찰청장"을 각각 "시·도경찰청장"으로 한다.

제31조제2항 전단 중 "지방경찰청장,"을 "시·도경찰청장,"으로, "지방경찰청장등"을 "시·도경찰청장등"으로 하고, 같은 항 후단 중 "지방경찰청장"을 "시·도경찰청장"으로 하며, 같은 조 제3항부터 제5항까지 중 "지방경찰청장등"을 각각 "시·도경찰청장등"으로 한다.

제31조제3항 및 제5항 중 "국가경찰"을 각각 "경찰"로 한다.

㊻ 특정범죄신고자등보호법시행령 일부를 다음과 같이 개정한다.

제6조제4항 및 제8조제1항제2호 중 "지방경찰청장"을 각각 "시·도경찰청장"으로 한다.

㊼ 학교폭력예방 및 대책에 관한 법률 시행령 일부를 다음과 같이 개정한다.

제5조제4항제3호 중 "시·도 지방경찰청"을 "해당 시·도경찰청"으로 한다.

제30조 중 "지방경찰청장"을 "시·도경찰청장"으로 한다.

㊽ 해양사고의 조사 및 심판에 관한 법률 시행령 일부를 다음과 같이 개정한다.

제1조의2 각 호 외의 부분 단서 중 "국가경찰용선박"을 각각 "경찰용선박"으로 한다.

㊾ 행정권한의 위임 및 위탁에 관한 규정 일부를 다음과 같이 개정한다.

제28조제1항 각 호 외의 부분 및 같은 조 제2항 중 "지방경찰청장"을 각각 "시·도경찰청장"으로 한다.

국정과제협의회 정책기획시리즈 01

문재인 정부의 자치경찰: 이해와 적용

발행일 2022년 3월 31일

엮은이 **대통령소속 자치분권위원회**
서울특별시 종로구 세종대로 209 (세종로) 정부서울청사 8층

펴낸곳 경인문화사 031-955-9300

판매가 22,000원

ISBN 978-89-499-6627-4 93350

본 도서에 게재된 각 논문의 쟁점과 주장은 각 필자의 관점과 견해이며
대통령소속 자치분권위원회의 공식적 견해가 아닙니다.